中公文庫

柔らかい個人主義の誕生

増補新版

山 崎 正 和

JN009478

中央公論新社

目次

個人主義再考

解説

柔らかい個人主義の誕生

増補新版

柔らかい個人主義の誕生——消費社会の美学

第一章　おんりい・いえすたでい'70s——ある同時代史の試み

一　同時代史を書くことの意味

「十年」刻みの歴史

ひとつの時代の曲り角は、いったいそこからどれだけの時間的な距離をおいたとき、その真の意味を見せ始めるものだろうか。われわれが現代をひとつの時代として捉え、その歴史的な特色の始まりを考えようとするとき、つねにわれわれの心をかすめるのはこの不安な疑いである。

マックス・ヴェーバーが十七世紀に起った世界史的変化を見つめ、あの『プロテスタンティズムの倫理と資本主義の精神』を書いたのは、二十世紀前半のことであった。真の歴史的認識というものがこういうものだとすれば、過ぎたばかりの一九七〇年代の変化を意味づけるために、われわれはあと二百年は待たなければならないのかもしれない。また、デイヴィッド・リースマン教授が二十世紀のアメリカ社会を展望し、その重大な変質を『淋しい群衆』のなかで捉えたのは、一九五〇年代にはいってからであった。さらに一九六〇年代の半ばに、ダニエル・ベル教授は『脱産業化社会の到来』を予測していたが、その予測はやはり、二十世紀前半の工業社会の変化の分析にもとづくものであった。これにならうとすれば、われわれはかりに同時代史という新しい試みに取組むにしても、少なくとも、時代を半世紀の長さで見渡さなければならないのかもしれない。われわれはいまこの考察で、終ったばかりの一九七〇年代を振返り、そこで静かに始まったひとつの歴史的な変化をさぐろうとしているのだが、ひょっとするとこれは無謀な冒険であり、この試み自体、後世の眼に一種の「歴史的現象」として映ることになるのかもしれない。[*1]

　だが、ひとつだけ確実なことは、現代がきわめて強烈な歴史意識の時代であり、ひとびとがそれぞれの現在をひとつの歴史的時代として生きている時代だ、ということである。二十世紀の先進国においては、社会はほぼ十年ごとをひとつの時代として意識し、現在がどういう時代であるかに強い関心を払って生きている。「十年間《ア・ディケイド》」という言葉がこれほど頻繁にひとの口にのぼり、人生のリズムの単位として、ほとんど「一年」や「一ヵ月」と同じような重要性を持ったのは、今世紀が初めてのことであろう。あるいは、この習慣は十九世紀の最末期にさかのぼり、ひとびとがそれをとくに「世紀末」と呼び、同時代をひとつの特別の時代として意識したときに始まるのかもしれない。だとすれば、この意識は現代人の一種の不安の産物だとも見られるのであるが、いずれにせよそれ以来、ひとびとは現在に独特の時代的な性格を読みとり、自分がそれに属して生きている、という強い実感を抱いて日々を過しているのである。

「次は何をすべきか」

それにつけて示唆深く思い出されるのは、一九七〇年代の初頭に見たある有名企業のテレビ広告であるが、その画面には夜明けの海岸に水平線を眺めて立つ男の姿が現われ、それにかぶせてたったひと言、「次は何をすべきか《ホワット・トゥー・ドゥー・ネクスト》」という謎めいた疑問文が流されたものであった。それは、やがて七〇年代を脅やかすことになる、あのエネルギー危機も通貨危機も到来していないときであり、社会はまだ「黄金の六〇年代」の余韻を楽しんでいる時期であった。すなわち、現実はまだ客観的な変化を示していないのに、ひとびとの意識はすでに十年を区切りとして時代の曲り角を予感し、あるいは、それを待ち受ける姿勢で現実に立ち向かっていた。だからこそ、広告の企画者はその予感をいち早く代弁し、時代意識の敏感さを誇示することによって、企業のイメージを高めようと企てたのであろう。いいかえれば、現代人は、われわれが紙のうえに同時代史を書こうと書くまいと、すでに現実の生活そのもののなかで、ひとりの同時代史作者として生きている、と見ることができる。そして、そう考えれば、われわれには歴史学的な正確さを求めるのとは別に、自分の生きる時代を意味づけるべき十分な理由がある、といえるだろう。人間は、学問的な知識欲の満足とは別に、なによりもまず現在を生きるために、自分の人生の位置づけを知らなければならない動物である。位置づけを知るというのは、必ずしも、永遠の時間の客観的な地図を描くということではなく、さしあたり、自分がどんな時間のリズムに乗って生きているかを知る、ということにほかならない。そして、不幸なことだが、哲学者カール・レーヴィット教授も指摘するように、現代人はもはや自然のリズムに寄りそって生きることができない以上、自分の人生を歴史のリズムのなかに位置づけるほかはないのである。[*2]

いうまでもなく、音楽の場合であれダンスの場合であれ、われわれはリズムを知るために、そこから遠い距離をとる必要はない。それどころか、リズムというものはわれわれがその渦中にあってこそ、その全体像も、内部におけるわれわれの位置づけをもつかみうるものである。同時代史を書くために、ほんとうに必要なのはこのリズムを捉える感覚なのであって、それさえ働けば、時代変化の意味を知るのに十年の時間を生きれば十分だ、といえるかもしれない。それにつけて思いだされるのは、同時代史の傑作というべき、F・L・アレンの『オンリー・イエスタデイ』であって、一九二〇年代についてのあの優れた時代認識が、十年後の三〇年代に書かれたという事実が、われわれを勇気づけるのである。

二　近代化百年の終り

「黄金の六〇年代」

それにしても、われわれが問題にする日本の一九七〇年代は、それを生きた同時代人にとって、けっしてその意味がわかりやすい時代ではなかったといえる。「次は何をすべきか《ホワット・トゥー・ドゥー・ネクスト》」という問いかけには、そののち数年たっても答えが出なかったし、むしろ、この問いが時代の劈頭《へきとう》を飾ったこと自体、明日についてのひとびとの困惑を示している点で象徴的であった。七〇年代は、いわば変化への期待はありながら、変化の具体的な手応えなしに始まり、ひとびとにとって、明確なリズムの感知し難い状態で幕を開けたのであった。

ひとつには、これは、それに先立つ六〇年代があまりにも印象鮮明な時代であり、誰の眼にも変化が強烈にめだつ時代であった、ということの結果だともいえる。六〇年代は、「黄金の六〇年代」とも呼ばれ「叛乱の六〇年代」とも呼ばれ、その当時から多彩な命名に飾られた十年であったが、事実、それは国民にとってなすべき仕事の明快にわかっている時代であった。「経済成長」という課題は、いよいよその果実が眼に見える姿をとり始めるにつれて、それを推進する人にとっても否定する人にとっても、見まがいようのない時代の中心主題になっていた。日本が第二次大戦の敗戦の孤立から立ちなおり、「もはや戦後ではない」という認識が拡がるとともに、「国際化」ということが時代的な課題として浮かびあがって来た。テレビが普及し、高等教育への進学率が高まり、新聞や出版が未曽有の好況を見せるのをまのあたりにして、ひとびとは急速に、「情報化」ということが歴史の命令であることを感じ始めていた。[*3]

なによりも象徴的なことに、六〇年代は東京オリンピックの準備とともに始まり、大阪万国博覧会の計画とともに終ったことによって、時代の主題を祝祭のかたちで視覚化できる時代になった。ふたつの祭典を通じて、ひとびとは経済的な繁栄をことほぎ、「世界のなかの日本」を確認し、一日が賑やかに人工的な情報に満たされる生活を体験した。祭典といえば、この十年はまた暴力の祭儀ともいうべき学園紛争の頻発を見たが、この叛乱も結局は豊かな社会の否定的な反映にすぎず、しかも、社会の情報化によって増幅されていたことは明らかであった。そして、六〇年代の日本人にとっては、日常を生きる倫理的な指針も明白であって、まずは勤勉に働いて大量の商品を生産し、ついでそれを大量に消費することが美徳とされたのであった。

「不確実性の時代」

これにたいして、一九七〇年代は時代を飾るはなばなしい標語もなく、時代全体の記念碑となるような祝祭もなく終始する十年となった。たしかに、新しい十年を予告する標語として、「モーレツからビューティフルへ」という流行語が聞かれたことはあったが、この感覚的なスローガンはかえって時代のつかみにくさを物語っていた、といえる。「モーレツ」という形容詞は、まさに六〇年代の生産性と勤勉さをさして具体的であるのにたいして、「ビューティフル」という一語は、たんに何かしら猛烈ではないもの、という以上の意味を感じさせなかったからである。のちに、ひとびとはこのつかみにくさそれ自体を時代の特色として受けとり、おりから出版された本の表題を借りて、「不確実性の時代」という言葉を流行させることになった。だが、ここでも、不確実性とは価値の相対化とか、偶然性の支配といった積極的な変化を意味するのではなく、漠然と、不透明で不安な時代の気分を示すにすぎないものであった。

やがて、日本は石油危機とドル・ショックというふたつの事件に襲われるが、皮肉なことに、この大衝撃はむしろ、七〇年代という時代の性格をますます消極的なものに見せることになった。国民は、これによって六〇年代の繁栄を脅やかされたと感じ、もっぱらそれを防衛するという、後向きの姿勢で生き始めたからである。ひとびとの意識のなかで、七〇年代は六〇年代を延長するための時代となり、たんに過去を再現するために存在する時代となった。「省エネルギー」、「資源節約」といった古色蒼然たる標語が復活されたが、これはとうてい歴史の目標となりうるような理念ではなく、ただ一日一日を耐えしのぶためのかけ声にすぎなかった。ちなみに、最大の逆説といえるのは、日本がこの防衛的な努力によってさらに経済的な飛躍を見せ、結果として、きわめて攻撃的に自国の国際的地位を高めてしまったことであった。[*4] 明治以来、「西洋に追いつけ追い越せ」を国是として来たこの国が、それさえも忘れて、ただ過去を守ろうとしたときに西洋を真に脅やかしたというのは、皮肉というほかはない。いずれにせよ、記憶にあたいするのは、この七〇年代が日本の近代史百年のなかで、おそらくただひとつ、攻撃的な時代目標を何ひとつ持たない十年だったということである。

　しかし、七〇年代の性格があれほど消極的な見かけをおびたのは、もちろんたんに、それが外的な経済危機によって覆い隠されたからばかりではない。じつは、より大きな原因は、この十年を特徴づける大部分の条件が、すべて過去に存在したものの消滅として、あるいは、その力の大きさの減少として現われた、ということにあった。けだし、あるものが消滅するということは、ときにあるものが出現するより重大な意味を持つことがあるのだが、しかし、それが事件として眼に映る印象はとかく弱いものにならざるをえない。しかも、社会的な現象は、しばしばその内側から浸蝕されて静かに空洞化するものであり、その結果、実質の重みを失ったのちにもひとに変化を気づかせないことが多い。歴史のなかで長く影響を残す変化ほど、むしろ短期的にはめだちにくい現われ方をするものだが、七〇年代に起り、おそらく七〇年代を越えて後世に残ると思われる変化は、まさにそのようなものだったのである。

縮小した国家のイメージ

そうした複雑な変化のなかで、いま振返ってもっともわかりやすいのは、たぶん、国民の意識に落す国家のイメージの縮小、ということであろう。現実の政治制度としての国家は、もちろん、今日もその役割をいささかも失ってはいないが、個人にとってそれが存在するという感触の強さは、七〇年代を通じて急速に減少し始めたといえる。

けだし、明治以来、百年にわたる近代化と工業化の歩みのなかで、国家のイメージが国民の意識を決定した力は、じつに計り知れないものがあった。日本人にとって、近代化は国家の意味を劇的に一変する事件であって、いわばそれは、前近代の自然な共同体をひとつの目的志向集団に作り変えたのであった。「殖産工業」、「富国強兵」といった国家的な標語が国民生活のなかに浸透し、個人の私的な生活姿勢すらそれによって方向づけられることになった。やがて、第二次大戦の敗戦が政治的な国家主義を排除したのちにも、むしろ、生活感覚の枠組みとしての国家のイメージは強められる結果となり、政府が「戦災復興」や「通商国家の建設」を訴えれば、反政府勢力はアメリカ帝国主義からの「民族独立」を叫ぶ、という事態が見られた。さらにまもなく、「国民総生産」という魔術的な用語が社会の合言葉となり、政治から文化まで、あらゆる生産現象がそれとの関連において説明されることになった。よきにつけあしきにつけ、日本人は自分の人生上の問題を国民共通の事件として受けとめ、国家的に普遍的な現象として理解する習慣を身につけたのである。

ついでながら、世界的に見て、近代化のひとつの指標は、一般に国家が目的志向集団に変ることであって、国民がたんなる地縁や信仰や、暴力的な権力によって統合されるのではなく、一箇の具体的な課題のもとに結集するようになる、ということであろう。その課題は、ときに独立宣言や憲法の制定というかたちで明文化されることもあり、ときにはより漠然とした標語のかたちで、たとえば「経済立国」、「福祉立国」の名のもとに国民の合意を得ることもある。考えてみれば、じつは、国家がこうした課題をめざすことは不自然な姿であって、課題が普遍的な価値を持つものであればあるほど、その論理的な帰結は国家の否定に導かれざるをえない。なぜなら、国家はもともと、民族性や歴史の偶然といった非合理な力によって作られたものであり、合理的で普遍的な課題の達成にとっては、必ずしも最適の集団ではないからである。経済発展のためなら、フランスやドイツという枠組みよりも、たとえば欧州共同体の方が有効な組織であるかもしれず、福祉の貫徹のためには、一国ずつよりも国際連合の方が公正な単位であるかもしれない。現在のところ、国家という集団が維持されているのは、人間がひそかに、まだそうした合理的な課題よりも非合理な力による共同体を信じており、あえてよりよい人間集団のかたちを探そうとしていない、ということにほかならない。近代化は、国家を目的志向集団にすることでその統一をいちじるしく強化したが、国家の本質から見て、この努力には初めからひとつの矛盾と限界が含まれていた、というべきだろう。

大国化の限界

それにしても、日本はこの近代化を短期間に急激なかたちでなしとげた結果、国家の目的志向的な性格もとくに顕著に現われ、その目的に参与して生きているという国民の意識も、とりわけて強められることになった。その意味で、日本は世界の近代化の実験室の役割を演じたのであるが、この趨勢が劇的な頂点を見せたのが、国民総生産が自由世界第二位に達した六〇年代であった。これは国民の眼には、明治以来の国家目的のほとんど完全な達成のように見え、その目的をともに追って生きて来た日本人ひとりひとりを勇気づけた。国民の多くは、あらためて目的をめざした勤勉な生活態度に自信を深め、それが自分自身の家計をも豊かにした事実を見て、満足を味わっていた。じっさい、「経済大国」の建設は、五〇年代に提唱された「所得倍増計画」と表裏一体の関係にあったからで、これがともに実現された六〇年代ほど、ひとつの目的のもとに国家と個人が一体化した時代はなかった、と見ることができる。

加えて、この十年は、国家が外交的にも華麗に活躍した時代であって、「戦場で失った領土をテーブルのうえで回復する」、あの沖縄返還の成功が国民を興奮させていた。そういえば、先に触れたオリンピックも万国博覧会も国家的な行事であり、国家が全世界を相手に演じて見せる劇場的な事件であった。そして、こうした事件や行事は、これまた全国的な情報媒体であるテレビによって報道され、国民の肉眼に見えるかたちでその存在をあらわしたのであった。全国の老若男女が、同じ時間に沖縄返還の調印式を目撃し、また、春夏の野球大会に参加する沖縄の高校生の姿を見たことは、それ自体がひとつの事件だったといえる。要するに、六〇年代は時代が明瞭な主題を持った時代であったが、いいかえれば、それは国家が明瞭な主題を持ち、その国家が時代の主役を演じている時代にほかならなかったのである。

だが、注意深く見れば、日本という国家があれほど劇的に行動し、ひとつの目的を激しく追求することが許されたのは、明らかに日本がまだ小さな国だったからにすぎない。明治時代には工業後進国であり、四〇年代には敗戦国であった日本にとって、「追いつけ追い越せ」という課題を持つことは、ほとんど純粋に国内的な問題であった。国際社会はそういう日本を笑って見逃せる状態にあったし、日本はその寛容さを前提として自己拡張をつづけて来たのであった。ということは、六〇年代に国民総生産が自由世界の第二位の額にとどき、日本が国際社会の大国となったときに、その拡張はひそかな限界に達していた、と見なければなるまい。その後も、ある程度の経済成長をすることは許されるにしても、それが劇的に飛躍することは、もはや国際社会の感情から見て不可能なことであった。現実には、七〇年代にはいって、あの石油危機が日本の成長にブレーキをかけたわけだが、じつはそれがなくとも、六〇年代のあれほどの成長率は別の理由で抑制された、と考えるのが現実的であろう。

「面白い」国家の終焉

忘れてはならないことは、第二次大戦後の国際情勢は極度に微妙な均衡のうえにあり、その結果、どの国にも大きな現状変更を許さない膠着状態を作って来た、ということである。米ソ二大国による平和管理という現実が世界の構図を決め、そのことが当の米ソ両国をも含めて、世界のあらゆる国に劇的な拡張を許さなくなっている。この構図に政治的に挑戦することは、かつて非同盟諸国が試み、ドゴールのフランスと、毛沢東の中国が試みてことごとく失敗し、経済的に挑戦することすら、アラブ産油国が試みていち早く失敗を見た。もっと皮肉なことに、この構図によって誰よりも手を縛られているのは、むしろ米ソそのものであるかもしれず、その責任の負担によって自己拡張を制限されて来た、と見ることができる。要するに、国家が華麗な行動によって国民の心理を収攬《しゅうらん》し、社会の一体感を保つことはもはやどこの国にも不可能なのであって、だからこそ、七〇年代の大国の首脳のあいだで、にわかに国民の「統治可能性《ガヴァナビリティー》」ということが話題になったのであろう。

そして、この政治的、軍事的な膠着状態のなかで、経済だけが別の世界地図を作ることは考えられず、日本がその分野に限って、このうえ世界の力関係を変更しうるとは想像できない。かりに、経済の合理性にしたがって日本が世界市場を支配し、それがまた世界各国の経済利益につながるとしても、そうなった瞬間、各国の内部には必ずあの非合理な国家意識がめざめ、日本の拡張を牽制する方向に動くであろう。その軋轢は、今日の貿易摩擦とは次元を異にする深刻さを見せ、あるいは、日本の国家的な自立を否定するような論理さえ呼びさますかもしれない。なぜなら、経済的合理性を主張するとは、つまり「経済に国境なし」といい張ることであるから、だとすれば、圧迫された各国が日本の政治的な国境の撤廃を求めることすら、十分に考えられる。日本は、労働移民の大幅な自由化を要求され、「日本株式会社」そのものの多国籍化を求められても、論理的にはそれを拒みにくい立場に立たされるのである。

この意味ではいわば幸運なことに、日本は石油危機という外的な障碍にみまわれ、これをきっかけにほぼ十年のあいだに、歴史そのものの要求する軌道修正を行なうことができた。これがいかに必然的な転換であったかということは、その後の貿易摩擦問題が示すところであるが、それよりむしろ、経済以外の面での外国の厳しい眼つきを見れば明らかであろう。近年、オリンピックの候補地をめぐって、名古屋がソウルに敗れた一事は象徴的な事件であって、日本はもはやお祭のかたちですら、世界に向かって国威を誇ることは難しくなった。実質的な政治問題となればなおさらのことであって、沖縄以後、日本には現実的に回復可能な領土もなく、当分のあいだ、国民がはなばなしい外国的勝利を目撃する可能性は皆無なのである。

皮肉なことに、日本は六〇年代に最大限に国力を拡大し、まさにそのことのゆえに、七〇年代にはいると国家として華麗に動く余地を失うことになった。そして、そのことの最大の意味は、国家が国民にとって面白い存在ではなくなり、日々の生活に刺戟をあたえ、個人の人生を励ましてくれる劇的な存在ではなくなった、ということであった。それはもはや、大きな目的をめざして動く戦闘集団ではなくなり、無数の小さな課題をかかえて、その間の微調整をはかる日常的な技術集団に変ってしまった。いいかえれば、国家は祝祭の場所ではなくなって、実務の世界と化したのであり、国際社会がそうであるように、すべての力が均衡と膠着に向かう場所に一変したのであった。考えてみれば、これは、国家がその本来の自然な共同体の姿に一歩帰りついたということであったが、しかし、日本人にとっては、その姿は明治以来の百年間に初めて見る国家のあり方であった。その意味で、この変化こそ、七〇年代をいろどる最大の歴史的事件のひとつであり、一時的な石油危機や経済不況を越えて、日本の将来により本質的な影を落すことが予想されるのである。

地域の時代

もちろん、当時の国民はこの変化の意味を十分に理解していたとはいえないが、示唆深いのは、七〇年代の末期に、にわかに「地域の時代」という言葉が流行したことである。これは、ときの大平総理の提唱によって広く知られることになったが、それが語る現実そのものは、つとにそれに先立って眼につくものになっていた。とりわけ新しい現象としては、このころ、いわゆる「タウン・マガジン」と呼ばれる雑誌が誕生し、特定の地域を対象として、住民に生活情報を提供する活動が流行した。その総数は一時、五百種類、四百万部とまで伝えられたが、量はともかく、これは中央集中的な日本の出版の歴史において画期的な現象であった。これと並行して、従来の地方新聞もこの時期に部数を伸ばし、また、地方を基盤とする小規模なラジオ局が若い聴取者を増やしていた。六〇年代の情報媒体が、ほとんど圧倒的に全国規模のテレビであったことを考えると、この一見小さな変化も、国民の関心の微妙な移行をうかがわせて示唆深いのである。

一方、全国の各地で自治体や青年団体が中心となり、それまでにない新しい住民運動が盛んになったのも、七〇年代であった。かつての住民運動がおもに政治的、思想的な紐帯で結ばれ、いわば、中央の政治を地方に移すかたちで進められたのにたいして、これはより純粋に地域に根ざした運動の始まりだったといえる。活動の内容は、趣味や教養を中心とする文化的な性格のものがめだち、なかには進んで、地域の経済振興を文化産業によって計ろうとする運動も見られた。市民大学、環境美化運動、住民合唱団、郷土工藝の会といったものがあらためて新しい意味をおび、地域の住民を定着させるための中核となり始めたのであった。おりから、この時期、地方の自治体は争って文化施設の充実に予算を投じ、さらに、あの「タウン・マガジン」も編集の主力を文化情報にさくのを特徴としていたが、これはあるいは、従来の地域の観念そのものの変質を示唆していたかもしれない。[*5]これからの地域社会は、前近代の地縁や血縁によるのでもなく、近代の政治や利害の関係によるのでもなく、紐帯としてはよりゆるやかな、いわば文化的共感によって結ばれて行くことが考えられるからである。

　ところで、この現象は、いうまでもなく国民の関心が国家から離れ、より多く身近な生活環境へ移ったことを示しているが、しかし、さらに考えると、その社会心理的な含蓄はそれ以上に大きいと見ることができる。なぜなら、地域社会は国家とは違って、明らかに生活におよぼす強制力も小さく、そこで起る事件の性質も地味であって、個人の心を興奮させる煽情的な力に欠けている。それは、もともと制度のうえで国家の下部組織にすぎず、とくに近代化が国家の統一力を強めるにつれて、個人を帰属させる力を逆に奪われて行った組織であった。国家が目的志向集団と化するにしたがって、地域はますます無目的的な人間関係としてあとに残され、職場や学校や家庭といった他の共同体と較べても、はるかに戦闘的な組織力の弱い集団に変っていた。したがって、地域への関心が高まるということは、たんに個人の心が国家から別の集団へ移ったということではなく、より正確には、一般的に組織への帰属の感情そのものが変質し始めた、と見るべきであろう。かつて、国家が国民にたいして一元的な帰属を求め、共同の目的によって個人の感情を呪縛していたとすれば、いまや変り始めたのは、そういう感情の組織の仕方そのものだと考えられる。すなわち、個人の側からいえば、日常を生きるうえで、集団にたいして感情的に一定の距離をおいてかかわり、より冷静で多元的な帰属関係を作りあげて行く、ひとつの条件が芽生えたといえるはずである。

　もっと端的にいうならば、そこには、個人がこれまでよりもさらに個人的な姿勢で日常を生き、社会全体がより個人主義的な性格を強める条件が芽生えたわけだが、そう考えて眼を拡げると、じつは国家のイメージの変化はこの大きな流れの一部にすぎない、ということがわかる。歴史の偶然というべきか、七〇年代にはこのほかにもいくつかの特徴的な現象が起って、それがすべて、少なくとも外的な条件としては、個人をより個別化する方向に働いていたのである。

三　集団化社会の変質

職場と家庭の縮小

けだし、近代の日本にとって、国家と並んでもっとも重要な共同体は職場と家庭であろうが、過去十年間、このふたつの組織に生じた変化もまた、静かではあるが、きわめて深刻なものであった。国家の変化が、もっぱらイメージにかかわるものであったのにたいして、職場と家庭の変化はその実質におよぶものであって、それだけに意味はより重大であるにもかかわらず、ひとびとがそれに気づく度合いは少なかった。とりわけ、国際的な比較において、日本人の職場と家庭にたいする帰属感情はきわめて強いように見え、そのことがまた繰返し喧伝されたため、一層、そこに忍びこんだ変質が意識される機会は少なかったといえる。

けれども、変化は白日のもとで客観的な事実として起っていたのであって、ひとびとは公然とその事実を口にしながら、ただ、その隠れた意味に気づいていないだけであった。すなわち、明治以来百年のあいだに初めての事件として、日本人が職場と家庭ですごす時間は七〇年代にはいって減少し始め、わけても個人の一生のなかに占める時間の割合は、飛躍的といえるほど小さくなり始めていたのである。

そのなかで、職場における労働時間の短縮はつとに誰の眼にも明らかであったが、統計を見ると、あらためてその変化がめざましいものであったことがわかる。労働省の「労働時間制度調査結果概要」によれば、一九七〇年に、週休一日制の職場が全体の七一・四パーセントを占めていたのにたいし、十年後の一九八〇年には、それが二三・七パーセントに激減している。ということは、週休一日半制か、なんらかの頻度で週休二日制をとる企業が三倍増したということであるが、なかんずく、完全週休二日制の職場が五倍に増えている事実は注目にあたいする。また、祝日や年末年始といった週休以外の休暇を見ても、一年に一日から十四日までという職場は、同じ期間に五七・七パーセントから二五・一パーセントに減り、十五日から二十五日以上という企業が全体として倍増したのであった。そういえば、国会で祝日法が改正されて、祝日が日曜と重なる場合は翌日を休日とする、ということが定められたのは一九七三年であったが、これも時代の流れのなかで象徴的な事件だったといえる。ある新聞の解説記事の概算によれば、一九八三年の現在、日本の平均的な勤め人は、すべての種類の休暇を合計すると、じつに五日のうち二日間は休んでいる計算になるといわれる。

一方、家庭における主婦の家事労働時間も急速に短縮され、その分だけ、主婦が自由裁量で使える時間が増加した、ということも広く知られている。六〇年代に家庭電器製品が大幅な普及を見せ、また、幼稚園や保育所のような育児施設が充実されたことが、このことの大きな原因であったと考えられる。さらに、七〇年代にはいると、外食産業を始めとする各種のサーヴィス産業が急成長を始め、これがいわゆる家事労働の外部化を大きく促進したことも、見逃してはならない。これに加えて、戦後ひきつづいて進行した核家族化現象が徹底し、子供の数も減って世帯人員の規模が縮小したことも、主婦を家庭から解放することに役立ったと見ることができる。厚生省の「厚生行政基礎調査」によると、一九五五年から八〇年までのあいだに、一世帯あたりの平均構成員は、四・六八人から三・二四人にまで減少したとされている。いうまでもなく、家事労働の場合、その時間数の多少を客観的に計ることは難しかろうが、少なくとも主婦の主観的な印象において、これが彼らの自由時間を増加させたことは確実だといえよう。ある世論調査にしたがえば、主婦が自由に使えると考えている時間数は、六〇年代には一日に平均三時間四五分だったのにたいして、七〇年代にはそれが四時間五三分に延び、八〇年代の今日では、七時間二九分にも達しているというのである（『女の眼で見た女性市場20年とその未来』アイデア・バンク）。

　そして、職場と家庭の両方に共通する重大な変化は、なんといっても、近年の最大の話題というべき社会の高齢化であろう[*6]。のちに論じるように、この問題は別の意味でも個人の個別化に寄与しているのであるが、まずもっとも直接的な影響は、それによって職場と家庭の重味が相対的に低下するということである。日本人の平均寿命は、一九七六年に男性七二・一五歳、女性七七・三五歳に達し、その後も少しずつ延びつづけて、いまや世界の最高水準を記録している。このことは、かりに平均的な勤労者が二〇歳で職に就いて五五歳で退職したとすると、彼の職場での共同生活の時間は生涯の半分以下になった、ということを意味している。また、女性の場合、二〇歳代半ばで第一子を出産し、最後の子供の独立が彼女の五〇歳代半ばだとしても、彼女が核家族の維持に忙殺されるのは、やはり生涯の半分を大幅に下廻ることになる。要するに、現代の日本人は男女ともに、その生涯の大半を職場や家庭の外のより多元的な帰属関係のなかですごし、さらには、孤独な自分自身に向きあって生きることになったといえよう。それは、一面において人間を不安にする新しい状況であって、事実、その不安の表現として、七〇年の末には「毎日が日曜日」という言葉がはやり、八〇年代の昨今では、「妻たちの思秋期」といった言葉が新聞紙面を飾っているのである。

「生涯」の再発見

じっさい、このことは日本人の精神史にとって歴史的な革命であり、やがてこれが十分に自覚されたときには、国民の人生観を一変させるような事件になるものと考えられる。なぜなら、近代の日本人にとっては、職場も家庭もまさに強力な目的志向集団にほかならず、個人の感情を集団化させるだけではなく、その生涯の時間を輪切りにする機構だったからである。

いうまでもなく、職場は業績達成のための組織であり、家庭は子供の成長を軸とする組織であるから、そこに生きる個人はたんに先を急いで生きるばかりでなく、つねに、そこで刻々にあたえられる課題に没頭して生きなければならない。いいかえれば、目的志向的な集団は、そのときどきの課題によって個人の生涯をいくつかの段階に区切り、それぞれの段階に立つ個人を集団のなかの役割として固定する。個人はそのときどきに「勉強する子供」、「勤勉な学生」、「有能な管理職」として生きることになり、さまざまに違う人格を生きながら、それらを貫いて存在するはずのものを忘れがちになる。このことは、日本人の生活を百年にわたって支配してきた現実であって、つとに明治末年に、森鷗外がつぎのような言葉で慨嘆していた問題であった。「一体日本人は生きるということを知っているだろうか。小学校の門を潜ってからというものは、一しょう懸命に此学校時代を駈け抜けようとする。その先きには生活があると思うのである。学校というものを離れて職業にあり附くと、その職業を為し遂げてしまおうとする。その先きには生活があると思うのである。そしてその先には生活はないのである」(『青年』)。

ここで見失われていたのは、まさに「個人の生涯」という時間であり、人間をこの世に位置づけるいわば生活の縦軸の存在だったといえる。この時間軸のかなたには、まず世代を超えて流れる生物学的な時間があり、さらにその向こうには宗教的な永遠の時間さえあるはずだが、近代の日本人はそれを忘れて、もっぱら自己と集団をつなぐ生活の横軸のうえに生きてきたのであった。したがって、もし、七〇年代にこの横軸の強制が少しでも弱まったとすれば、それはただ消極的に個人の孤立化を意味するだけでなく、もっと積極的に、分断されていた個人の時間を再統一する道を開いた、と見ることができよう。そういえば、象徴的であったのは、一九七四年に誕生した三木政権下で一群の学者が研究会を組織し、新しい発想のもとに、「ライフ・サイクル計画」という名の政策案を発表したことであった。それは、かつての「所得倍増計画」や「列島改造計画」が量的で集合的な豊かさをめざしていたのにたいして、初めて個人の生涯を時間軸にそって眺める、という点で異例の政策構想だったのである。

高齢化と多様化

しかし、われわれに個人の生涯を思い出させる条件は、こうした直接的な社会構造の変化ばかりではなく、先に触れた高齢化現象がもたらすより内面的な問題がある、ということを見逃してはなるまい。なぜなら、人間の若さは、一般に社会を等質化し集団化させる条件であるのにたいして、老いの経験はただそれだけで、すでに個人の運命を多様化し個別化する方向に働くからである。

誰の眼にも明らかなように、青春はまず生理的に等質的であって、人生のほぼ同じ時期に万人を訪れ、肉体的にも精神的にも、ほぼ同質の問題と生活環境とを提供する。二〇歳の青年は、誰しも同じように性的に成熟し、体力の点で生涯の頂点にあり、配偶者の獲得と生計の自立をめざすという共通の課題を抱えている。だが、老年は生理学的にもはなはだ曖昧な概念であって、五〇歳で衰弱の域にはいる人間もあれば、八〇歳で矍鑠《かくしゃく》と活躍している人物も見かけられる。生活環境ともなれば、その差異は雲泥のへだたりを見せることになり、結婚の幸不幸、子供の気質の善悪、職業をめぐる運不運などが、青春期の友人どうしを別世界の境遇に追いこむことも多い。中年以上の人間が抱える問題はひとりひとり異なっており、したがって、その解決の方法もまた、集団的な政治行動や政府の集合的な政策になじみにくい。なによりも、老年に迫る最大の問題は忍び寄る死の影であるが、死こそは人間を絶対的に個別化する条件であって、そのまえにはいかなる団結も連帯も意味をなさないことは、いうまでもないであろう。

したがって、社会のなかに高齢者の割合が増えるということは、とかく懸念されているように、たんに社会の無気力化をもたらしたり、保守的な硬直化をひき起す問題だと見ることはできまい。文明国の社会的な活力は、いうまでもなく、たんに青年の生物的な体力によって支えられるものではないし、逆に青春の等質性と集団化の傾向こそ、社会を恐るべき保守的硬直やファシズムに追いこむことが考えられる。むしろ、社会の高齢化がもたらすものは、こうした多様な生活者の多様な感受性の支配であり、風俗や世界観にかかわる、社会の気風のいちじるしい多元化であることが予想される。たとえば、もっとも大きな影響を受けるのは、おそらく、さまざまな流行現象のかたちであって、思想であれ服飾であれ、今後は、社会の全体を動かす大流行が発生することはむずかしくなるにちがいない。すでに八〇年代の初頭の今日においても、女性の服装や大衆音楽の様式は多様化の傾向を示し、時代を一色に塗りつぶすような、六〇年代風の流行現象は見いだしにくいのである。

また、もうひとつ予想されるのは、これまでの日本を支配してきた世代意識の変化であって、端的にいえば、新世代と旧世代を分けてきた、あの世代の観念そのものが崩壊する可能性である。けだし、日本の世代対立というのは、要するに、若者とおとなの対立であり、「まだ若い人間」と「もう若くない人間」の対立であって、いいかえれば、若さという等質的で統一的なもののイメージに依存するものであった。これまでは、青年という一枚岩の世代が厳然としてあり、それが巨大な存在感をもって支配的であったからこそ、それに属さない人たちは、自分を別のまとまった世代の一員として意識したのであった。だが、いまやそういう一枚岩の世代が存在感を弱め、代りに、それ自体が多様性を含む中年以上の人間の数が増えれば、当然、かつての対立は無意味となって、世代は漸層的な年齢差のなかに解消するはずである。じっさい、四〇歳の中年にとって、同じおとなである八〇歳の長老との距離よりも、冷静に考えれば、二〇歳の青年との距離の方がはるかに近いことは明らかであろう。

社会の高齢化とは、こうして、四〇歳の眼に六〇歳や七〇歳の存在との距離がよく見えるということであり、その間に自分の属する共通の世代は存在しない、という事実に気づくことにほかならない。現在の日本において、世代意識がいかに強い心理的な紐帯として働き、眼に見えない帰属関係を作ってきたかを思えば、この変化が個人の個別化に寄与する力も無視できないのである。

青春の変貌

ちなみに、この高齢化と並行して、昨今では青春そのものの内容にも変質が生じ、少なくとも、それが人間を均質化する力を昔よりも弱めている、という事実も注目しておくべきであろう。結論からいえば、青春を特徴づける基本的な欲望が大幅に満足され、それが青年を目的志向的に走らせる力が弱まった、ということにほかならない。かつて、青年を駆り立て脅迫していたものは、第一に生活上の自立への願望であり、第二には性の欲望であったが、今日ではその両者ともいちじるしく切迫感を失っている。六〇年代以来の豊かさのなかで、青年は職種を選ばなければ就業の機会にはふんだんに恵まれ、性風俗の自由化によって、欲望の満足はこれまでになく容易になった。いわば、性と食という二大欲望に関して、現代の青春には絶対的な飢餓というものはなくなり、したがって、それに追われて前のめりに生きる姿勢も必要ではなくなってしまった。今日の青年には、「食」欲に駆られて政治的集団行動に走る動機も乏しく、「性」欲の餓えから、流行の恋愛小説に共同の幻想を求める衝動も切実でない、といっても誇張ではあるまい。

　こうした青年の状況を捉えて、現代の心理学はこれをしばしば「猶予期間《モラトリアム》」状態と呼ぶのであるが、われわれとしては、この言葉の持つ価値的な響きには十分な注意をしておかねばならない。なぜなら、この言葉は明らかに一種の非難をこめて、青年が自己の成熟に恐れを抱き、おとなになることを躊《ためら》っている心理状態をさしているのであるが、現代では問題の成熟の概念そのものが変質し始めている、とも考えられるからである。

　エリク・エリクソンが初めてこの言葉を用いたとき、おとなになるとは、要するに自己を人生の横軸のうえに位置づけることであり、一定の社会単位のなかで一定の役割を負うことにほかならなかった。人間の個人としての「同一性《アイデンティティー》」とは、人間がひとつの役割には残りなく「一体化《アイデンティファイ》」していることであり、時間を超えて役割の内容が「同一《アイデンティカル》」であることを意味していた。たとい、その役割は生涯のなかで何度か変るとしても、少なくとも、それは生涯のそれぞれの段階のなかでは不変であって、そのときどきには、ひとは自己の役割に完全に密着していなければならなかった。ひとはそのさい、役割を「演じている」という意識さえ持ってはならないのであり、文字通り役割そのものになりきって、社会がめざす目的に没頭していなければならなかった。その結果、ひとの生涯は全体として均質な棒のような存在になるか、あるいは、部分ごとに均質ないくつかの段階に輪切りにされるのであるが、それを覚悟し安んじてそれを受け入れることが、かつてはおとなになるということだったのである。

すなわち、成熟するとは、これまでは人間が自己を限定することであり、限定された自己に耐え忍ぶ能力を持つことであったが、しかし、すでに見たように、現代の社会はいまやそうした自己限定を強制する力を失い始めている。青年がそのような自己限定を躊っているのも事実であるが、そのまえに、彼らが自己を一体化し、自己の内容として受け入れるべき役割の重味が減り始めている。見方によれば、敏感な青年は、社会の横軸の意味の減少を漠然と感じとっていて、むしろそれゆえにこそ、そのうえに自己を位置づけることを躊っていると、見ることもできる。ひょっとすると、その躊いは一時的な「猶予期間」の要求ではなくて、生涯を通じて単一の役割に埋没することを拒否しようとする、ひとつの新しい人生態度の予兆なのかもしれない。考えてみれば、のちに述べるように、成熟するとは、必ずしも自己を限定することに尽きるものではなく、むしろ、限定しきれない自己の曖昧さと複雑さとを受け入れることでもあろう。常識も認める通り、おとなになるとは一種の性格の柔軟さを身につけることであり、積極的に自己の内部の矛盾を認め、それに耐え忍ぶ能力を持つことだとも考えられるからである。

普遍的な不幸の減少

いずれにせよ、今日の日本において、個人を個別化する条件はさまざまに重なりあっているのであるが、最後に注目すべきことは、より長い時間のなかで、人間の不幸の質が大きく変ってきたという事実であろう。ひと言でいえば、かつての不幸が普遍的で集合的であったのにたいして、この二十年、不幸の原因は目に見えて偶然的で個別的なものが多くなった。別のいい方をすれば、これまでの不幸には科学的な説明が有効であり、国家的な政策による救済が可能であったのにたいして、現代人はそうした普遍的な説明や救済の不可能な、より孤独な苦悩のなかに沈んでいるといえるであろう。

まずわかりやすいのは、疾病と死亡原因の変化であるが、なかでも目につくのは、結核の激減とそれに代るさまざまな難病の多発である。[*7] 一九五〇年代の抗生物質の普及は多くの感染症を制圧したが、そのなかでもとくに意味深かったのは、青春の代表的な病いであり、一時代を象徴する病いであった肺結核を征服したことであった。この病気こそ、栄養不良と劣悪な衛生環境の指標というべき災禍であり、都市化と工業化の時代の歪みがもたらした、典型的な集合化の不幸であったといえる。そして、それにたいして人間のとった対策もまた典型的に集合的であって、国民的な規模での栄養と衛生状態の改善、国家的な健康保険制度による集団検診と大量投薬が、六〇年代に画期的な功を奏したのであった。

個人の側から見れば、これはしばしば死にいたる病いでもあったが、一般に病状の進行は緩慢であり、また身辺に同病者が多かったこともあって、比較的、他人にたいして同病相憐れむ心の余裕を持つことができた。若い結核患者は、いわば、たがいに時代の宿命を分けあっているという感情を抱き、現実にもたがいに助けあい、励ましあう機会が少なくなかった。じっさい、この病気は流行小説の主題となって国民をともに泣かせ、ときには政治的な患者同盟をさえ組織させて、人間の心理的な集団化に寄与したのである。だが、七〇年代にはいって、これがほとんど社会的な脅威でなくなったとき、代って大きく浮かびあがったのが、癌を始めとするいくつかの未知の病気の恐怖であった。

　もちろん、個々の患者にとっては、すべての病気の襲来は不条理な事件であるが、これらの新しい難病は流行性でないということから、とりわけてひとりひとりの個人を偶然的に襲うように見える。罹患の原因は漠然とわかっていても、その因果関係は細菌性の疾病のように必然的ではなく、したがって、予防の科学的な努力もしばしば意地悪く裏切られてしまう。ある個人が襲われ別の個人が無事でいるのは、あたかも悪魔の恣意的な選別によるように見え、それを見るたびに、われわれはあらためて運命の不条理さを思い知らされることになる。しかも、多くの場合、症状は急激に進行して死にいたるために、患者は同病相憐れむいとまさえなく、たったひとりで自己の悲運に直面しなければならない。現代の難病は、その病苦そのものによって恐ろしいばかりでなく、それがもたらす絶望的な孤独によってさらに恐ろしいのである。

不条理な運命の再発見

　これに加えて、現代はまた事故災害の時代でもあって、交通事故を中心とするおびただしい事故が、人間の死亡原因のなかで大きな割合を占めることになった。そして、これもまた、個人にとってはまさに選別的、偶然的に襲来する災禍であって、運命の悪戯をまざまざと感じさせられる不幸だといえる。皮肉なことだが、科学的な法則性の万能を信じた二十世紀が終りに近づいて、われわれはふたたびそれを嘲笑するような不幸に出あい、いわば古代ギリシア悲劇に見るような恐怖を再発見しているのである。いうまでもなく、こうした不幸にたいしても間接的には国家的な対策は可能であり、環境の改善、科学研究の充実などによって、統計のうえで恐怖を軽くすることはできるであろう。しかし、統計上の問題解決はけっして個人の偶然性を救うものではなく、むしろ、統計的に稀少な不幸をこうむった個人は、それまでより深刻な孤独に苦しまなければならない。問題の本質は、普遍的な不幸が解決されればされるほど個別的な不幸の重みが増す、という逆説であって、七〇年代に起った事件は、この逆説が誰の眼にも明白になったということなのである。

　同じことは、さらに社会的な不幸にも広くあてはまるのであって、たとえば労働問題と家庭問題も、この十数年間にいちじるしく個別的な性格を強めている。失業問題をとりあげても、かつては国家的な大量失業が脅威であったのにたいして、昨今では、企業間や企業内部の競争による、より選別的な失業が恐れられている。同一業種のなかでも、倒れる企業と生き残る企業はきわどい差によって分かれ、同一企業のなかでも、いわゆる「肩たたき」退職勧奨が勤労者を選り分けている。また、現代の失業者は完全に職を失うというより、望ましい職場から不本意な職場に追われるという場合が多く、その不幸は人間の生きがいにかかわるだけに、一層、個別的だといえるだろう。ちなみに、今日の学生問題もまさに同じ傾向を示しており、かつては学資の貧困が最大の困難であったのにたいして、いまや入学試験の選別そのものが不幸の中心となっている。いずれの場合も、国家による投資や制度の改革は十分に有効ではなく、個人の側でも他人との連帯や団結が大きな救いにならないことは、自明なのである。

　家庭においても、かつて圧倒的に大きな問題は伝統的な家族関係にあり、たとえば嫁と姑の軋轢といった悲劇が、ほとんど構造的に日本人を悩ませてきた。七〇年代以後、それらはなくなったといえないまでも、核家族化とともに大幅に減少し、その代りにめだつようになったのが、子供の自閉症や家庭内暴力といった問題である。これは、伝統的な家庭問題に較べて構造的な共通性が乏しく、物質的な環境や親の善意と無関係に、きわめて突発的に起るように見える。しかも、その現われ方も伝統的な不幸とは違ってきわめて劇的であり、親の側から見れば、不条理な運命悲劇の印象はいちじるしく強いものになる。

「封建的」家族関係に泣いた女性ももちろん孤独であったが、家庭内暴力に苦しむ母親はそれ以上に孤立しており、その救済についても、社会的、集合的な方法ははるかに効力が弱いのである。

　興味深い現象は、こうした新しい種類の不幸がめだち始めたころから、軌を一にして、戦後二度目というべき新興宗教の興隆が伝えられたことであった。[*8] 第一次の新興宗教の擡頭は五〇年代の前半であったが、このときの教団がおおむね大組織に成長したのにたいして、注目すべきことに、七〇年代以降の新興宗教団はより小規模で数が多いといわれる。なかには、教団というより、巫女や呪術師風の教祖が少数の信者を集めている、といった例が少なくないというが、そこへ信者が持ちこむ問題は、やはり健康と子供の教育に関する悩みが中心であるらしい。この現象は、同じ七〇年代に起った「占い」の流行とともに示唆的であって、人間の関心が、大きく個別的な不安の個別的な解決に移って行ったことを示している。もちろん、ひとびとは時代の不幸の質の変化を明確に気づいてはいないとしても、しかし、無意識のうちに、法則的なもの、普遍的なもの、組織的なものの力の限界を感じとっているのである。

四 「誰かであるひと《サムボディー》」の要求

伝統的な個人主義の動揺

ところで、以上のような社会的な変化は、すべて個人を個別化する外的な条件ではあるが、しかし、いうまでもなく、個人を真の個人として自立させる内面的な条件ではない。ひとびとは、さまざまな集団や共同感情の絆の弛んだことを感じはしても、それだけでは、まだ積極的に自己の個性的な内面を形成しえないのは当然であろう。いいかえれば、そこにはたんに社会の「アトム化」の条件はあるとしても、なお新しい個人主義の条件が整ったとはいいにくいのである。

じっさい、現状において、日本の社会にはその点でなお不分明な要素が多く、多くの社会の観察者たちも、明るい展望というよりとまどいの方を強く感じている。これまで、時代の変化はおおむね否定的な言葉で捉えられ、「海図のない時代」、「不確実性の時代」といった悲観的な時代認識が流行してきたのも、そのことの現われであろう。とくに悪いことには、類似の変化はつとに西洋先進国にも起りつつあり、その結果として生じた現象は、多くの観察者によってきわめて否定的に報告されている。アンドリュー・ハッカー氏の『アメリカ時代の終り』が典型的に示すように、国家的な目的意識を失った社会が混乱と無気力におちいりつつある、という認識は世界的に広く受けいれられている。労働意欲の低下、家庭の崩壊、青年の社会的無関心、性的な放縦や麻薬中毒の増大といった現象がつぎつぎに指摘されて、それらはすべて「ミーイズム」と呼ばれる、伝統的な個人主義の頽廃現象として評価されている。[*9] たしかに西洋の場合、社会的な紐帯の弛緩は誇りある個人の自立を強めることとなく、むしろ逆に、責任感や自恃《じじ》の精神を弱めて、数百年の歴史を持つあの健全な個人主義を破壊しつつあるように見える。そうした報告と評価に接した日本人は、当然、そこに自分自身の未来像を読みとり、いやがうえにも、身辺に予感される変化に否定的な感情を抱きがちなのである。

目下のところ、当面の変化にたいする日本人の反応は二種類に大別されるが、そのどちらも、危機感にもとづく一種の保守主義によって貫かれている。その第一は、いうまでもなく、日本ももう危ないという認識に立つものであり、社会的な連帯と国家的な共同感情の回復をめざして、あらゆる伝統的倫理の補強をはかろうとする立場である。その第二は、これにたいして、日本はまだ大丈夫だという認識によるものであって、その根拠を日本独特の「集団主義」、企業社会における特殊な同志的感情に求めようとする立場である。もちろん、このふたつの主張にはそれぞれに正しい論理が含まれており、限定された範囲においては、現実にたいする処方箋としての有効性も期待できる。けだし、社会的な変化は、いったん芽生えると、ひとびとをそれに適合しようとする過剰な反応へ駆り立て、この過剰な反応そのものが、変化の本来的な方向やリズムをねじまげることが多い。逆説的ない い方だが、こうした過剰適合の競争に水を浴びせ、歴史的な変化を正常に進ませるために も、すべての保守主義は人類にとって有用なのである。

けれども、逆にいえば、保守主義の有用性はつねにそれまでのものであって、それによって歴史の傾向を完全に歪曲したり、逆転することはできない。とくに、これまで述べたような変化は、要するにいわゆる産業化時代の爛熟の産物であり、日本もまたその産業化の頂点に立っている以上、一国だけが他の先進諸国と完全に違う道を歩むことは不可能だろう。国家イメージの縮小といい、労働時間の短縮といい家庭余暇の増大といい、さらに高齢化や流行病の征服といった事態は、ことごとく産業化の達成による豊かさの果実であり、そこに生じた問題は、いわば成功の生んだ皮肉な結果以外の何ものでもない。現代を「脱産業化社会《ポスト・インダストリアル・ソサエティー》」と呼ぶならば、それはまさに産業化そのものが生み出しながら、産業化の原理だけでは運営が難しくなってしまった社会だ、と見ることができる。西洋の場合にも、伝統的な個人主義の倫理がゆらいでいるのは、それがもともと産業化とともに生まれた倫理であり、産業化そのものを生みだし、それをおし進めた原理であったからだと考えられる。そして、振返ってみれば、日本における伝統的な倫理も特殊な集団主義も、じつは同じ産業化の強力無比な推進機だったのであって、いいかえれば、まさに現在の脱産業化現象を招き寄せた原動力だったのである。勤勉であれ、忠誠心であれ、国家や家庭における共同感情であれ、それらがほかならぬ今日の社会変化を生んだ遠因だとすれば、それらだけに頼って変化に伴う問題に対処できないのは、自明であろう。

　したがって、われわれとしては、どうしても今日の変化の方向にそった地点に救いを求め、個人の個別化の傾向を認めたうえで、その先に、より積極的な新しい個人主義の萌芽を探すほかはあるまい。それは、いまのところまだはなはだ模糊としてはいるものの、注意深く観察すれば、その予兆といえるものは、たしかに七〇年代の現実のなかにも見てとれないわけではない。そして、時代の特色からして当然のことながら、それがよりよく見えるのは人間生活の「生産」の側面ではなく、かつてとかく軽視されていた「消費」の側面においてなのである。

「消費」への志向

　いつの世にも、生産と消費とは表裏一体の関係にあり、一方がなければ他方もありえない関係にあるが、社会的な価値づけのうえでは、必ずしも両者がつねに対等に扱われてきたわけではない。それどころか、十七世紀に始まる産業化の時代を通じて、消費の社会的な価値はいちじるしい低下を見せ、社会の基本的なかたちを決める原理としては、もっぱら生産にかかわる人間関係だけが認められることになった。じつをいえば、社会を組織する原理としては消費もまた大きな力を持ちうるのであって、事実、宮廷や宗教団体や平時の軍隊は消費によって結ばれた組織であり、十六世紀以前は、むしろこれらの方が社会全体の基本的な形態を決めていた。だが、産業化社会の開始とともに、こうした消費志向の組織は軍隊をのぞいていずれも存在感を弱め、代って、工場組織や労働組合といった、生産の場における人間関係が比重を高めた。十七世紀に生じたこの転換は、人間の文明史にとってきわめて重大な意味を持つ事件であって、いずれ第三章であらためて論じなおすべき主題であるが、現代人の大多数は、かつてそういう歴史的な転換が起ったことさえ忘れている。じつは、それほど生産による社会の支配は徹底化したのであって、ながらく、われわれは消費が社会と文明に影響をあたえる力を見失ってきた。じっさい、この三百年、国家の政治を動かすものが株式会社や労働組織であった、というだけのことではなく、マックス・ヴェーバーの分析の示すように、近代人の自我意識の根底を支えるものさえ、ものを生産する行動だと考えられてきたからである。

もちろん、この生産の優位は今日も根本的には変っていないが、しかし、この十数年、社会の価値観にその点で微妙な変化が始まっていることも、事実であろう。その大きな背景は社会の豊かさであり、六〇年代に「消費は美徳だ」という標語が生まれたのもその徴候であったが、より直接的には、七〇年代のエネルギー危機と、産業のエレクトロニクス化が引き金になったと考えられる。エネルギー危機は、一応は消費にたいしても節約を求めるものであったが、それ以上に、むしろ大量生産をめざす生産至上主義に冷水を浴びせる効果を見せた。それまでの消費の奨励は、じつは生産を拡大するために企てられたものであったのにたいして、これ以後は、より賢明な消費、いいかえれば、ものの生産を過度に刺戟しない消費が奨励されることになった。一方、省エネルギー産業の育成と、エレクトロニクスによる工場の自動化は、結果的に余剰労働人口を生むとともに、より消費に密着した商品を送り出すことになった。余剰労働人口は、いわゆるサーヴィス産業の繁栄をうながし、要するに、ものの生産を媒介しない消費という観念を育てていった。[*10] 同時に、省エネルギー産業とは、言葉をかえれば、生産のための素材を作る産業ではなく、より消費に密着した情報集約商品を生む産業であったから、これも結局、社会に消費を重視する思想を育てることに寄与したといえる。

「趣味」の形成

こうして、七〇年代は消費の社会的価値が着実に高まり始めた時代であり、そのこと自体が三百年来の変化だといえるのであるが、それはまた、これに並行して、消費行動のかたちそのものが変り始めた時代でもあった。ひと言でいえば、それは第一に、個人がより個別的な嗜好にしたがって商品を選別する時代であり、第二には、物質的な商品よりも、もっと直接的な個人的サーヴィスを要求する時代の始まりだったのである。

第一の、商品の個別的選別についてはすでに多くの指摘がなされており、産業の側も、つとにそれにたいする具体的な対応を見せているから、ここでくどい説明は不必要であろう。先にも触れたように、この十年、婦人の衣裳にさえ画一的な大流行というものは見られず、六〇年代以前に、髪型から肉体的特徴についてまで流行があったのと、顕著な対照を示している。[*11] これに応じて、生産者は食品から自動車にいたるまで、いわゆる「多品種少量生産」の体制を作り、かつて薄利多売をめざした大型小売店業でさえ、昨今はより個性的な専門店の性格を強めているのは、周知の事実であろう。娯楽やスポーツ、読書傾向や大衆的な人気者《アイドル》にもいちじるしい多元化が認められ、子供の世界にすら、かつてのフラフープや「ダッコちゃん人形」のような、狂気じみたブーム現象は起りにくくなった。

なかでも、事態を典型的に示すのは出版事情であって、「出版年鑑」の統計によれば、年間の新刊点数そのものは七〇年代を通じて毎年着実に伸びている。単行本の場合、七〇年の一万八七五四点が八〇年には二万七八九一点に増え、雑誌の発行点数については、二三一九誌が同じ時期に三三二五誌にまで増えている。にもかかわらず、巷間《こうかん》しきりに出版不況が喧伝されるのは、もちろん、一般物価にたいして書籍の値段が安すぎるという事情もあるが、なんといっても、読書傾向の多元化によって一点あたりの部数が減った、ということであろう。面白いことに、この間、哲学、社会科学、自然科学などの専門書や教養書の点数も増えており、文庫本の増大を考慮に入れても、俗にいう活字離れや、国民の一般的な痴呆化の批評があたらないことがわかる。むしろここには、「多品種少量生産」の現象が典型的にうかがわれるのであって、とくに雑誌に関してその傾向が強まったことは、誰の眼にも明らかであろう。一九八〇年には、新雑誌の創刊ラッシュが話題をにぎわせたが、それまでにも新しい雑誌はますます専門化の度合いを強め、とりあげる対象やそれを扱う姿勢の点で、明確に多様化を示していたのであった。

　このことは、いうまでもなく、読者の関心の多元化を反映したものであり、日本社会そのものの思潮と感情の個別化を映し出したものだといえる。そして、この場合は、個別化はけっしてたんに社会の消極的な分裂を意味するものではなく、より積極的に、個人が内面的な自発性を発揮し始めた現象だ、と解釈することができる。ここで働いているのは、たんにさまざまの社会的紐帯が弛んだことの効果ではなく、少なくとも、ひとびとが自己固有の趣味を形成し始めたことの影響だ、と考えられるからである。

文化的サーヴィスの興隆

　だが、たぶんそれ以上に意味深いのは、ひとびとが直接的な文化的サーヴィスを求め始めたことであって、いいかえれば、個人が自分にたいする社会的な処遇の転換を要求し始めた、ということであろう。現象としては、通常、狭義のサーヴィス産業の興隆として指摘されることであって、外食産業、ホテルや旅行業者、スポーツ・クラブや生涯教育講座、画廊や美術館や各種の芸能の劇場、さらには医療機関や、先に述べた新興宗教団体が多くのひとびとを集め始めた、ということであった。[*12]

　こうした機関が提供するものは、その内容の点では、人間の基本的生存を支える物質ではなく、なんらかの知的、情緒的な満足がそれに加わったものであって、広い意味での文化的サーヴィスと呼べるものであろう。さらに、形式の点では、それが提供するものは、人間から人間へ直接手渡されるサーヴィスであって、できるかぎり、その間に機械的な伝達手段がはいることを排除したサーヴィスだ、といえるだろう。

　たとえば、外食産業についていえば、これは、それにやや先行した冷凍食品、即席食品と競争しながら成長したものであって、家事労働の「外部化」という点では、六〇年代以来の傾向を延長したにすぎないものであった。とくに、七〇年代に増えたチェイン方式のファミリー・レストランの場合、提供される商品の実質は工場生産による冷凍食品であり、顧客が店頭で受けとるのは、食卓の雰囲気と給仕人の演技、いいかえれば、もてなしの「幻想」にほかならないとさえいえる。だが、ひとびとはいま、まさにそうした「幻想」をこそ求めて外食産業に集まるのであって、冷凍運搬車と冷蔵庫という機械的媒体のイメージを排除し、人間による直接的なもてなしの演技を求めて、余分の金を払うのである。同じことはまた、近年めだつといわれる小規模の服飾デザイン業の隆盛にも見られ、それが有名デザイナーの手になる既製服に十分に対抗している、という現象のなかにも見ることができる。ひとびとがそこで購《あがな》うものは、自分ひとりのためのデザインという「幻想」

であり、自分のために忙しく採寸するデザイナーのしぐさであり、その間に交わされるさりげない会話のせりふにほかならない。重要なことは、そこでは自動裁断機と大型縫製機のイメージが追放され、ひとりひとりの顧客にたいする人間的な気配りの印象が確保されている、ということなのである。

ひと言でまとめれば、これは文化産業の「脱産業化」ということにもなろうが、この傾向の芽生えは現代文化のあらゆる分野に発見することができる。美術の分野では、複製絵画や美術全集の普及に代って創作版画の愛好者が増え、教養の分野では、テレビ、ラジオの講座に拮抗して、なま身の講師の現われる市民大学教室がにぎわっている。音楽レコードやテープの氾濫にたいしては、各種の「なま《ライブ》」演奏の盛況が目につくうえに、一般市民がみずから参加する合唱団や演奏団体も活発になった。[*13] スポーツ・クラブや趣味の会では、ひとびとはなま身のコーチの指導を受けられるだけでなく、自分自身の活動に他人の注目を浴びる場所を持つことになった。言葉をかえれば、これは、「複製文化」からなま身の文化サーヴィスへの転換の萌芽だ、と概括することもできるのであるが、ひょっとすると、この転換は長い文化史のなかのかなり重大な事件かもしれないのである。

サーヴィス史の第三段階

常識的に考えて、これまでの文化サーヴィスの歴史は大きく二段階に区分され、それぞれの段階はおおむね、「前産業化」の時代と「産業化」の時代に対応している、と見ることができる。

　第一の段階は、もちろん、少数の人間のみが多数の人間による奉仕を受ける時代であって、その提供はなま身の人間による直接的な方法にかぎられる時代であった。すなわち、貴族や一部の財産家が、衣裳は出入りの仕立師から、美食は雇いの調理師から、教養は家庭教師から直接に提供され、画家が壁画で飾った室内で宮廷楽師の演奏会を楽しんでいたのが、この段階であった。やがて、産業化とともに社会が豊かになるにつれて、文化サーヴィスはより多数の人間が享受することになったが、そうなったとき、しかし、提供されるものの中身は急速に「複製品」に変っていった。多数の消費者を満足させるためにはやむをえないこととして、文化は大量生産になじむ商品のかたちに翻訳され、なま身の提供者はさまざまの機械的媒体の背後に後退することになった。今日のわれわれもまだ半ば以上この第二段階に生きているのであって、ほとんどすべてのサーヴィスの複製品を、おびただしい印刷物、映像や録音の装置、放送ネットワーク、家庭電化商品、自動販売機などを通じて受けとっているのである。

　このように考えると、七〇年代以来の変化は、要するに、多数の人間がなま身のサーヴィスを要求し始めたということであるから、これは、文化サーヴィスの歴史の第三段階目の到来と呼べるかもしれない。誤解を避けるためにいうなら、このことはもちろん、第二段階の終焉を意味するものではなく、むしろ、第二段階が重大な補修を受けて再出発することだ、と見るべきであろう。当然ながら、新しい要求は、「複製サーヴィス」の充足均《きん》霑《てん》を前提として生じてきたのであって、それはちょうど、脱産業化社会が産業化の成功と存続を前提としているのと同じだ、といえる。それにしても、この変化は人間の意識の歴史にとって革命的な節目であって、考え方によっては、いわゆる大衆化社会の成立、あるいは政治上の民主主義の成立をもうわ廻る大きな変化の始まりかもしれない。なぜなら、いまやこの社会では、大多数のひとびとがたんに豊かで平等な生活を求めるだけでなく、ひとりひとりが異質な個人としての処遇を受け、かけがえのないただひとりの人格として、具体的に他人の注目と気配りを要求し始めた、と見ることができるからである。

人間的紐帯の多元化

けだし、前産業化時代の貴族社会においてはいうまでもなく、昨日までの民主的な大衆社会においても、大多数の人間はそのような要求を満たされる場を持っていなかった。自我の尊厳、個性の尊重は民主政治の理想ではあったが、それはあくまでも抽象的な理念にとどまっていて、政治制度としての民主主義はそれを実現する場所を備えていない。それどころか、民主政治は一方で個性と矛盾する平等の理念をめざすために、現実には、しばしば個別性と多様性を殺す方向に働くことになる。この点は、つとに今日の学校教育の制度的硬直として指摘されていることであり、また、福祉行政の悪平等として広く知られている問題であろう。いわば、前産業化時代の社会において、大多数の人間が「誰でもないひと《ノーボディー》」であったとすれば、産業化時代の民主社会においては、それがひとしなみに尊重され、しかし、ひとしなみにしか扱われない「誰でもよいひと《エニボディー》」に変った、といえるだろう。そして、そうであればこそ、この時代は国家の統一的な政策の有効な時代であり、制度的な義務教育、国民皆兵の徴兵制、一律的な福祉政策といった、人間を集合化する問題解決の方法が発達したのである。

　これにたいして、いまや多くのひとびとが自分を「誰かであるひと《サムボディー》」として主張し、それがまた現実に応えられる場所を備えた社会が生まれつつある、といえる。これまで日本社会では、そういう場所は家庭と企業内の小集団のなかにあって、そこでは、ひとびとは家族や同僚や上司から個人的な気配りを受けることができた。定説によれば、西洋諸国にくらべて、日本ではそういう場所がなおよりよく機能しており、そのことが国民の心理的安定や勤勉さの維持に役立ってきた、と考えられている。おそらくこの認識はいまも正しいであろうし、今後とも、家庭や企業内集団のそうした役割が急減するとは想像できない。しかし、確実なことは、今後、それらがそういう場所として唯一のものではありえなくなり、ひとびとは「誰かであるひと《サムボディー》」として生きるために、広い社会のもっと多元的な場所を求め始める、ということであろう。それは、しばしば文化サーヴィスが商品として売買される場所でもあろうし、また、個人が相互にサーヴィスを提供しあう、一種のサロンやヴォランティア活動の集団でもあるだろう。当然ながら、多数の人間がなま身のサーヴィスを求めるとすれば、その提供者もまた多数が必要とされることになるのであって、結局、今後の社会にはさまざまなかたちの相互サーヴィス、あるいは、サーヴィスの交換のシステムが開発されねばなるまい。

いまのところ、それは自発的な同好の集団を組織したり、そうでなければ、テニス・クラブの顧客である主婦が、一方でレストランのパートタイムの仕事をする、といった散発的な仕方で行なわれている。だが、将来は、たとえば主婦のなかからスポーツ指導員を育成するとか、市民大学講座の聴講者を講師として養成するとか、サーヴィスの相互交換のために、さまざまな制度的な方法も検討されることになるだろう。そのさい、いずれにせよ、重要な役割を負うのは地域社会という世界であって、現代が地域の時代だというのは、じつはこの意味でこそ主張されるべきなのである。なぜなら、自明のことだが、交換されるものが物質や映像でなくて人間のサーヴィスである以上、そのための市場は、人間が身体的に手の届く適当な大きさに制限されねばならない。早い話が、冷凍食品を提供するには、原理的には全国にひとつの工場と無数の運搬車があればたりるし、テレビ・ドラマを供給するには、ひとつの放送局と各家庭の受信器があればたりるであろう。だが、ファミリー・レストランにせよ、なま身の俳優を登場させる劇場にせよ、それが一定の頻度で利用されるためには、かぎられた広さの地域社会ごとに配置されねばならないのは、明らかである。先に、現代の地域社会が文化的な紐帯によって結ばれつつある、という現実を紹介したが、逆にいえば、現代の文化サーヴィスは必然的に地域社会の充実を要求しつつある、ともいえるのである。

五　柔軟な個人主義の萌芽

表現する個人

ところで、このことは、現代人が「誰かであるひと」として生きようとすれば、第一に自分の集団への帰属関係を、これまで以上に自覚的に、積極的に作り出さねばならない、ということを意味している。

従来の家庭や企業内集団の場合、ひとはそれに一元的に帰属することができ、しかもそのなかにいるかぎり、他人の気配りを受けることをほぼ自動的に期待することができた。そこでは、集団の共同目的を忠実に追求しているかぎり、個人は自分が「誰かであること」を自動的に保証され、それにふさわしい注目を他人から受けることができた。彼は、この帰属関係を生涯にたびたび選びなおす必要もなく、その属し方の緊密度を自分の手でたえず調整する必要もなかった。先に使った用語法にしたがえば、ひとは、この関係のなかでは完全にひとつの役割として限定されており、したがって、それを「演じる」という意識さえなしに、その役割になりきって生きることができた。しかし、いまや、家庭や企業内集団が少なくとも人生のすべてではなくなり、個人が同時に別の人間関係を重く見るようになると、それだけで彼の役割についての意識は変質することになろう。

彼としては、ひとつの役割であること以前の自己というものを意識させられ、そこからあらためて、ひとつひとつの役割を自覚的に演じ始めなければならない。彼は、複数の人間関係のあいだに立って、それぞれの求める義務を調整しなければならず、たえず気分を新たに転換して、それぞれの関係に進んではいりなおさねばならない。いいかえれば、彼はつねに自分を柔軟で未限定な存在として留保し、しかもなお、他人にたいして自発的な存在として維持しなければならないのである。

そのうえ、彼が新しくかかわる人間関係がサーヴィス交換の場所であり、要するに広義の社交の場所であるとなると、この役割の演技はさらに積極的なものであることが求められる。それが永続的な文化活動のクラブであれ、あるいは、一時的なレストランでのサーヴィス関係であれ、およそすべての社交の場所は、多少とも、そこに加わる人間に一種の表現を求めるからである。もともと消費の場所である社交の関係は、客観的な目的達成をめざした集団ではなく、ひとりひとりの参加者が一定の作法にしたがい、自発的な表現を行なうことを約束しあって生まれた関係だといえる。いわば、それは、気配りを交わすことそれ自体を目的とする場所であり、「主人」と「客」という、役割を演じることそのものを内容とする場所であって、それがなければ解体してしまう人間関係なのである。

もし、このような場所が人生のなかでより重い意味を持ち、現実にひとびとがそれにより深くかかわることになるとすれば、期待されることは、一般に人間関係における表現というものの価値が見なおされる、ということである。すなわち、人間の自己とは与えられた実体的な存在ではなく、それが積極的に繊細に表現されたときに初めて存在する、という考え方が社会の常識となることにほかならない。そしてまた、そういう常識に立って、多くのひとびとが表現のための訓練を身につければ、それはおそらく、従来の家庭や職場への帰属関係をも変化させることであろう。

このように考えると、一九七〇年代以来のさまざまな社会変化の底には、ひかえめに見ても、新しい自我と未来の個人主義にとって、いくつかの希望の芽がのぞいていることは明らかだろう。そして、もちろん、その全体像はなおさだかではないとしても、それは少なくとも、十七世紀以来の、あの産業化時代の個人主義とまったく異質であることは、十分に予測することができる。結論からいえば、それは、青春の時代にたいする、成熟の時代の個人主義であり、目的志向と競争と硬直した信条の個人主義にたいする、より柔軟な美的な趣味と、開かれた自己表現の個人主義であることが推測されるのである。

「帰依《コミットメント》」と「一貫性《インテグリティー》」を超えて

周知のように、これまで、個人主義といえばその内容は強い信条だと考えられ、眼に見える組織にたいする、あるいは、見えないシステムにたいする不動の「帰依《コミットメント》」のことだ、と理解されてきた。自己を厳しく限定し、それを変らぬものとして維持しつづける力が自我の中核であり、その強さにおいて他人と競争するものが個人の個性だ、というのが長いあいだの常識であった。その背後には、おそらく一神教的な信仰の影響があったことは事実であろうが、しかし、この常識をいやがうえにも強化したものが、あの産業化時代の生産の原理であったことは疑いない。生産という、極度に目的志向的な営みが人間を役割として固定し、共同目的への「帰依」を強く要求したことが、社会全体の雰囲気を決定したと考えられる。そこでは、一般に「一貫性《インテグリティー》」ということが自己の存在証明と見なされ、これは特定の生産の組織原理に反対し、よりよい生産体制をめざす革命家によっても、人間の変らぬ美徳として肯定されたのである。

こういう時代風潮のなかで、とりわけて軽視されたものが表現の営みであって、これは通常、たんなる信条の表現にすぎない自己主張と混同されることになった。本来の柔軟で多彩な表現は、近代になって「藝術」という特殊領域に閉じこめられ、しかも、その藝術は日常の現実とはまったく異質な世界に属する、と見る美学思想が確立された。日常においては、美的な趣味よりは「誠実さ《インテグリティー》」が尊重され、社交よりは規律への服従が推奨されたのが、産業化社会一般の通例であった。

また、この社会では仕事の分業が広く進められたために、かつてものの生産それ自体に含まれていた表現的な性格さえ、有機的なまとまりを奪われて破壊されることになった。すなわち、かつて職人の仕事では、手づくりの製品そのものに個性が表現され、それを作る作業の過程そのものが個性の形成に役立っていたが、産業化による仕事の断片化はその可能性をもふさいでしまった。産業化の世界においては、重要なものは黙々と進められる労働と、それ自体ものいわぬ労働のシステムであって、個人が期待されるのはそのシステムへの誠実な帰依なのであった。一見すると、これが人間の自己の存在証明となり、伝統的な個人主義の基盤となったのはいささか不思議であるが、それが十七世紀の思潮のなかで現に成立した事情を分析したのが、ほかならぬ、あのヴェーバーの『プロテスタンティズムの倫理と資本主義の精神』であった、と見ることができるのである。

さて、このような生産の原理がしだいに限界を見せ、少なくとも、社会の指導原理として唯一の存在でなくなったのが、われわれの生きる今日の状況である。さらに仔細に見れば、現代では産業の現場そのものが構造的な変化を示し、労働そのものにもかつての表現的な性格が大幅に回復される徴候が認められる。そのなかで、新しい個人主義の可能性はさらに強められることが予想されるのであるが、このことについては、消費の原理のより理論的な分析とともに、さらに章を新たにして考察を重ねなければならない。

（1）デイヴィッド・リースマン氏の原著の標題は、*The Lonely Crowd* —— *A study of the changing American character*、現在刊行されている邦訳名は『孤独な群衆』（加藤秀俊訳）である。ここで「孤独な」を「淋しい」と変えたのは、原著の内容から見て、現代の大衆は客観的に孤立しているというより、心理的に淋しがっている、と解釈した方がニュアンスに忠実だと思われたからである。

ダニエル・ベル氏の原著は、*The Coming of Post-Industrial Society* と題され、現行邦訳の題名は、『脱工業社会の到来』（内田忠夫他訳）となっている。“post-industrial”を「脱工業」と訳すか、「脱産業」と訳すかは微妙な問題であるが、ここでは仮に後者を選ぶことにした。のちに見るように、この著者の指摘する現代の変化は、工業のみならず商業内部でも起っており、むしろ、従来の産業の全体を覆っていた、効率と量的拡大をめざす思想そのものの転換を迫っている、と考えられるからである。

（2）カール・レーヴィット『世界と世界史』（柴田治三郎訳・岩波現代叢書）。

（3）テレビの普及は、一九五三年に放送開始以来、一九六〇年には受信契約者数、六八六万世帯（普及率三三・二％）、一九七〇年には受信契約者数、二二八二万世帯（普及率八一・九％）となった（日本放送協会「NHK年鑑」）。

高等教育の進学率は、一九六〇年に、大学進学率（男子のみ）一九・七％、高校進学率五七・七%が、一九七〇年にはそれぞれ二五・〇%、八二・一%となり、世界でもアメリカに次ぐ教育国となった（文部省「学校基本調査報告書」）。

新聞発行部数と出版刊行点数については、一九六〇年と一九七〇年を比較すると左記のとおりである（日本新聞協会「日本新聞年鑑」、出版ニュース社「出版年鑑」）。

	新聞部数	出版点数
一九六〇年	二四六〇万部	一万三一二三点
一九七〇年	三六三〇万部	一万八七五四点
	（伸び率一四八%）	（伸び率一四三%）

（4）　日本の国際的地位の向上を国民総生産（名目）でみれば、一九六五年には世界第五位であったものが、一九六八年には第二位となった。第一位のアメリカとの比率も、一九六五年＝一二・九%、一九七〇年＝二〇・二%、一九七五年＝三二・八%、一九八〇年＝三九・九%と大きく増え続けている。

（5）　全都道府県を合わせた藝術文化経費は、一九七〇年には、一〇億円近くに達していた。この経費は、オイル・ショック後の一時期、伸びが止まるが、その後は一転して増加し、とくに一九七八年には、前年対比七一・四%の増加を示し、約三五億円にまでなった（「地方文化行政状況調査報告書」による）。

（6）　社会の高齢化は、平均寿命が延びたことと出生率の低下によって今後二十一世紀の前半まで続く。左は一九六〇年から二〇二〇年（予想）までの人口構成比である（「国勢

調査報告」、厚生省「日本将来推計人口」)。

	0～14歳	15～64歳	65歳以上
一九六〇年	三〇・〇%	六四・二%	五・七%
一九七〇年	二三・九%	六九・〇%	七・一%
一九八〇年	二三・五%	六七・四%	九・一%
二〇〇〇年	一七・六%	六六・八%	一五・六%
二〇二〇年	一六・七%	六一・五%	二一・八%

(7) 一九五〇年まで死亡原因の第一位であった結核に代って、一九五一年から一九八〇年までは脳血管疾患が、一九八一年からは悪性新生物が一位となった。ちなみに一九八一年の肺結核による死亡は第十七位である(厚生省「人口動態統計」)。

(8) 一九七〇年から一九七五年にかけて、一時的ではあったが宗教団体の数が八万二八九三団体一挙に増大した(文化庁「宗教年鑑」)。そのほとんどが宗教法人以外の小団体であった。なお、この傾向が一九八〇年代にかけてつづいていることは、一九八四年一月の朝日新聞連載「現代の小さな神々」など、各種の報告によって知ることができる。

(9) 一九六五年から一九七八年にかけ、アメリカでの離婚率は倍増、結婚三件に対し離婚が一件の割合となった。一九八〇年には、ひと昔前の家族の典型的な型である「家計を支える夫、主婦専業の妻、そして二人以上の子供」の家庭は全米家庭の六%となってしまった。なお、ハッカー氏には、とくに七〇年代の変化に焦点をおく、「アメリカ七〇年代」

（「ブリタニカ国際年鑑」一九八〇年版）と題した評論がある。氏はそのなかで、七〇年代がアメリカでは「ミー・ディケイド」と呼ばれ、その文化が「自己陶酔《ナルシシズム》の文化」と呼ばれていることを紹介し、個人への回帰がこの国では否定的な意味で進行している、という興味ある報告を行なっている。

（10）一九七〇年以降十年間の産業別就業者の移り変りを見れば、第一次産業従事者が三〇九万人減り、第二次産業従事者は一三五万人増え、第三次産業従事者は六一一万人と大幅に増えている。とくに第三次産業の中のサーヴィス業として分類されている部門は、第一次産業で減少した数に匹敵する二五〇万人も増加している（総理府「労働力調査」）。

（11）山崎正和『おんりい・いえすたでい'60s』（文藝春秋、および『山崎正和著作集11』中央公論社）参照。

（12）飲食店数は、一九七〇年には一九六〇年の倍近い四二万五九七一店で、一九七九年にはこれがさらに七三万六六二一店に増えている。年間売上高（酒場・バー等除く）も、一兆八一三二億円から六兆八七六四億円と四倍近くに増えている（通産省「商業統計表」）。また、家計支出の中の外食費（世帯当り月平均の支出）も、一九七〇年の二四九三円から一九八〇年には八七四九円と大幅に増加を見せた（総理府「家計調査年報」）。

ホテルの数は、一九七〇年の四五四軒から一九八〇年は二〇三九軒に、客室数は、四万〇六五二室から一七万八〇七四室に増加、またホテル内での飲食を楽しむ人も増えている。外食産業の一九八二年ランキング上位五十社のなかに、ホテル・グループが八社入っている（PHP『数字で見る日本のあゆみ』）。

旅行業者数の推移をみると、旅行業代理店を含め、一九七〇年の三五三三社が一九八〇年には六三九三社となっている。また海外旅行だけをとると、一九六四年の海外旅行の自由化を契機として、海外旅行者数も、一九七〇年の二四七万人から一九八〇年には三九一万人に増えた。アスレチック・ヘルスクラブの数は、一九七五年約七〇〇、利用延べ人数は年間四一〇〇万人、その売上高は約九〇〇億円に達している。一九八二年の調査では一五歳以上の男子で、年間の参加率一四・八％、参加者の参加回数は年五三回である。テニス・クラブなど民間の営利を目的としたスポーツ施設の増加をみると、一九六九年の四一八四ヵ所から、一九八〇年は一万二二一二ヵ所になっている（通産省「サービス産業年鑑」）。

総理府の「生涯教育に関する世論調査」（一九七九年）によれば、八六・四％の人が生涯教育の必要性を感じており、また勤労者の九〇％近くが、仕事のための教育・訓練を希望している。

美術館の館数は、一九七一年から一九八一年の十年間にかけ、八二から一五八と倍近く増えており、また美術館の入館者数も、例えば、国立西洋美術館では、一九六五年から一九八〇年の十五年間に、三九万人から九三万人に増加した（PHP『日本の歩み』）。

医療機関の充実、保健制度の整備により、国民医療費は一九七三年の三兆九四九六億円から、一九八三年は一四兆五三〇〇億円に伸びた。とくに、一九七三年より施行された老人医療費無料化制度により、老人医療費は一九七三年の四二八九億円から一九八三年三兆二四五四億円と大幅に伸びた（厚生省「厚生白書」）。

（13）文部省の「大学教育の改善等の状況に関する調査」から、一九七二年度の大学の公開講座の状況を見てみると、全国で一六二大学、六八四講座が開設された。これは全大学の約三七％が何らかの講座を開設しており、とくに国立大学に限っていえば、その七四％が、市民大学講座を開いている。また、講座内容も、語学や文学、社会科学や自然科学といった一般教養ばかりでなく、スポーツ・藝術といった分野にも及び、広範な領域にわたっている。その他、新聞社、放送局、地方の自治体、教育委員会、青年会議所などが主催する講座は、おびただしい数にのぼっている。

一般に市民の文化活動団体は、小さなサークルから半職業的な団体までさまざまであるが、任意団体が多いためその正確な実体は把《とら》えられていない。ただ、日本の代表的な合唱団連盟である全日本合唱連盟の加盟団体数を見てみると、はっきりとその増加傾向が読みとれる。一九七〇年に、同連盟加盟団体数は一九四一団体であったが、一九八〇年には二二六四団体にまで増加し、現在では二六〇〇余の団体が加盟している。

第二章　「顔の見える大衆社会」の予兆

一　脱産業化社会の第二段階

人間相互間のゲーム

少なくともこの二十余年のあいだ、日本は世界の先進諸国とほぼ同一の環境のもとにあり、したがって、その社会的な変化も国際的に共通の側面を大きく含んでいたことは、いうまでもなかろう。ひと言でいえば、今日の日本はいわゆる「脱産業化社会」の形成期にあって、一九六〇年のさまざまな事件はもとより、一九七〇年代の変化も、広くはこの歴史的な概念によって説明できることは、ほぼ疑いの余地がない。

この概念の提唱者のひとりであり、それにもっとも包括的な分析を加えたダニエル・ベル教授によれば、「脱産業化社会」とは、要約すれば、「人間相互間のゲーム」を基本的な原理として運営される社会だという。すなわち、かつて人類が「自然にたいするゲーム」

によって生活を支え、主として資源の採取に頼っていた「前産業化社会」が終ったように、いまや、人間が機械による製造業を中心とし、「人工的な自然にたいするゲーム」に没頭する、伝統的な「産業化社会」も過ぎ去ろうとしている。

もとより、現代といえども採取業や製造業が消滅するわけではないが、生産力の中心はいうところの知識集約型産業に移り、これからの社会は、資源やエネルギーよりもより多く情報によって支配される社会になる、と予想される。生産の局面では、たんなる労働力や資本力よりも、科学研究や組織の経営能力といった知的な要素が決定的な力となり、他方、消費の局面では、たんなる物質財から、教育、保健、娯楽といった、広義のサーヴィス財へと社会の要求が移って行く。どちらの局面においても、人間が人間を動かし、交渉し、管理し、育成し、満足させあうことが中心的な技術になるのであって、その意味で、現代は「人間相互間のゲーム」の時代だというのが、ベル教授の『脱産業化社会の到来』の骨子だといえる。

そして、この定義によって観察すると、日本はかなり早くから脱産業化の歩みを進め、一九六〇年代にはすでにその軌道を固め終っていたといっても、あながち誇張ではあるまい。日本の六〇年代を飾るスローガンのひとつは、「情報化社会」の到来ということであったが、その意味内容はほぼ、ベル教授の指摘する現代社会の変化に対応するものであった。それは、たんに情報伝達の機器や仕組みの発達を意味するだけではなく、生産され消費される商品そのものが、より多く情報としての価値を含むものに変化した、という事情を意味していた。資源輸入国である日本は、当然、付加価値の高い商品の生産をめざすほかはなく、六〇年代から意識的に、高度の技術集約型産業の育成が進められていた。さらに豊かな社会の実現が近づき、同時に発展途上国の追いあげを受けるようになると、日本はますます労働集約型から知識集約型へと、産業構造の転換を迫られることになった。農業や炭鉱業のような採取産業の斜陽は五〇年代の事件であったが、六〇年代にはいると、繊維産業を代表として、一部の製造業にも凋落と構造変化の兆しがめだち始めた。そのなかで、日本経済を支えた商品は、いうまでもなく、光学機器や電子機器、自動車や精密機械といった人間の知恵の産物であり、その価格の割合において、物質よりも情報の占める量の多い商品なのであった。[*1]

情緒集約型産業の興隆

七〇年代にはいり、問題のエネルギー危機が起ると、この傾向に一層の拍車がかけられ、技術改良と新技術の開発は、すべての産業分野にわたって最大の課題とされることになった。電子産業の分野から、ロボットやコンピューターの新技術が発展し、素材産業の分野ですら、セラミックなどを中心にめざましい技術革新が見られたことは、周知の事実であろう。さらに、これと並行して注目されるべき現象は、六〇年代以来、商品のデザインへの関心が急速に高まったことであって、広告宣伝の飛躍的な充実とともに、商品のイメージに費やされる代価が急増したという事実である。[*2] 六〇年代の末期に一枚の「Tシャツ」の価格を分析すると、その物質としての値段はわずか一〇〇円にすぎず、デザインに支払われる費用が二九〇〇円にのぼっていた、という挿話はこの事態を象徴的に物語っている。自動車から口紅まで、流通産業から農業製品にいたるまで、消費者はその形や色彩や、それがあたえる雰囲気や美的な連想を重視し、いいかえれば、その物質的な部分よりも情報的な部分に対価を支出する傾向を示した。新技術による知識集約型産業と並んで、ここにはいわば情緒集約型産業の興隆が見られたのであり、生産はこの二つの側面をあわせて、いやがうえにも「人間相互間のゲーム」に姿を変えて行った、といえよう。

これとは別に、日本の産業界は第二次大戦以後、全般的に資本と経営の分離を特色としてきたが、この体質は六〇年代には完全な定着を見せ、そのなかで経営の優位が誰の目にも明らかなものとなった。経営者と中間管理職とは、日本では資本という物質的な力の圧迫を受けることが少なく、経済運営の技術的な専門家として、もっぱらみずからの情報にかかわる能力を発揮することができた。たとえば、とかく短期的な利益を求めたがる資本の要求に抗して、経営者は自己の見識によって長期的な経営方針を立てることができ、また、階級対立の固定観念を排して、柔軟な人事管理を行なうことができた。利益は資本家のものではなく企業全体のものであり、支配は金力ではなく情報の力によって行われるという観念は、おそらく、日本の企業の団結を養ううえで小さからぬ鍵であった。いずれにせよ、このことは、日本に自信と生きがいに満ちた経営者と中間管理職を輩出させ、優れた人材を惹きつけて、「人間相互間のゲーム」の場に参加させることに役立った、といえるだろう。

加えて、この二十余年間の豊かな社会の要求が、教育、保健、公共サーヴィスという三つの社会部門を急成長させたことは、あらためて指摘するまでもないだろう。高校進学率の上昇、大学、専門学校の増設はとくに六〇年代にいちじるしく、七〇年代には、私塾や市民教室のような非制度的な教育機関の普及がめだった。医師数の増大、医療産業の成長はジャーナリスティックな話題にすらなったが、そのうえに、製薬、健康器具製造、運動施設経営といった業種の繁栄はめざましいものがあった。[*3] また、福祉や環境保護への社会的要求が強まるにつれ、とくに地方自治体を中心に官僚の人員増を招き、あまつさえ、都市化による行政需要の拡大がこの趨勢に油を注いだ。六〇年代の潤沢な国家予算は、各種の公共法人の肥大化をもたらし、政府補助金の増加が半公共的な民間団体の新設をもうながした。広義の行政的サーヴィスにたずさわる人間の数は、過去二十年間に上昇する一方であって、これが八〇年代にいたって、政府財政の窮迫とともに、にわかに「行政改革」の呼び声を誘ったのであった。[*4]

七〇年代の質的変化

こうして、六〇年代、七〇年代を通じて日本社会に急増した職業は、官僚、経営者、管理職、科学者、技術者、医師、教師、デザイナー、ならびに各種のサーヴィス業であり、逆に減少を見せたのは、農民、肉体労働者、純粋な利子生活者などであったことは、当然のなりゆきだったといえる。これは、繰返すまでもなく、『脱産業化社会の到来』が特徴づけた職業分野の移動であり、いくつかの事情によって、この移動はとくに日本において急速かつ徹底的に進んだ、と見ることができる。けだし、脱産業化の指標が、資源、エネルギーから情報へと経済的な比重が移ることにあるとすれば、資源、エネルギーの乏しい産業社会において、この変化が一層促進されるのは当然だからである。じっさい、ベル教授の重視する中産知識階級の成長という現象は、すでに六〇年代後半の日本人によって十分自覚されており、知的水準が「高い」という意味で、とくに「高度大衆社会」の到来ということが予言されていた。また、七〇年代には、「第一次」、「第二次」、「第三次」という産業分類の概念も社会常識となり、「第二次」から「第三次」への移行、すなわち、製造産業からサーヴィス産業への移行ということも、広く一般ジャーナリズムの認める現実になっていたといえる。

ところで、このように見るかぎり、日本の六〇年代と七〇年代はひとつの一貫した時代であり、ひとつの同じ変化によって特徴づけられた、切れ目のない二十年であるかのように見えるかもしれない。事実、多くの社会分析家はこの二十年をそのように捉えており、したがって、とかく七〇年代は六〇年代のたんなる延長と見なされる傾向が強い。ほかにもいくつかの事情はあったものの、じつはこのこともまた、七〇年代という時代を同時代人の眼に印象不鮮明なものに見せ、その歴史的な意味を看過させる要因にもなっていた、と考えられるのである。

前章で詳しく観察したように、じっさいには、六〇年代と七〇年代のあいだには大きな質的な相違があり、またそのことは、当時の日本人にも漠然とした感触としては感じとられていた。当時の流行語がたくみにいいあてていたように、それは、「モーレツからビューティフルへ」の転換であり、攻撃的で、すべてに量的な拡大を美徳とする時代から、「ゆとり」を尊び、生活の質を問題にする時代への転換であることが予感されていた。先に述べたことを繰返すなら、その背景にはさまざまな条件の変化があって、たとえば、国家の心理的なイメージの縮小、職場や家庭に個人が帰属する時間の短縮、社会の高齢化と青春の飢餓の解消、さらには、人生の不幸が集合的な問題から個人的災禍に変質したことなどが、大きく二つの十年を区別していたのであった。総じて、それらは、生産力の向上という近代化百年の目的至上主義の緩和、いいかえれば、そのために個人を目的志向集団に埋没させる時代の変貌、もっというなら、新しい個人主義の擡頭の予兆をさし示すものだ、というのがわれわれの認識であった。

「脱産業化」概念の両義性

だが、率直にいって、これまで、この七〇年代特有の変化は必ずしも明確な言葉で把握されておらず、まして、その歴史的な意味が解明されたことはなかったのであって、それを妨げたひとつの原因は、この変化がより波長の長い変化に覆われていたことであった。いうまでもなく、現代はさまざまな異質な変化の重なりあう時代であるが、そのなかでもっとも広く認められ、また、もっとも明快に記述された歴史的変化が「脱産業化」であることは、疑問の余地がない。この魅力的な時代概念は、それが提唱されてからまだ二十余年しか閲《けみ》しておらず、われわれの耳目に新鮮であるばかりか、現に進行しつつある社会現象を説得的に説明しつづけている。ひとびとが、同時代をもっぱら「脱産業化」の大きな枠組みのもとに捉え、そのなかに芽生えたさらに新しい変化の波を見逃したのは、ある意味で当然であった。いま、われわれにとって必要なことは、この七〇年代の変化を事実として正確に記述するだけでなく、それを「脱産業化」の枠組みのなかに位置づけて、より普遍的な言葉でその意味を解明することであろう。この努力は、第一に、現代を覆う複数の変化を統一的に説明することになり、第二には、日本の七〇年代に起った変化を、すべての先進国に通じる国際的な文脈で説明することになるからである。

そればかりではなく、このことはまた、「脱産業化」という変化のいわば第二段階を発見することになり、それによって、この歴史概念そのものをより豊かにすることに通じるかもしれない。「脱産業化」そのものが、本来、単一の変化ではなく、段階の違う二つの波からなる変化であることがわかれば、われわれは、この重要な概念の定義にひとつの「系《コロラリー》」をつけ加えたことになろう。ちなみに、あらゆる優れた文明批評上の概念は、現実分析の道具として柔軟であることが特徴なのであり、それを破壊することなく拡張することが可能なものなのである。

考えてみれば、「脱産業化」という概念はもともとよい意味において両義的であり、一方で産業化そのものの超高度化を意味すると同時に、社会が産業時代そのものを脱却して行く過程をさし示すものであった。要するに、資源から情報へ、物質財からサーヴィスへという移行は、一面において、生産性を飛躍させる技術上の発展と見ることができ、他面においては、そうした生産性の概念をも一変するような、人間の生活態度の質的な変化として捉えることもできる。いいかえれば、それは、結果としては「ゆとり」を生むとしても、それ自体は「猛烈」な生産の時代の延長をも意味しており、同時に、その「ゆとり」そのものを生活の原理とする、新しい時代の到来をも暗示しているのである。

六〇年代の日本においては、「脱産業化」は主として前者の意味で進行したのであり、八〇年代の今日でも、なお産業の高度化という側面が重要であることは、論をまたない。

たとえば、ロボットによる自動的な生産管理は、明らかに資源を情報の操作によって節約する工夫であり、人間の肉体労働を知的労働に置きかえて生産性を高める技術だ、といえよう。また、保健や教育といったサーヴィスも、その半ばは直接に社会の生産性の向上に役立つ技術であり、それ自体の実施についても、生産性向上の原理が大いにあてはまる「産業」の一種だといえる。どの場合も、仕事の目的はあらかじめ明快に設定されており、それの実現をめざした効率が問題とされ、精密なプログラムと、作業のための組織と分業が要求されるからである。

　だが、これにたいして、「脱産業化社会」はまた、純粋な娯楽や趣味活動をも活発にすると考えられるのであるが、こうした情報操作の活動が産業の高度化、生産性の向上と無関係であることは、いうまでもなかろう。娯楽が休養となって間接的に生産性に寄与するのは事実だとしても、両者の関係は、たんなる睡眠と生産性との関係ほどにも必然的ではあるまい。また、のちに詳しく考察するように、その実行の内容もおよそ生産性の原理とは異質であり、むしろ正反対の構造を持つものであって、そのことはさしあたり、娯楽の効率という発想がいかに滑稽であるかを考えただけで、明らかだろう。

非プログラム的な情報

　そのうえ、「脱産業化」を根底から支える科学技術のあり方を見ても、そのなかには二種類の違った情報の構造が含まれており、全体としてけっして、生産性向上の原理と必然的に結びついていないことがわかる。およそ科学技術は、すでに発見された知識としてわれわれにあたえられているか、あるいは、まだ発見されていない知識として探究されつつあるか、のいずれかであるが、この二つの場合、情報の意味と構造はまったく正反対だといえるからである。

前者においては、技術は一定の生産目的にたいする手段としてあたえられ、われわれは、それ自体を目前にある対象として眺め、合理的に選んだり操作したりすることができる。われわれは、目的にとって必要な技術を選ぶさいには、主として飛躍のない算術的な論理にしたがうのであり、それを選び操作する手続きそのものにも最大限の効率が要求される。要するに、この場合、技術は行動のプログラムとしてあたえられ、行動そのもののかたちはもちろんのこと、それにかかわる人間相互の関係をも決定してしまう。人間は、共同作業の緊密な組織に組み入れられ、分業のかたちで、行動の全体よりは一部分にのみかかわることが求められる。

これにたいして、後者の場合、技術はまだ目前にない対象として探究されるのであって、われわれは行動を始めるにあたって、それを探すべき漠然たる方向のほかは何ひとつあたえられていない。そこで必要なものは、知恵の創造的な飛躍にほかならず、たんなる合理的な選択も、一プラス一の算術的な論理もそれだけでは役に立たない。したがって、科学技術の発見については、行動の効率という概念は意味をなさず、プログラム的なものの考え方も問題にならない。また、ここでは、明らかに作業組織よりも個人の創意の方が重要であり、ひとりひとりが行動の全体にかかわることが求められるのである。

一般化していえば、人間のとりあつかう情報は大きく分けて、プログラム的な情報と非プログラム的な情報からなっているのであり、したがって、社会の情報化という場合にも、われわれはたえずこの区別を念頭にとどめておかなければならない。たしかに、二十世紀後半は全体としてものから情報への移行が進み、物質財からサーヴィスへの転換が強まった時代であったが、われわれとしては、それがじつは二種類の情報化が同時進行していた時代であった、ということを注意しておかねばならない。そして、仔細に見ると、とくに一九六〇年代から七〇年代にかけて、二種類の情報化の比重に大きな変化が起り、非プログラム的な情報の優位がいちじるしく増大した、と分析することができる。すなわち、先の章でわれわれが見た七〇年代のさまざまな変化は、そのほとんどすべてを、ここでいう情報化の質的変化に結びつけて説明することができる。ベル教授によれば、情報化とは「人間相互間のゲーム」が社会を支配することであったが、だとすれば当然のこととして、情報化の質が変れば人間相互の関係も変質することであろう。われわれは、七〇年代に人間を個別化する条件がととのい、そこに新しい個人主義の予兆さえ見られることに気づいたのであるが、この変化はまさに、そうした人間をとりまく情報の質の変化にともなっていたのである。

二　目的探究の社会

福祉行政から文化行政へ

しばしば、七〇年代に芽生えた変化は、やがて八〇年代にはいってその性格をあらわにするのであるが、なかでももっとも顕著な例は、ひとびとの公共サーヴィスにたいする要求の変化であろう。かつて、ひとびとの眼は狭義の行政サーヴィスに向けられ、ほとんどもっぱら、その量的な拡大のみに関心を抱いていた。それに応じて、行政組織は肥大し予算規模は膨張し、各種の制度や許認可事務は煩雑化する一方であったのにたいして、いまでは明らかに、そうしたサーヴィスを抑制し、簡素化しようという要求が高まっている。この要求は、表面上は、行政の効率化を求めるというかたちであらわれてきたが、その背後にひそむ国民の心理のなかには、もっと複雑な変化を読みとることができる。すなわち、ひとびとは、たんに過去と同じ量の行政をより効率的に行なえ、と求めているのではなく、およそ行政という枠組みでなされるサーヴィスを、全体として必要最小限度にまで局限せよと要求しているのである。もはや国民は、行政という形式になじむ種類のサーヴィスよりも、それになじまない種類のサーヴィスを重視し始めているのであり、いいかえれば、租税負担ではなくて、もっと自由な市場で買えるサーヴィスに魅力を感じ始めている、といえよう。

なぜなら、まえに見たように、現代の日本人の生活要求はいちじるしく多様化し、個別化しており、その結果、もともと均質的、集合的であることを宿命とする行政の手法を超えていることは、明らかであろう。福祉サーヴィスひとつをとっても、かつては最低生活の維持への援助が求められていたのにたいして、今日では、たとえば、「生きがい」や文化的満足といった、より高度の内面的な価値への要求が高まっている。こうした要求にたいして、行政は第一に、その機械的な平等性のゆえになじみにくいのであるが、さらに考えると、そこにはより本質的な困難が立ちはだかっていることがわかる。

というのは、「生きがい」や文化的満足は、たんに個人ごとに異質な要求であるばかりでなく、厄介なことには、じつはその内容が当人にもあらかじめ明確に摑まれてはいない、という問題を含んでいるからである。この場合、当人が前もって知っているのは、自分が漠然と「生きがい」を求めているという事実だけであって、何がどのようにあたえられればよいのかは、彼自身にも明言することができない。それが彼にわかるのは、すでに彼がある程度の満足を味わったのちであって、少なくとも、満足を味わうための条件が半ば以上ととのったときであろう。いいかえれば、ひとが「生きがい」を見いだすのは、何らかの「人間相互間のゲーム」のなかにおいてであるが、それがどんなゲームであるかは、具体的な他人と具体的なゲームを始めるまで、誰にもわからないのである。

けだし、このようなゲームをもしサーヴィスとして準備しようとすれば、それが効率をむねとする狭義の行政になじまないことは、あまりにも明白であろう。ここでは、国民自身が自分の要求を明言できないのであるから、行政は施策の目的をさだめることができず、もちろん、効率的な手段もプログラムも用意することができない。「生きがい」とは、本質的にひとが自己探究のかたちで見いだすものであって、その探究の対象を外側からあたえるということは、論理的な撞着だとさえいえよう。これに関して行政のできることは、この自己探究ができるだけ高い内面的な次元で行なえるように、あくまで間接的に、各種の活動の機会と環境を整備することのほかにはない。要は、「人間相互間のゲーム」の種類を増やすことであり、個人が他人と出あう場所を多様化することであろうが、こうした仕事を新しく「文化行政」と呼ぶにしても、それが「福祉行政」のような、伝統的な行政とは根本的に異質であることは疑いない。

じっさい、七〇年代には、行政のこうした変質が各所に求められたのであって、たとえば文教行政において、「学校教育」から「生涯教育」への転換がうながされたのも、そのめだった事例であった。一九八一年に出された中央教育審議会の答申は、学校教育をあらためてより長期の生涯教育のなかに位置づけ、教育の観念を拡大するとともに、そのなかで学校教育の役割を限定しようと試みていた。そのことは要するに、学校というプログラム的な情報の場所よりも、生涯という非プログラム的な情報の場所を上位に置こう、という試みであり、行政の重心を、効率的で組織的な教育から個人の自己学習の援助に移そう、という提唱だったといえる。具体的にいえば、それは一方で、学校教育の一層の効率化を求めるものの、むしろ大筋においては、各種の民間の文化活動の活発化を助け、地域社会そのものの教育機能を高めよう、という精神に貫かれたものであった。

ここには、八〇年代の行政簡素化の呼び声がたんなる効率化の要求ではなく、より深い、文明論的な要求であったことを示す典型的な例がある、といえよう。答申の主張は、学校という効率をめざす教育機関の外側に、むしろもっと非効率的な、あるいは、およそ効率を問題にしない教育の場があることを重視しよう、というものだったからである。

自己探究としての商品開発

ところで、プログラム的な情報から非プログラム的な情報へ、というこの七〇年代の質的な変化は、じつをいえば、公共サーヴィスの分野よりも、一層広く民間の産業社会に浸透していたかもしれない。しかも、それは、通常いうところのサーヴィス産業の部門のみならず、資源とエネルギーをあつかう、いわゆる第一次、第二次産業の部門にも拡大している現象だ、と考えられるのである。

その原因の第一は、いわば消極的な条件の変化というべきものであって、生産過程の大幅な自動化によって、人間のプログラム化された労働が急速に減少したことであった。じっさい、作業の目的が明確にあたえられ、手段と工程の限定された労働なら、相当に知的な労働でもロボットの手に移すことは容易であり、そこに人間が使われる必然性は乏しくなった。日本では、この自動化と省力化は、鉄鋼、電気、重化学工業といった素材産業ではほぼ完成の域に達し、七〇年代末には広く中小企業にまで導入された。当然、多くの人材が従来のプログラム的な労働から解放され、質的に異なる、新しい労働の分野に転用されることになった。ある場合には、労働力は産業部門を越えて、たとえば、機械工場から自営小売業に移ることもあったが、より多くは、同じ業種、同じ企業の内部で自動化されにくい現場に移って行った。そして、そのなかでまぎれもなくめだつのが、プログラム化のむずかしい人間相手の職種であって、商品セールスや技術コンサルタント、あるいは、消費者サーヴィスとしての修理や保全といった労働分野なのである。日本においては、さらに産業構造そのものの転換がこの傾向に拍車をかけ、ある繊維企業の場合など、紡績工場の職長を化粧品のセールスマンに転じるといった、極端な例さえ生みだしている。

だが、これよりもっと大きな変化は、豊かな社会の実現が人間の基礎的な欲望を満足させるとともに、結果として、消費者自身にも自分が何かを求めながら、正確には何を欲しているかわからない、という心理状況をつくりだしたことであろう。

先に引いた「Ｔシャツ」の例にも見られるように、いまや、人間が肌を覆うという基礎的要求は一〇〇円でかなえられるのであり、他方、その数十倍の費用がそれ以上の高度の欲望のために支出される。しかし、この高度の欲望は、美とか精神的快楽と呼ばれる価値をめざすものであって、その内容については、消費者自身、あらかじめ明確な言葉でさし示すことができない。たとえばデザインについて、消費者があらかじめ知っているのは、自分が「何かしら美しいもの」、「面白いもの」を欲しているということにすぎず、彼には、それがどんな色と形からなっているかを明言することはできない。いわば、彼が購買行動に先だって持っているのは漠然たる願望であり、厳密な意味での目的ではないから、ここでは、通常いわれる目的志向的な行動は起らない。彼が真に自分の願望の内容に気づくのは、逆に特定のデザインを持つ商品を発見した瞬間であって、先の「生きがい」の発見の場合と同じく、彼の行動も目的探究の行動と呼ぶべきであろう。別のいい方をするなら、現代の購買行動は、かつての貪欲な自己拡張の営みとは異なり、むしろ、商品との対話を通じた一種の自己探究の行動に変った、といえるだろう。

そして、そうなれば、それに対応する生産活動もおのずから変質を強制され、それ自体の内部でも、目的志向よりは目的探究的な側面に重点が移されて行くことは、いうまでもあるまい。もはや、生産者は消費者の需要を固定的に捉え、それを前提として生産を始めることはできず、いいかえれば、生産活動の目的を安定的にさだめることが困難になったからである。

多くの企業がいまや、狭義の生産にはいるまえにまず需要を探さなければならず、ときには、消費者がまだ自覚していない未来の需要を発見せねばならない。この発見は、さまざまな調査や分析を通じなされる例もあるが、たいていはそうした帰納的手法は発見の準備にすぎず、決定的な段階では、直観的で飛躍的な創造活動が必要になる。デザインであれ、新しい利便の発明であれ、およそ未知のものの発見は、ある意味で発見者そのひとの自己発見にほかならず、たんなる他人についての調査からは何ものも生まれない。新商品の発見者は、結局、彼みずからが何を欲し、何を面白く感じるかを探究するところから始めるのであり、具体的にものかたちを試作しながら、内側に自己の欲求の内容を確かめて行く。やがて、試行錯誤ののちに、彼が内面を確認し終えたときには商品も完成しているはずであって、この活動も目的探究的という意味において、先の科学知識の発見の場合と変らないのである。

生産集団の変化

現実の企業においては、こうした発見の活動も集団の協同作業として行われるが、しかし、この集団は本質的には自由な個人の集合体であるほかはなく、狭義の生産のための組織とは異質なものになることであろう。そこには厳密な分業の体制もなく、機械的な作業規則や命令系統も弱まるはずであり、なによりも、集団の大きさが個人間の対話の可能な範囲に限られることになろう。

どんなに巨大な企業であろうと、商品を開発する集団はほぼ十数人の規模に限定され、そのなかでは、各個人が有形無形の情報の全体像を共有しうる仕組みがたもたれている。けだし、狭義の生産組織はつねに既知の目的を共有して働くものであるが、およそ既知の認識であれば、どんなに多数の人間にもそれを共有することができる。だが、発見や開発の集団の場合、ひとはまず無知を共有して働くのであり、漠然たる願望や気分をわけあって働くのであるから、そこにはおのずから集団の規模の適正な大きさが制限されるのである。

じっさい、現代の企業のなかでは、一方で狭義の生産活動が自動化されるとともに、このような非プログラム的な情報生産活動が、たんなる商品開発部門を越えて拡大しつづけている。商品開発といっても、それは結局、消費者の秘められた需要を発掘することであり、いわば消費者の自己発見を助け、企業が消費者とともに自己発見をすることであるから、そこには十分な意思疎通の努力がなくてはならない。現代の産業活動は、社会全体が何を欲しているかについての合意形成の活動だ、とさえいえるのであって、そのためには、企業の側にさまざまな情報交流の活動がなければならない。宣伝、市場調査、消費者相談といった部門は、直接に商品にかかわる情報授受の担当者として不可欠であるが、昨今ではそのうえに、企業そのもののイメージを演出する部門として、新しく広報という仕事の重要性が認められつつある。さらに、いうまでもなく、セールスという巨大な部門は、全体として消費者需要の敏感な探知器であり、それの最終的な発掘装置でもあって、その意味において、非プログラム的な情報生産の最大の担い手だ、と見ることができる。

　繰返し注意しておくべきことは、豊かな社会においては商品の実質とイメージは不可分の関係にあり、むしろ、実質とイメージという区分そのものが無意味になっている、ということである。古典的な概念のいう商品の実質とは、要するに、われわれのいう人間の基礎的な欲望の対象であって、餓えを満たし、寒さを防ぎ、生理的な安全を守るための物質的な部分のことであろう。だが、現代では、商品がそうした機能を持つことは当然の前提となっており、消費者が求めるのはそれ以上に高次の価値なのであって、そうなると、実質は半ば以上イメージの分野に融けこんでしまうことになる。デザインや味覚の対象はいうまでもなく、たとえば、超高速の自動車の物理的機能ですら、速度制限を持つ現代の都市では、商品の実質ではなくそのイメージにすぎまい。消費者は、まさにそのイメージをこそ選択して購入するのであるが、商品のイメージには、さらに宣伝やセールスがつけ加える多様な連想が結びついている。彼が買うのは、一台の自動車の機能とデザインだけではなく、それに加えて、宣伝が提供するロード・レースの夢であり、セールスが提供する豪華なショウ・ルームの雰囲気なのである。この意味で、現代の宣伝やセールスは、たんに既存の情報を効率的に伝達する機械ではなく、商品開発そのものと同じく、いまだ存在していない情報を創造する活動だといえるだろう。

そして、そのことにふさわしく、宣伝やセールスのような仕事の場合も、協同作業の集団はおおむね小規模の単位からなり、そのなかで、個人の相互表現をできるだけ保証するような機構がたもたれている。この種の集団はしばしば、一見きわめて戦闘的な活力に満ちているが、しかし、これもまた軍隊のような、あるいはかつての工場組織のような目的志向の集団ではない。たしかに、これらの集団は、何かを可能なかぎり多く売りたいという願望は持っているが、一般に、内容の限定されていない願望は行動の目的とは呼べないからである。あらゆる軍隊は勝ちたいと願っているが、これは行動以前の感情にすぎず、どの拠点をいかに攻めるかが具体的に決定されたとき、初めて行動の目的が生まれたといえるのは明らかだろう。その意味でいえば、宣伝やセールスの担当者たちは、まず、どんなイメージをいかに売るかをまだ知らない状態で集まるのであり、彼らの仕事の本質的な部分は、みずからそれを発見する努力に捧げられている。集団のおもな仕事が目的の発見である以上、そのリーダーは行動の方向を明快にさし示すことはできず、その分だけ、彼の体制的な権力は弱いものにならざるをえない。この種の集団のリーダーは、構成員ひとりひとりの活力を誘導するような人物であり、彼自身の個人的な魅力をも含めた、さまざまな非プログラム的な情報を駆使する家父長であることが望まれよう。

なによりも、これらの集団が伝統的な生産組織と異なる点は、その仕事が時間的な合理性と無縁であり、組織として時間的な規律になじまないということであろう。マックス・ヴェーバーによるまでもなく、近代産業社会の根本精神は時間に関する合理主義であり、その美徳は、単位生産量あたりの必要時間を節約することであった。だが、これがなりたつための前提は、いうまでもなく、生産の目的が厳密にあたえられていることであり、したがって、節約すべき作業過程があらかじめわかっていることであろう。これにたいして、仕事の内容が目的そのものの探究であるとすれば、これはゴールのない競争のようなものであって、時間の節約という観念が根底から意味を失うのは自明である。

じっさい、優れたイメージの発見は、一定時間にどれほど努力しても不可能なこともあれば、逆に、怠惰のなかの一瞬のひらめきによって達成されることもある。こうした仕事にたずさわる集団は、当然、時間の規律のうえでこれまでよりゆるやかな統制を持ち、個人と集団の接触の時間も短くなるはずであるが、これは十七世紀以来、近代産業社会を支えた秩序にとって小さからぬ変化だ、といえよう。このことは、やがて勤勉という美徳の概念に修正を迫り、ひいては、生産組織にたいする忠誠心の質をも微妙に変えるかもしれないからである。

いずれにせよ、いま、生産の場における人間関係は静かに変りつつあるのであるが、これはたんなる「脱産業化」、あるいは、「情報化」一般の概念によっては包みきれない変化だ、といえよう。

なぜなら、たんに「脱産業化」とか「情報化」といった場合、それは生産全体にたいする知的要素の優位、生産過程にたいする計画や管理の優位、いいかえれば、より賢い効率化ということを意味しがちだからである。じっさい、「脱産業化」の初期段階はそのようなかたちで進んだのであって、作業計画の厳密化、中央集中的な管理、その延長としての作業の自動化が、この革命の中心的な意味であった。日本の場合、それは六〇年代に巨大素材産業で起った革命であったが、しかし、それによって変ったものは工場の風景であっても、生産にかかわる人間の関係ではなかった。「脱産業化」の第一段階はたんに工場から人間の数を減らしはしても、より積極的な意味で、生産にかかわる個人と組織の関係を変えるものではなかった。われわれのいう第二段階の「脱産業化」が芽生え、この人間関係の変化が兆しを見せたのは、明らかに七〇年代のことであって、産業界における巨大素材産業の王座がゆらぎ、代って、より消費者の需要に敏感な産業が勢力を増してからのことなのである。

新しい社交空間

ここで、われわれが予兆を見つつある変化は、ひと言でいえば、より柔らかで、小規模な単位からなる組織の擡頭であり、いいかえれば、抽象的な組織のシステムよりも、個人の顔の見える人間関係が重視される社会の到来である。そして、将来、より多くのひとびとがこの柔らかな集団に帰属し、具体的な隣人の顔を見ながら生き始めたとき、われわれは初めて、産業化時代の社会とは歴然と違う社会に住むことになろう。

なぜなら、産業化時代の三百年を通じて、われわれは一方に硬い戦闘的な生産組織を持ち、他方には茫然とした、隣人の顔の見えない大衆社会を持って、その中間にあるべき人間的な集団を稀にしか知らなかったからである。ひとは、前者のなかで安定を楽しみながら不自由をかこつか、あるいは、後者のなかで自由を享受しながら不安を味わうか、のいずれかであった。これにたいして、われわれはいま、少なくともひとつの可能性として、両者の中間に立つ組織を育てあげ、いわば、隣人の「顔の見える大衆社会」に生きる時代を予感している、といえるだろう。

そのさい、忘れてはならないのは、この変化がただ生産の現場だけではなく、同時に、消費者の生きる世界にも起る可能性が現にほの見えている、ということである。前章で指摘したように、七〇年代以降、より多くのひとびとが狭義のサーヴィス産業の顧客となり、レストランやスポーツ・クラブを賑わせたばかりか、さらに各種の文化活動に参加するようになったのであるが、これは全体として社交的な機会の増加と見ることができる。いまやひとびとは、消費の場所においてすら「人間相互間のゲーム」に関心を強め、それもとくに、隣人の顔の見える距離でのゲームを楽しみつつある、といえるのである。

ところで、この現象を商品の消費という観点から見れば、こうした社交の場所は、同時にひとびとが自分の趣味を表現しあう場所となり、暗黙の相互批評のなかで趣味の正しさを確認する場所になっている、と考えられる。衣裳や装身具はもちろんのこと、住宅にせよ自動車にせよ、最新型の電子機器にいたるまで、ひとびとはそれを急いで購入することが適切であるか、あるいは、軽率であったり不相応であったりするかを、こうした社交の場所で確かめることができる。いいかえれば、消費者は、自分の発見した需要が錯覚であるか、あるいは自分にとって真の需要であるかを、ここでは、具体的な他人の眼によって判断することができるのである。

ある調査によれば、現代の主婦は流行の衣裳を身につけたとき、盛り場を歩くよりもまず親しい友人に会って、その趣味を直接に褒められることが最大の喜びだという。また、別の報告によれば、ある市民大学講座に参加した主婦のなかから、そこでおしゃれができるのが生きがいだという、切実な声が聞かれたという。いずれも、これまでの主婦たちが、一方ではいかに不自由で硬い人間関係に束縛され、他方ではとりとめない大衆社会の海に放置されてきたかを、雄弁に物語っている。

じっさい、現代ほど、人間がみずからの欲求について自由であるがゆえに不安であり、その方向と限度の適切さに自信を失っている時代はあるまい。一方から聞こえてくるのは、大衆的流行が呼びかける無際限な浪費への誘いであり、他方から聞こえるのは、ふたたび基礎的な欲求へ帰るべきだという古典的道徳の呼び声である。その二つの声のはざまに立って、長らく、ひとびとは癒やされぬ飢餓と自己嫌悪に悩んできたのであるが、ここでもまた、隣人の「顔の見える大衆社会」がその救済として現われてきた、といえるかもしれない。現在、ひとびとはそのことを自覚してはいないとしても、歴史的に見て、古くから社交のサロンが人間に自由な自己表現を許し、同時に欲望の自発的な自己抑制を教えてきたのは、まぎれもない事実なのである。

三　「顔の見えない社会」の歴史

「合理的システム」への帰依——十七世紀の転換

ところで、この「顔の見える大衆社会」が現代に特有の現象だというのは、とくに、二十世紀にはいって初めて大衆社会という怪物が生まれ、それがこと新しく顔の見える個人を埋没させた、ということではない。考えてみれば、およそ個人の顔の見える人間関係が優位を占め、思想のうえでそれを尊敬するような社会のあり方は、すでに遠く十七世紀の産業化の開始とともに失われていた、と見ることができる。もちろん、顔の見える集団は事実としていつの世にも存在はしたが、それを評価する思想において、産業化社会はまさに否定的な態度をとることから出発した、と考えられるからである。

そのことを明快に証言するのが、ヴェーバーの『プロテスタンティズムの倫理と資本主義の精神』であって、これを読むとわれわれは、初期産業家の精神がほとんど一種の「人間嫌い」に根ざしていた、という印象をさえまぬかれえない。ヴェーバーによれば、産業資本の蓄積をうながしたのは、とくにカルヴィニストの禁欲主義であったが、しかし、これは世界のほかの信仰にも見られる通常の禁欲主義ではなかった。その主張はむしろ、激情的な苦行や自己放棄とは正反対のものであり、いっさいの人間的な感情を欠いた、冷徹で、持続的な禁欲を要求するものであった。カルヴィニストたちにとって、神は絶対的に人間を超越した存在にほかならず、したがって、いかなる善行によっても、神に救済を強制することはできないのであった。神と宗教的な取引をすることは許されないのであるから、たといどのような悔悟も苦行も、ほかで犯した罪や怠惰を償うことはできなかった。というより、およそ信仰そのものが救済を目的としてはならないのであり、人間の身で神に近づこうとして、劇的な宗教感情を抱くことはかえって一種の冒瀆ですらあった。人間にできることは、遠く神から離れた日常生活のなかに身をつつしみ、しかし、そこにも働いている神の「合理的なシステム」にしたがって、神の所有たる地上の富を増やすために、たえまなく営々と勉めることのほかにはなかった。

　カルヴィニストにとって、信仰のもっとも重要な中心はこの「合理的なシステム」であって、それに完全に身をゆだね、いわば神の機械の部分品になりきることが、宗教的なつつしみの表現だったといえる。そして、その「合理的なシステム」の具体的な現われが、ほかならぬ人間の職業の組織であり、したがって、真の信仰はそれぞれの職業に献身することにある、ということになる。そのさい、神の富を増やすことは美徳であるから、蓄財そのものはもちろん許されることになり、ただそれを快楽のために消費することだけが罪悪視された。とりわけ非難されるのは時間の浪費であって、純然たる娯楽や怠惰はいうまでもなく、文学や藝術のために時間を費やすことさえ戒められる。こうして、蓄えられた富はふたたび投資にあてられるほかはなく、財は財を生んで、資本は着実に蓄積されるのであるが、この合理的なメカニズムを最大限に機能させることが、人間にとって唯一の美徳なのであった。その意味で、カルヴィニストによれば、熱狂的な、しかし衝動的な勤勉も奨励すべきことではなく、どこまでも合理的な職業労働の規律と、そのなかでの恒常的な勤勉だけがよしとされたのである。

要するに、ここでは、禁欲すら組織的なものでなければならず、勤勉も制度的なものでなければならないのであって、人間の最高の価値は、自己を厳密な「計画的な意志の支配」のもとに置くことであった。そのために、個人は、たえまなく自己を「非合理な衝動の力」から解き放ち、理性的な眼で自己の行動を点検しなければならないのであり、この不断の自己抑制と自己審査こそ、人間の個人としての尊厳の根拠なのであった。

隣人を容認しない個人

だが、このように見ると、十七世紀の初期産業人がいかに孤独な個人であり、およそ隣人を容認しえない個人であったかは、一目瞭然であろう。彼らの信じる「合理的システム」に人間の顔のはいりこむ余地はなく、いっさいの感情的な訴えを含まない行動に、他人の反応や批評の加わる余地はないからである。

彼らは、自分の職業倫理と技術だけを信じる専門家であり、専門家として自己を限定する反面、そういう自分を審査しうるのは自分だけだ、という矜持にたてこもっていた。じっさい、彼らは友情や隣人愛といった観念をあからさまに軽蔑し、とりわけ、社交という観念には激しい憎悪さえ抱いていた。劇場や盛り場が攻撃されたのは当然として、はなはだしい場合は、宗教的儀式である。「五月柱《メイ・ポール》」の祭やクリスマスの行事まで非難に曝されることがあった。また、慈善という古典的なキリスト教の美徳も批判の対象となり、中世においては奨励された乞食への施しが、この時代にはむしろ悪徳と見なされることになったという。その昔、宮廷のサロンが社会の文化的な中心であり、教会の華麗な儀式が社交の場でもあった時代にくらべると、ここでは人間関係の思想が革命的に変化したといわねばならない。

もちろん、現実には若干の逸脱もあり、また時代とともに修正が加えられたとしても、以上のような人間観が初期産業化の根本思想であったことは、十分になっとくできる。神の「合理的システム」は、やがて、機械の「合理的システム」に容易になじむものであっただろうし、職業組織への忠誠と自己の専門への献身は、のちに分業の観念を生む素地となったであろう。なによりも、「神の富」の増大という目的は純粋に客観的な目的であり、人間の欲求や需要のような多義性を含まないから、これは目的志向的な戦闘集団を作るのに絶好の条件だといえる。現に、これを「国民」の富の増大という言葉に置きかえただけで、戦後の日本には、恐るべき「ＧＮＰ（国民総生産）」志向の戦闘集団ができあがったのである。

ついでながら、職業の観念と宗教的意識との関係についていえば、この初期プロテスタントの思想は、じつに日本の江戸町人の思想に酷似していた、と見ることができる。江戸の商人は、一般に同時代の西洋人よりも世俗的に見えたが、彼らもまた何らかの超越者の存在を信じていたのであって、それにたいして激しい神秘主義的な訴えかけをしない点でも、十七世紀のプロテスタントに似ていた。

彼らもまた、苦行や遁世によって宗教感情を爆発させようとはせず、日常生活のなかで、黙々と自己の職業に献身することが超越者への奉仕の道だ、と考えていた。彼らの最高の美徳は、自分にあたえられた職業的身分に固執することであり、専門的技術をひと筋にきわめつくすことであったが、この「分」および「道」の観念は、ほとんどあの「神の合理的システム」と同じものであった、と説明することができる。彼らは、「分」を踏みはずさないために自己抑制に努め、「道」をきわめる努力のなかで、たゆまざる自己審査を重ねて生きていた。その姿勢は超越者への畏敬に貫かれていたが、しかし、日々の自己審査をけっして他人に委ねないという意味において、彼らはプロテスタントに劣らぬ個人主義者であった。通念に反して、江戸の町人は十分な近代的個人だったのであって、そうであればこそ、彼らが明治にはいって西洋の産業主義を受け入れ、それを一瞬に開花させたことも奇蹟ではなかったのである。

「分相応」の喪失——十九世紀の混乱

いずれにせよ、十七世紀のプロテスタントが行なったことは一種の逆説であり、神を極端にまで絶対化することによって、逆に世俗の活動を正当化するという手品であった。彼らによって、神は人間の訴えや取引がおよばぬほど遠い存在になり、そうであるがゆえに、人間は安んじてこの世の仕事に専念することができることになった。だが、こうして神をいったん超絶的な高みに祭りあげてしまえば、やがて、人間はその距離のゆえに神の存在を忘れることができる、という第二の逆説も生まれてくる。西洋の十八世紀、十九世紀に見られるのは、まさにこの第二の逆説の歴史であって、産業人はしだいに神の富ではなく、人間のための富の増大に狂奔することになった。しかし、神の存在は忘れられたが、確乎として継承されたのは合理的、組織的生産の観念であり、それ以上に、目的志向的で戦闘的な人生態度であった。消費と快楽への禁忌は忘れられたが、忘れられなかったのは、顔の見えない組織への信頼であり、物質的な富の増大をよしとする進歩主義の伝統であった。

その結果、人間は十九世紀の終りには重大な不安に直面するのであるが、そのことについてのもっとも雄弁な証言のひとつは、エミール・デュルケームの『自殺論』であろう。デュルケームの眼に映った西欧は、はやくも大衆社会の徴候を見せ始めていたが、彼にとってこの社会の深刻な問題は、ひとびとがものに満足するという感情を失ってしまったことであった。

彼によれば、自殺者が増えるのは必ずしも経済的貧困の結果ではなく、一般に社会秩序の急変によって生じる現象であって、現実には逆に急激な繁栄もその原因になることが多い。十九世紀末の西欧先進諸国はまさにその例にほかならず、日々に豊かになって行く社会と、それゆえに変化する生活様式がひとびとを不安に追いこんでいた。第一に、日々に繁栄する社会では、人間はたえず未来のために生きることになり、そういう生活感情のもとでは、必然的に過去は刻々に無意味なものにならざるをえない。いいかえれば、すでに生きられた人生の全体が時代おくれになり、たえまなく廃物になって行くのであるから、これがすべての成人を不安におとしいれるのは当然であろう。だが、それ以上に恐ろしいのは、こういう社会では、ひとが自分にふさわしい欲望の限度を見失い、どこで満足すればよいのかがわからないために、かえって際限のない飢餓と不満にさいなまれる、ということなのである。

デュルケームによれば、安定した社会には生活様式についての一定の常識があり、さまざまな社会的な仕事の相対的な価値や、それにたいしてあたえられるべき相対的な報酬の額は、この共有の常識によって暗黙のうちに決定されている。ということは、ある個人が特定の仕事に就いてその同業者の階層に属していれば、彼はおのずから自分の生活程度についての常識的な感覚を持ち、何を望み、何に満足すべきかを直観的に知ることができる、ということにほかならない。これは、ひと言でいえば、ひとびとがそれぞれの「分相応」を知っている社会であって、こういう社会では、個人は意志の力や他人の強制によらずに、ほとんど無意識のうちに欲望を制御することができる。

ところが、急激に豊かになる社会では、仕事の性質も、仕事をめぐってなりたつ社会階層も変り、ひとびとは自分がどんな階層に属しているかを見失うとともに、欲望の限度についての常識的感覚をも失ってしまう。繁栄は社会を平等化すると同時に、人間が直接に属している集団の枠組みをとり払うのであって、いわば個人を裸にして、ひとりひとりこの茫漠たる社会全体に直面させる。要するに、それはデュルケームのいう「個人主義」を徹底させるのであるが、しかし、この状態は、個人を無限の嫉妬と羨望に駆りたてるにすぎない。なぜなら、そこでは、ひとは自分をこの世の誰とでも比較できることになり、一方、社会が完全には平等化されてはいない以上、彼はあらゆるところに不公平を探しだすことができるからである。[*5]

「同業組合」復活の夢

じつをいえば、デュルケームは、ここで二つの異質の問題を同時に語っているのであるが、彼自身はそのことに十分に気づいているようには見えない。すなわち、第一の問題は、社会の平等化が必然的に含んでいる逆説であって、人間は、一般に平等化が進めば進むほど、かえって残された不平等に気づいて嫉妬に苦しむものだ、ということである。他方、第二の問題は、まさにわれわれのいう「顔の見えない大衆社会」の不安であり、隣人の具体的な顔が見えないために、かえって社会全体という抽象的な存在が見えすぎる、という問題なのである。

いずれにせよ、しかし、デュルケームはこの二つの問題を一気に解決することを試み、個人をふたたび職業にもとづく階層集団に帰属させるために、勤労者の同業組合の復活という考え方を提唱する。これは、近代の労働組合のような戦闘的な目的志向集団ではなく、むしろ共通の生活様式によって統一される集団であって、生まれや教養や仕事を共有することによる、自然な感情的連帯に包まれた集団である。問題の解決にとってそれが有利な点は、まず、職業は社会の大部分の人間が持っているということであり、ついで、それがほとんど個人の属性の一部になっている、ということであった。ひとは、どこにいても何らかの職業人であり、そうであるかぎり、同業の仲間との感情的な連帯を感じとり、また、職業の要求する規律や生活態度を思いだすことができる。職業集団は多様であり、制度としては柔軟であるが、反面、その絆は人間の生活感覚にまで浸透し、個人を広すぎる社会のなかでの精神的孤立から救ってくれる。デュルケームは、この職業集団をあらためて強化し普及させることによって、豊かな社会の過度の個人主義を緩和し、さまざまな感情的不安をも防ぎうると主張するのである。

　率直にいって、この勤労者の同業組合という概念はいささか曖昧であって、その結果、彼の主張全体も問題の解決策としては説得力を欠いているのが、残念である。この場合、職業集団というのは、空間的に職業を同じくする人間の集団であるのか、それとも、職種ごとに統一された広域集団であるのかも不明であるし、そもそも、デュルケームの職業という概念そのものが漠然としているともいえる。その職場は、前近代的な手工業者の仕事場であるのか、あるいは、産業化社会の組織的工場であるのかも明示されていないが、いうまでもなく、この二つを同じ次元で論じるのはあやまりであろう。そして、もし後者であるとすれば、そこには目的志向的で戦闘的な生産集団が形成されているはずであるから、それと、彼のいう同業組合はどのような関係に立つのか、ということが問われなければならない。なによりも重大な問題は、個人がそれぞれのただひとつの職業によって集団化された場合、その集団は一種の身分集団と化して、個人の自由が根本的に脅やかされる、という危険があることであろう。

しかし、こうした難点はあるとしても、デュルケームの根本的な問題意識そのものは正鵠を射ており、二十世紀後半の今日の社会にも十分な妥当性を持っている、といえよう。彼は、近代の巨大社会が人間の感情を微調整する力を失い、その画一的で、均質的な体制が個人の精神生活の基盤ではありえなくなった、という事実を憂えていたのである。他方、彼が見ていたのは、西洋の伝統的な個人がますます自己中心的になり、隣人の顔の見えない空間のなかで自我拡張の歯どめを失っている、という現実であった。具体的な提案の有効性は別として、彼が、この巨大社会に多元的な組織を導入し、個人と組織の感情的なつながりを回復しようとしたのは、意図としてはきわめて適切だったのである。

淋しい「他人志向」――二十世紀の不安

デュルケームの憂慮にもかかわらず、これ以後、彼の指摘した問題は深刻化の一途をたどり、社会の均質化も、個人と組織の疎遠化も、二十世紀の半ばが近づくとひとつの頂点に達することになる。その状況を活写したものが、デイヴィッド・リースマン教授の『淋しい群衆』であるが、それによれば、ここまできて、近代的個人の生活態度に皮肉な逆転が起ったことがわかる。すなわち、社会の豊かさがさらに進み、環境の変化がますます加速するにつれて、かつての自己中心的な個人は、一転して、にわかに他人の動向を気にし始めるのである。

もちろん、十九世紀末の個人と同様、二十世紀半ばの個人も自分の欲望の限度というものを知らず、彼が他人を気にするのも、半分は前世紀以来の嫉妬や羨望の延長だといえよう。しかし、この社会では、豊かさが欲望の対象をあまりにも多様化し、しかもそれをめまぐるしく変化させるために、人間は現に自分が何を望んでいるかについて、自分の気持ちそのものがわからなくなる。十九世紀の個人は、欲望の限度は知らずとも、少なくともその向けどころは知っていたが、二十世紀の個人は欲望の方向さえ見失って、いわば二重に不安になったのであった。

彼は、何を手に入れるにしても外側に「理由」を必要とすることになり、その「理由」をあたえてくれる世間の評価を求めて、たえず他人の態度に注意しなければならない。環境は刻々に変りつづけるから、彼はその「理由」を歴史の教訓に求めることはできず、いいかえれば、過去の教育によって形成された自分の内面に求めることはできない。どんな行動を起すにしても、彼は、その方向を示すジャイロスコープを内部に持たないのであって、たえず外部にレーダーを働かせて、他人との関係において方向を決めなければならない。ところが、問題の他人もまた、彼と同じく内部にジャイロスコープを持たず、行動の指針を外側に求めているから、そこには「他人志向」の無限の循環がつづき、社会は「淋しい群衆」によって満たされることになるのである。

『淋しい群衆』の全体を注意深く読むと、二十世紀の人間が失ったのは、むしろ伝統的な行動の規範ではなく、十九世紀の人間がまだ持っていた行動への情熱的な動機なのだ、という印象を受ける。リースマン教授は触れていないが、じつは規範というなら、あの生産の「合理的システム」はいまだに健在であって、二十世紀の人間にたいしても、社会的な富の増大という至上目的を明示しつづけていた。ただ、この「合理的システム」は、時代がさがるにつれてますますその合理性を強め、いいかえれば、隣人の顔の見えない組織を作って、個人の感情的な参加を無意味なものにしたのであった。もちろん、生産組織はなお本質的に戦闘集団であったが、あまりに合理化された戦闘集団はもはや強い兵士を必要とせず、戦闘に怒りや喜びがはいりこむ余地を奪ってしまう。ひと握りの指導者を除けば、生産組織のなかの個人はすべて「誰でもよいひと《エニボディー》」に変り、やがてはロボットに置きかえられる宿命を負わされたのが、二十世紀半ばの状況であった。

　これはまた、デュルケームのいう「職業」の観念の危機でもあって、この点から考えても、彼の職業共同体が現代社会の処方箋になりえない、というもうひとつの理由が明らかだろう。現代の生産組織は、多くの場合、個人に行動への意欲を要求する場所ではなく、また、行動への感情的な積極性を教える教育の場でもなくなったのである。

顔のない「世間」の支配

やむをえず、ひとびとは行動の主たる場所を消費の世界に移すのであるが、ここでもまた、二十世紀前半の社会は、完全に顔の見えない世界を作りあげていた。

リースマン教授によれば、現代の群衆は他人を志向しながら「淋しい」のであるが、その理由は、彼らにとって他人がけっして具体的な顔を持つ隣人ではない、ということであろう。彼らは、なるほど、同僚や友人や隣家の主婦の動向を気づかっているが、その視線は隣人たちの個性的な表情にではなく、つねにそこに現われた集団的な風潮に向けられている。結局、明らかになるのは、誰もが気づかっているのは世間という顔のない他人であり、流行という無署名の没人格的な呼びかけだ、ということである。そもそも、現代人が他人志向的になり始めたのは、彼らの内面を形成する家庭という小集団が力を失い、親という顔の見える他人が弱体化したからであって、要するに、彼らが広大な同時代社会に裸で投げ出されたことの結果であった。学校もまた、小集団として個人を巨大社会から遮蔽するフィルターの機能を弱め、逆に人気者の生徒が映画スターのしぐさを模倣し、それをまた教師が模倣するというような、世間志向の舞台に変っていた。この場合、映画スターというのは、もちろん、巨大社会の画一的な流行の象徴であるが、この社会では、それがどんな小集団の壁をも破って、無遠慮に、直接的に個人の行動の方向に影響をあたえるのである。

いいかえれば、こういう社会では、ひとは情報を一方的にあたえられるばかりであり、それにたいして有効に応答したり、さらに、自分から積極的に情報を発信したりすることは許されていない。けだし、顔の見えない他人と語りあうのは極度に困難であるし、かりにそれに成功したとしても、その成功を手応えとして実感することはほとんど不可能に近い。じつをいえば、現代の消費者は商品の選択を通じて情報を発信し、時代の趣味の形成に大きく貢献しているのであるが、数千万という消費者の群のなかでは、個人がその事実を肌で感じるということはありえない。二十世紀前半の社会においては、したがって、消費とはじつは情報の生産である、という観念が育つ余地もなく、また現に、消費者が情報を生産する「工場」となる場所が用意されていなかった、といえるだろう。

そこでは、当然のことながら、消費は純粋に受け身の行動となり、巨大社会の流行に操作され、行動としての自由と自発性を禁じられた行動だ、という無力感を生むことになる。こうして、二十世紀半ばの個人は、消費の世界においても行動に真の自発的な意欲を持つことができず、日々の欲望を満たしながらも、それが自己の内面の表現だという喜びを味わえないでいたのである。

そして、人間が内部に行動の動機を持たないとき、彼らがそれを自分の外部に求め、いやがうえにも模倣的な行動を繰返して、そのことがまた、ますます巨大社会の流行を増幅することにつながって行くのは、自明であろう。リースマン教授自身は、必ずしもこの現象に価値的判断をくだしていないが、これは明らかに個人と社会の両方にとっての危機であって、この点については、われわれはむしろデュルケームとともに憂慮を分けあうべきであろう。

四　消費文化の時代に向けて

情報を生産する消費の不在

さて、このように、十七世紀以来の「顔の見えない社会」の歴史をたどってみると、そこに一貫して欠けていたのは、情報を生産するという観念であり、しかも、大衆がそれを生産するという観念であったことがわかる。人間が生産するのはつねに物質財であり、情報は何ものかによってあたえられるものであって、とりわけ大衆にとってはそうである、というのが伝統的な考え方であった。

それは、十七世紀のプロテスタントが大衆に神への訴えかけを禁じ、それと関連して、慈善であれ、祭であれ、社交であれ、いっさいの感情的情報発信を禁じたときに始まった、といえるかもしれない。そもそも、「合理システム」とは飛躍のない過程のことであり、情報をあたえられて動く仕掛けのことであって、それを伝達し増幅することはあっても、新しい情報を創造するものではなかったといいかえてもよい。最初、人間が取組んだのは「神の富の増大」という課題であったが、そのうちで人間が手をくだすことを許されたのは、いうまでもなく、「富の増大」という部分であって、「神」という情報の部分ではなかった。それ以後、神の観念が後退するにつれ、人間はさまざまな情報を生産のシステムに乗せたが、新しい技術にせよ美しい趣味にせよ、それを創造したのは一部の指導階層であって、大衆ではなかった。

おまけに、知識としての技術はともかく、趣味を商品化して生産することは長らく「贅沢」と呼ばれ、現実には行なわれながらも、それを積極的に肯定する思想は根づかなかった。これは、ひとつには、プロテスタント的な潔癖主義の名ごりでもあろうし、もうひとつには、基礎的欲求を満たす物質財の生産がまだ不十分であった、という事情の現われでもあろう。デュルケームが描いた十九世紀末の状況は、大衆がようやくその「贅沢」にまで手をのばし始め、しかし、完全に指導階層の趣味の模倣に終始していた時代であった、と見ることができる。

やがて、「淋しい群衆」の二十世紀にはいると、問題の趣味の指導階層はいつのまにか姿を消し、大衆はやむをえず、自分たち相互の趣味を模倣しあって右往左往することになった。見方をかえれば、大衆自身が「上層中産階級《アッパーミドルクラス》」という指導階層になったのであるが、この階級は知的な情報の操作には長じていたものの、趣味の生産にかけては恐ろしく怠惰で消極的であった。要するに、彼らは二つの重要な事実を忘れていたのであって、その第一は、古来、情報は商品の消費者がまさにその消費を通じて生産していた、という点であった。じっさい、過去の貴族も、僧侶も、大ブルジョアたちも、趣味の生産者であるかぎりは商品の消費者であり、誰が物質財を作ろうと、彼らがそれを選択し消費したときに、初めて時代の趣味の表現になりえたのであった。第二に忘れられていたのは、しかし、過去の指導階層はただ漫然と商品を選んでいたのではなく、それぞれの趣味を真剣に披瀝し、相互に切磋琢磨する恒常的な場所を持っていた、という事実であった。二十世紀の上層中産階級も、もちろん、彼らの茶の間のパーティーは知っていたが、かつての貴族やブルジョアにとって、そのサロンの集会がいかに深く生活の一部と化し、現実に長い時間を占めていたかを、忘れていたのである。

いいかえれば、「淋しい群集」たちは消費がひとつの重要な仕事であり、しかも、骨の折れる困難な仕事だという自覚に欠けていたのであって、その群衆が史上最高の大量消費を支えていたことは皮肉であった。彼らが情報に触れる場所は、新聞であり、ラジオであり、映画であり、のちにはテレビであって、それらはすべて彼らに情報をあたえはしても、彼らに情報の発信を許す媒体ではなかった。都市の盛り場は、たしかに、おしゃれの舞台を提供して趣味情報の発信を許していたが、そこではすべての人間が無名であるために、表現する行為に厳しい精神の緊張が伴うということがなかった。そして、ひとびとの意識のなかでは、こうした巨大媒体や都市の大空間が圧倒的な重みを占めていたから、まだ残っていたクラブや家庭のパーティーは、相対的にますます小さい意味しか持たないものになった。そのうえ、彼らの観念にとって、いぜんとして本質的な生活の場は狭義の生産の場所であって、そうした「休息」や「娯楽」のための集会が、はじめから真剣に受けとられる余地はなかったともいえる。

かつて、ルイ十四世の宮廷はいわずもがな、ネッケル夫人やサバチエ夫人のサロンが、どれほど重要な文化の生産工場であり、現代の新聞やテレビ以上に有力な情報発信の場所であったかは、遠い過去の記憶となった。この顔の見える集まりのなかで、ひとびとは本物の文学や藝術を生み、「ギャラントリー」や「ダンディズム」といった美意識を生み、そして、その同じ眼で衣裳や家具を選んでいた、という事実は文化史の一ページに片づけられたのであった。

日本的社交集団の機能

近代の日本の場合、この消費の歴史の断絶はさらに深刻であって、したがって、消費の観念の未成熟も西洋以上にはなはだしかった、と見ることができる。ひとつには、日本の経済的な繁栄が西洋の数倍の速度で進み、あまりにも急速な消費社会の到来に、国民の意識の変革がついて行けなかったことが考えられる。しかし、それ以上に大きな問題は、日本人が江戸時代以来、社交の観念にたいして否定的な態度をとり、とくに過去百年間、近代産業社会の建設のためにそれを徹底的に抑圧した、ということであった。七〇年代以前の日本人にとって、社交といえば職業上の仲間か学校の同窓生のあいだにしかなく、極言すれば、戦闘的目的志向集団の戦友のあいだにしか存在しなかった、といえる。ところが、歴史を振返ってみると、この国には古くは西洋以上に強い社交文化の伝統があり、しかも、それが大衆の層にまで浸透していたのであって、それと現代のあいだには、世界にも稀に見る歴史的断絶が口を開いていたのである。

　ほかの機会にも述べたように、日本の社交文化の最盛期は室町時代であったが、問題の江戸時代にも、社交はあるいは「教育」の仮面のもとで、あるいは隔離された裏社会にかくれて、営々とつづけられていた[*6]。

　教育の仮面をつけた社交は、大半が芸能の修練のかたちをとって行なわれたが、そのなかでも普及度が高く、またもっとも日本に特有な形態は「茶の湯」であったといえよう。それは「茶道」とも呼ばれ、ほとんど職業的倫理に匹敵するほどの規律を参加者に課し、複雑に段階づけられた厳しい技術の習得を要求し、師匠と弟子からなる組織的な小集団の機構をかたちづくってきた。その組織は恒常的に存在をつづけ、そのメンバーシップは確立しており、しかも、「茶人」の資格が組織の外でもある程度の敬意を受けたという点で、「茶の湯」の集団は面白いほど職業共同体に似ていた。しかし、これはあくまでも純然たる消費集団であって、職業集団とはちがって、内部での専門家と素人の差は連続的であったし、大部分の参加者は、同時に他の消費集団や職業集団の構成員でもあった。そして、この集団は、「わび」という高度に精神的な情報を発信したばかりでなく、現実に茶室でものを使用することによって、古びた日常雑器にすぎない陶器を高価な美術品に高める、という奇蹟を演じたのであった。

　また、社交が身をかくした裏社会とは、いうまでもなく、遊廓のことであるが、これもまた、小さく囲われた人間関係の別世界を作って、社会の価値観を多元化することに役立っていた。江戸時代の遊廓は、単純な情事のための場所ではなく、むしろ情事にまつわる複雑な儀式のための場所であって、固有の作法と独特の言葉すら持って、顧客に遊びの技術の専門家であることを要求していた。じっさい、ひとびとは遊廓で音楽や美術を鑑賞し、文学の創作をすら楽しんだのであるが、そのさい彼らは、この世界に特有の厳しい美意識にしたがわねばならなかった。九鬼周造によれば、それは「いき」と呼ばれる、一種の自己抑制の精神から生まれる美であって、官能性と男性的な諦念、優雅さと克己的な簡素さ、快楽主義と反俗精神の結合から生みだされる逆説的な美であった。遊廓のなかにいるかぎり、この「いき」であることがひとびとの唯一の行動の規範となり、それに通じた人物のまえでは、いっさいの外界の身分や権威も効力を持たなかった。そして、やがてこの美意識は、遊廓で消費されるあらゆる商品の選択にもあずかり、そこから逆に、外の世界でも珍重される「いき」な衣裳や、「いき」な小道具を生みだして行ったのである。[*7]

考えてみると、日本にはこのほかにも、さまざまな社交が人間を小集団に組織する伝統があって、そのなかで広く大衆に自己表現を許し、生きがいと規律を同時に教える機構が数多くあった、といえそうである。琴や三味線、生け花や謡曲、短歌や俳句といった芸能はおおむね何らかの結社を作り、そのなかでの相互表現と相互批評を通じて、職業社会とは異なる独自のメリットクラシーをうちたてていた。多くの日本人は、一方で職業としての生産集団に属しながら、他方でこうした消費集団に属することによって、自己の社会的な評価と地位を多元化することができたのである。

そして、このような社交の機能の伝統は、近代化百年間の社交軽視の風潮にもかかわらず、あるいは現実社会の一隅に、あるいは日本人の記憶のなかに、細くとも確実なひと筋の命脈をたもってきた、と考えられる。一九七〇年代にはいって、日本人がようやく生活に余暇を見いだしたとき、少なからぬひとびとが文化活動の集団に強い関心を向けたのは、おそらく、この伝統が遠い記憶から蘇ったからにちがいないのである。

社交の復活の条件

いうまでもなく、伝統的な日本の社交集団は、多くの場合、すでに老化と頽廃の傾向を示し、規律は形骸化し、組織は官僚化して、とうていそのままで現代社会の救済に役立つものではなかろう。しかし、もし、これまでの観察が問題のありかを正確に捉えていたとすれば、少なくとも、この種の集団の基本理念は将来に生きのび、それが「淋しい群衆」の救済に貢献する可能性はきわめて高い、と見ることができる。控えめに見ても、それは、前世紀末のデュルケームの職業集団よりは現実的な条件に恵まれ、また、現代人の感覚にとって、それがもたらす効果よりも快適だ、と考えられるのである。

　現実的な条件についていえば、その最大のものは、先に見た生産現場の社会的変化であって、それ自体のなかで、目的志向集団よりも目的探究的な集団が優位を増している、という事実である。消費者の需要を探すこと、いいかえれば、現代社会の趣味を発見することが生産者の仕事になったとすれば、要するに、それは生産者が消費者の代表になったということであり、生産者が本質的に消費者と同じ仕事をし始めた、ということにほかならない。本質のうえで、生産集団は消費集団と近似した立場に立ったのであるが、当然、現象のうえでも、両者の組織や仕事の様式は酷似してくることが予想される。セールスの応接は初期の「茶の湯」の会に似てくるかもしれず、商品開発や宣伝文案の作成は、ひょっとすると、俳句や短歌の会の風景を思いださせるかもしれない。

　このことは、やがてひとびとの意識にひそかな変化をひき起し、まじめと遊び、仕事と余暇、実務と文化活動といった、伝統的な二分法の常識をうち毀《こわ》すことも十分に考えられる。なによりも、ひとびとは古い「効率」の強迫観念から解放され、「時間を消費すること」についての、三百年の恐怖の呪縛から脱けだすこともできるであろう。そうなれば、これからの中産階級は、社交の集まりにかつてなく真剣に参加し、そこに過去の生産集団と同程度の帰属感を覚えるはずであるが、これは、たんなる余暇時間の増大よりよほど大きな文明史的変化なのである。

第二の条件は、現代の情報化社会がそれ自体の趨勢から多様化を進め、その結果、顔の見えない社会の画一的な情報の力がいちじるしく弱まった、ということである。すでに、テレビのチャンネルも巨大活字媒体も、その数がめまぐるしく増えたうえに、さらにビデオや有線テレビが加わって、情報の受け手による選択の余地は飛躍的に高まっている。これも、「淋しい群衆」の時代には存在しなかった条件であって、そのせいもあって、七〇年代以降、巨大な流行、巨人的なスター、爆発的なブーム現象というものは急速に姿を消した。商品もまた、かつてのように圧倒的なヒットを見る例が少なくなって、先にも触れた通り、「多品種少量生産」というのが時代の合言葉になりつつある。ということは、ひとびとにとって一方的に強制される情報の比重が減り、その分だけ、顔の見える隣人との対話、すなわち、社交の生みだす情報の重味が増す、ということを意味しているはずである。

社交集団の救済

ところで、こうして、大衆が消費の場でも生産の場でも小規模の集団に生き、しかも、ひとりの個人が複数の集団に多元的に帰属することになれば、これが社会全体の安定にもたらす絶大な効果は明白だろう。けだし、人類は、デュルケームの嘆いたあの平等化の逆説は解決しえないとしても、このことによって、少なくとも人間の無限の欲望の膨張を抑え、大衆社会の嫉妬と羨望の爆発を予防しうる、と考えられるからである。

まず、一目瞭然のことだが、複数の集団への帰属は、人間を評価するメリットクラシーをも多元化することになり、個人としては、一方の集団で満足されえなかった誇りを別の集団のなかで補うことができる。現実に日本で見られる例をあげれば、官僚組織のなかでは昇進を断念した人物が、あるいは美術集団で特選を重ねたり、あるいは俳句の結社で指導者の地位にある、ということは珍しくない。人間の欲望は、もともと価値観と強く結びついているものであって、その価値観はまた、それを持つ人間の能力と深く結びついている。いいかえれば、ひとは自分のなしうることを尊しとするものであり、そこで能力が発揮できさえすれば満足するのであって、その証拠に、学者がスポーツ選手に嫉妬したり、将軍が藝術家を羨望するということはありえない。けだし、産業化社会においては、物質的な富という価値があまりにも圧倒的な重みを持ち、社会の価値観がほとんど一元化されていたために、欲望はただ量的な平等化による以外に満足されえなかった。脱産業化社会にはいって、この中心的な価値観が動揺を見せ始めたいま、人間はひとりひとりの内側の価値観を複数化し、いわば欲望を分散させることによって、満足の機会を増やすことができるだろう。

さらに、忘れてはならないのは、人間の価値尺度は、しばしば顔の見えない他人のまえでは無責任に狂うものであり、その結果、嫉妬と羨望は孤独のなかでこそ無際限に肥大するものだ、という事実である。われわれは、週刊誌に紹介されたスターの生活に羨望を抱くことはあるが、その人物の能力と魅力を日ごとにまのあたりにし、また、それを承認している第三者の顔を見れば、やがて無意識のうちにその現実を受け入れることができる。とくに、われわれが集団の雰囲気に強く同化しており、問題の人物もそれを破壊していない場合には、われわれの「仲間はずれ」の恐怖が容易に羨望に勝つであろう。さらに、こうした集団のなかでは、人間の自己についての価値尺度も正確に保たれ、羨望の裏返しというべき自己顕示欲も、きわめて自然なかたちで抑制される。リースマン教授もいうように、現代の消費は、とかく「見せびらかしの消費《コンスピキュアス・コンサンプション》」になりがちなのであるが、ひと目を引きたいという欲望は、そのひと目が感じられないからこそかえって惹起され、また、遠慮を失うものであることは自明であろう。だが、顔の見える集団のなかでは、ひとは、きわめて微細な特異性にもひと目を引いて満足することができ、同時に、ひと目を引きすぎることに強い不安を覚えるはずなのである。

ふたたび、こうした小集団がデュルケームの職業集団と違う点は、第一に、それが多元的な帰属を許す点で身分集団に転じる恐れがなく、第二に、その内部の多様性のゆえにより多く個人の自由を保証する、ということであろう。デュルケームの同業組合とは異なって、ここでは、ひとは生まれや教養を同じくする必要はなく、また、ひとつの集団の資格が個人の全生活を覆うということもない。デュルケームの職業は、個人の客観的な属性であって、ひとがどこへ行ってもついてまわるものであったが、われわれのいう小集団のメンバーシップはいわば芝居の役にすぎず、ひとは生活をいくつかに分けて複数の役を演じることができる。ここではただ、場違いの役を演じないということが唯一の規律であり、それを忠実に演じることは、必ずしも個人の全人格的な服従を意味していない。職業集団の復活を考えたとき、デュルケームはひそかに個人主義そのものの制限を意図していたが、われわれの小集団の場合、忠誠心はけっして個人主義と矛盾しないのである。

演技する個人

ついでながら、昨今、日本の経済的成功が語られるとき、つねに話題にのぼるのは日本人の「集団主義」であるが、そこには多くの場合、日本の企業内集団についての小さからぬ誤解が含まれている。前節で述べた通り、日本人はむしろ、江戸時代からヴェーバー的な意味において個人主義者なのであり、その忠誠心も、天のあたえた「分」に向けられはしても、権力の作った巨大組織に捧げられていたわけではない。今日でも、日本人が忠実なのは集団一般ではなく、自分の置かれた比較的小さな部署にたいしてであって、いいかえれば、隣人の顔も見え、自己の「分」も目に見えるように作られた集団にたいしてなのである。

日本の経営が成功をおさめたとすれば、それは、指導者がこうした企業内の小集団を活性化し、その責任者である中堅管理職に多くの権限をあたえ、また、下から上への情報の流れを円滑にしたからであった。さらに、この小集団は、本質的には目的志向の戦闘集団でありながら、しばしば構成員の提案や意見表明を奨励し、あたかも目的探究の集団であるかのような見かけを示すことが多かった。それは、プログラム的な情報によって動かされる組織ではあるが、気分という非プログラム的情報を重視する組織であり、先に触れたように、そのまま全員の社交の場所にもなりうるような集団であった。この集団のなかで、一見、日本人が外部の眼に没個性的に見えるとすれば、それは、彼らが相互の個性に極度に敏感な集団に住んでいるからであって、極小の特異性ですら十分に個性的に見える環境に生きているからだ、というべきであろう。

いずれにせよ、現代の国際社会にたいして、もし日本の経験が何ごとかを寄与しうるとすれば、それは、「日本的経営」の輸出などではなくて、その根底にある伝統的な消費集団の構造の再生をはかることであろう。とりわけ、今日の先進諸国に必要なことは、産業組織の緊密化や効率化ということではなく、むしろ最大多数の大衆に情報発信者としての自覚をあたえ、創造的な目的探究のための場所をあたえることなのである。

なぜなら、一般に、これまでの脱産業化社会の重大な問題は、社会を支配する知的な情報があまりに高度なものになり、ひと握りの指導階層のほかには探究の不可能なものになる、ということだからである。この状態は、大衆から見れば、社会が巨大なプログラム情報によって支配され、自分が自分には知りえないものによって操作される、ということを意味している。『脱産業化社会の到来』のベル教授も憂慮するように、これは、社会の全体的な官僚化を招き、ふたたび、大衆と指導階層のあいだに、情報をめぐる「階級対立」をひき起すことになるかもしれない。現に、六〇年代の日本の学園紛争にはその徴候が見られ、情報に富む教師にたいする学生の怨恨、いいかえれば、教え教えられる関係にたいする怨恨の匂いすら感じられたのだが、そのことについてはかつて別の機会に書いたことがある。[*8] この問題の解決は、もちろん、知的な情報を否定するところにあるのではなく、それとは別に、より多元化の容易な情緒的情報を重視し、それを創造する喜びを広く分配することにあるだろう。脱産業化の第二段階とは、そのことが現実に可能になり、また、その必要性が一層切実に感じられるようになった時代だ、といえるのである。

最後に、あらためて強調せねばならないのは、ここでいう「顔の見える社会」こそ個人主義の基盤であり、歴史的に見ても、真の個人がまさに誕生する場所だ、ということである。けだし、個人とは、けっして荒野に孤独を守る存在でもなく、強く自己の同一性に固執するものでもなくて、むしろ、多様な他人に触れながら、多様化して行く自己を統一する能力だといえよう。

　現代の作家であり文藝批評家である、ライオネル・トリリングの言葉を借りれば、ひとは生まれつきの「人柄《パーソナリティー》」を超えてその外側に立ち、想像のなかでみずから複数の役柄を演じたときに、そしてまた、自分が他人にとって何かしら興味ある存在だと気づいたときに、初めて歴史のなかで真の「個人《インディヴィデュアル》」になったのであった。さらに面白いことに、彼が引用するジャック・ラカンによれば、フランス人が「私」という観念を発展させたのは、ヴェネチア製の明るい鏡が広く普及し、ひとびとが自分の姿を外側の眼で見つめ始めたときであった、という。[*9] 考えてみれば、これは自明のことであって、じっさい、生まれながらの特性に固執し、帰属すべき世界をひとつしか持たず、頑固に自分でありつづけようとするのは、個人として成熟するまえの幼児の特性であろう。おとなの個人性とは、あくまでも柔軟な態度の同一性のことであり、演じられたいくつかの役の背後で、つねに静かに醒めている俳優の心の同一性のことなのである。

　さきに、第一章の終りにおいて、われわれは、これまでの個人主義があまりにも個人の「一貫性《インテグリティー》」に固執し、単一の信条への「帰依《コミットメント》」を重視してきたことを怪しみ、それが産業化社会の歴史的な産物にすぎないのではないか、という疑いを提示しておいた。この章の考察を通じて、われわれのその疑いはさらに強まったのであるが、それをより確実に見とどけるためには、次の章において、一般に人間の自我がどのように形成されるかを観察しなければならない。

（1）　第二次世界大戦で、被害を受けたのは主として都市であり、戦争直後の農業の地位は相対的に高かったが、一九五〇年代にはいると、はやくも斜陽化が訪れた。農業の国民所得に対する構成比は一九四六年の三一・一％から、五二年には一八・五％と、ほぼ六割になり、その後も低下の一途をたどった（「経済白書」昭和三十年より）。
　また、石炭の生産も、いわゆる傾斜生産方式の採用により、戦後は重点的に資金が投入されたが、一九五四年にはすでに前年度比マイナスを記録している。

　六〇年代の高度成長期には重化学工業化が進み、製造業の構造も大きく変化した。六〇年代の十年間で、製造業は三・七倍もその生産高を増やしたなかにあって、繊維産業は二・二倍にとどまった（通産省「鉱工業指数年報」）。その結果、一九五〇年には工業製品出荷額の二三・七％を占め、わが国の主力産業のひとつであった繊維産業も、一九七〇年にその割は七・七％にまで低下した（通産省「工業統計表」による）。
（2）　一九七九年から一九八二年の三年間で、デザイン業全体の年間売上は、七三二億円から八六四億円と約一一八％の伸びであった。そのなかで服飾デザイン業は、一四億円から三四億円と二・五倍の伸びを示している（'84「サービス産業年鑑」より）。

（3）「学校基本調査報告書」（文部省）によれば、高等学校への進学率は、一九六〇年に五七・七%であったが、一九七〇年には、八二・一%に上昇、また大学は、五〇年代、七〇年代の十年間の増設数が、それぞれ四四校、六四校であったのに対し、六〇年代の十年間では、一三七校もの増設が見られた。

六〇年代、七〇年代の二十年間で、医師の数は九万六〇〇〇人から一四万九〇〇〇人と、約一・五倍となった。この間、医薬品生産額は約二〇倍、医療機器の生産額は約四〇倍に膨れあがった（医薬品生産高は、厚生省「薬事工業生産動態統計」、医療機器生産額は通産省機械情報産業局のデータから）。

（4）地方自治体における、一般行政職、教育職、警察官を含む地方公務員数は、一九六〇年の約二〇〇万人から、一九八〇年には約三二〇万人へと、一二〇万人も増加した。政府関係機関を含めた国家公務員の数も、この間、約三〇万人増加した（地方公務員数は「地方公務員給与実態調査」の数字から、また国家公務員の数は大蔵省主計局の国家公務員等予算定員から算出）。

「法律により直接に設立される法人又は特別の法律により特別の設立行為をもって設立すべきものとされる法人」と定義される特殊法人は、多くの場合、政府が全額あるいは一部を出資している。したがって、高級官僚の天下り先となるケースがたいへん多い。こういった法人は六〇年代に肥大化し、臨時行政調査会の第三次答申「臨調基本提言」によれば、その設置数は、一九六〇年の六六団体から一九七〇年には一一二団体とほぼ二倍に増加している。なお、七〇年代には整理・合理化の方針から、その数はやや減少した。

（5）デュルケームと同じく、十九世紀のフランスに生きた思想家、アレクシス・ド・トクヴィルもまた、同時代の社会について同じ憂慮を抱いていたことは、興味深い。彼もまた、デュルケームとともに個人主義を否定的な意味で捉え、人間を孤独と利己主義に導くものと理解するのであるが、彼によれば、それをもたらしたものは国家の画一的な中央集権化であった。フランス革命は、一方で個人の平等な権利を約束したものの、他方では、それを保証するために国家という唯一の機関に権力を集中した。その結果、破壊されたのは、十七、八世紀の王政下にあった、さまざまの自発的で非公式な集団であり、個人には生活の枠組みをあたえ、同時に国家からはそれを保護する、中間的な社会組織であった。民主主義は、たんに個人を平等にするだけではなく、それを国家という抽象的な機関にだけ帰属させるのであって、いいかえれば、身辺に具体的に感じられる人間関係から剥離してしまう。それによって惹き起される危険は、もちろん、個人の無責任と社会的紐帯のゆるみであるが、同時に、国家の専制的な支配に歯どめがなくなることでもある。個人の放恣と国家の専政とは、その意味で背中あわせの関係にあるのであって、その両者をともに防ぐものが、自発的で非公式な小集団なのである（A. de Tocqueville, *L'Ancien Régime et la Révolution*, 1856)。

（6）「日本文化の底を流れるもの」（『山崎正和著作集　4』中央公論社）。

（7）九鬼周造『「いき」の構造』（岩波書店）。
（8）「『教育』の終焉」（『山崎正和著作集 10』中央公論社）。
（9）ライオネル・トリリング『〈誠実〉と〈ほんもの〉』（野島秀勝訳、筑摩書房）。

第三章　消費社会の「自我」形成

一　二つの先入見

快楽主義の悪夢

今日、明らかに変りつつある現代社会を目前にして、われわれはしばしば困惑を覚え、ときに焦燥をさえ感じるのであるが、その困惑の内容は、主として二つのディレンマのかたちに要約することができるだろう。

その第一は、いまや、先進諸国の社会がえたいの知れない「消費社会」の段階に移りつつあり、ひょっとすると、それが現代人の倫理に重大な頽廃をもたらしかねない、という不安である。一方で、たしかに、われわれはこれまでの効率主義的な生き方に疑いを抱き始め、勤勉を至上の道徳とし、生産物の増大を唯一の価値とするような文明に飽き始めている。だが、その反面、われわれは、自分がまだそれ以外の生き方を知らないことに感づいており、とりわけ、それを捨てたとき、そのあとに来るものが「消費社会」だと聞かされると、ぞっとすることになりがちである。古くから、消費という言葉には快楽主義《ヘドニズム》の連想がまつわっていて、さらに、この快楽主義があらゆる不道徳と同義語であったという記憶が、われわれを怯えさせるのである。

じつをいえば、われわれはまだ、「消費社会」というものの内容を十分に知っているわけではなく、消費という概念そのものについてすら、満足にあたいする定義を手にいれているわけではない。われわれはただ、従来の社会が生産至上主義的な社会であった、ということを知っているだけであり、それが過ぎ去るとすれば、つぎにはその反対の消費の時代が来るにちがいない、と漠然と考えているにすぎない。一方、身辺を見廻すと、現にひとびとはあくなき物質的濫費に耽溺しているように見え、快楽主義はすでにつぎの時代の精神を決定してしまった、という印象を受ける。われわれは軽率にも、この現状を頭で考えた「消費社会」という言葉に短絡させ、将来の社会がこの物質的濫費の延長線上にあると思いこんで、顔をしかめる。考えてみれば、現状の精密な分析も概念の定義もおろそかにしたままで、われわれはいわば早呑みこみに、効率主義かそれとも快楽主義か、というディレンマに悩んでいるように思われる。[*1]

集団化と無秩序の脅迫

　これと関連して、われわれを脅やかすもうひとつの問題は、いうまでもなく、集団主義か社会の完全な無秩序《アノミー》かという二者択一であろう。この永遠の問題がいまあらためて注目を惹くのは、それが今日、生産の効率の問題と結びついて、現実に国際経済摩擦の争点となっているからにほかならない。対立は、主として日本と西洋先進国のあいだに見られるのであるが、そのさい、西洋諸国は日本に極端な集団主義の傾向を読みとり、日本の側は西洋諸国にとめどない無秩序の徴候を予感して、たがいに不安をつのらせている。興味深いのは、ここで、どちらも相手の社会構造を誇張して受けとり、暗黙のうちに、人間社会はこの両極端の一方から他方へ揺れ動く宿命を持っている、と信じこんでいることであろう。その結果、日本人も西洋人もともに過度に防衛的になり、たとい一歩でも自分の社会の現状を変えれば、それはやがて原理的な譲歩につながり、社会構造の根本的な転倒をみちびく、と信じて怯えているのである。

　これが興味深いというのは、じつは、すべての人間が観念的には、両者の中間に健全な個人主義というものがあり、それこそが人間生活の理想である、ということを知っているからである。日本人も西洋人も、論理的には集団への忠誠と個人の尊厳は両立しうるものであり、秩序と矛盾しない個人の自由というものがありうることを、認めている。にもかかわらず、現実の論争の場所においては、両者はたがいに相手の社会に両極端の影のみを見てとり、健全な中間状態の可能性を否定しあおうとしているのが、示唆深いのである。

　このことは、人類の一般的な相互不信を示しているというよりは、むしろおそらく、個人主義という概念そのものへの不信をあらわしている、と考えられる。振返れば、われわれはたんに、個人主義が集団化と無秩序の中間にある、ということは知っているものの、しかし、それがどんな条件のもとで、どのような保証によってその中間状態を保ちうるか、ということを知らないからである。いいかえれば、われわれは、個人主義を両極分解から守る歯どめについて無知なのであって、そのことが、この概念を本質的に脆弱で、頼りがいのないものに見せるのである。

　このように考えると、今日、われわれを脅やかしている主要な問題は、いずれも、われわれが自分の用語について不用意であり、ときにはあいまいに、ときには先入見によって現実を語ることから生じている、といえるかもしれない。けだし、人間は言葉によってものを考えるのがつねであるから、不用意な言葉づかいは、われわれの現実の捉え方そのものを誤らせかねない。いいかえれば、現代のディレンマは、ひょっとすると、偽のディレンマであるかもしれないのであって、現代人を困惑させている現実そのものも、じつは事実誤認と曲解の産物であるかもしれない。だとすれば、とりあえずわれわれに必要なことは、消費社会、あるいは個人主義という概念を正確に捉えることであり、そのうえでそれを道具として、これまで現実だと思われてきた現象を新しく観察しなおすことであろう。

二　消費の概念の昏迷

消費とものの消耗の混同

それにしても驚きにあたいするのは、人類が数千年の消費の歴史を閲しながら、消費という基本的な概念についてこれまでまったく無反省であり、ほとんど何ひとつ定義らしいものを持っていない、という事実である。

ひとびとが知っているのは、たいていの場合、きわめて素朴な常識的通念のほかにはなく、ひと言でいえば、人間が欲望を満足させるためにものの価値を消耗すること、という程度の定義であろう。しかし、一見して明らかな通り、これは必ずしも消費そのものの定義ではなく、むしろ、そっくりそのまま生産の定義にこそふさわしい、といわねばならない。だいたい、あらゆる生産が結局は消費のために行なわれる以上、当然のことであるが、人間の欲望の満足を目的としないような生産はありえないし、また、材料としてのものを消耗しないような生産もありえない。裏返していえば、この常識によると、何ものも生産しないような消費はありえない、ということにもなって、生産と消費の概念は同じ現象の別名にすぎないということになるだろう。じっさい、食物を摂取して消化吸収するという、もっとも純粋な消費に見える行動でさえ、よく考えれば、マルクスによるまでもなく、人間の労働力という、きわめて貴重な商品の生産活動にほかならないからである。

まず、消費そのものの概念がこれほどあいまいであれば、そのうえに立つ消費社会という言葉が内容空疎になるのは避けがたいが、多くの文明批評家は、それについて、それが内容空疎であることにすら気づかずに語っている。『消費社会の神話と構造』を書いた、ジャン・ボードリヤール氏もそのひとりであって、氏によれば、消費社会とは、たんに「余分な豊かさ」を楽しむ社会であり、量において「過剰な消費」を行なう社会だ、という程度の認識しかなされていない。氏の攻撃的な言葉をかりれば、それはただ、もののむだづかいをする社会であり、「絶対的欲望」の要求以上に浪費する社会であり、究極的には、純粋にものの破壊のための破壊をめざす社会だ、というのであるが、これが消費社会の満足な定義になっていないのは明白だろう。

およそわかりにくいのは、いったい何が余分な豊かさであり、何が過剰な消費なのかという点であるが、それ以前に問題なのは、やはり消費の概念そのものの根本的な不明確さだ、といわなければならない。ここでも、ただ、生産とはものの価値の増大であり、消費とはその消耗だ、という素朴きわまる理解しかなされておらず、ものの価値に関しては生産と消費は盾の両面にすぎない、という事実が忘れられている。このような理解をするかぎり、過剰な消費を行なうとは、すなわち、過剰な生産を行なうということと同義語になり、消費社会とは過大な生産社会にほかならない、ということになってしまうはずである。

もっとも、ボードリヤール氏は、そのかたわら、現代が消費社会だというのは一種の欺瞞だ、と主張しており、この社会にはまだ真の消費は成立していない、と考えているために、議論の運びはますますわかりにくく見える。氏によれば、現代社会においては、消費はまだ生産者の管理によって飼いならされており、そのためにゆがめられた消費は、すべて生産活動の同義語にならざるをえないのだ、と説明される。このゆがめられた消費にたいして、氏は純粋な消費の理想型を夢見るのであるが、それが、「みずからを乗り越えて破壊に変容する」ような消費だ、というのである。理想的な消費とは、人間がありあまる生命力の燃焼として行なう蕩尽であり、「自己保存の本能」とは正反対の放埒であって、行きつくところ、純粋なものの価値の破壊へと向かうのが、その本質だという。「破壊こそ根本的に生産の対極であり、消費は両者の中間項にすぎない」、と氏は主張するのであるが、しかし、ひかえめにいっても、このロマンティックな文明論に論理の混乱があるのは否定できない。

　だいいち、消費の本質がそうした無欲な破壊であり、いわば純粋な自己放棄であるとすれば、いったいそれをどうゆがめたら、それとは正反対の、欲望にもとづく通常の消費に変るのかがわからない。そういう無償の破壊は、明らかに、「自己保存の本能」にしたがう通常の消費を否定するものであって、それは生産の反対概念というより、むしろ消費にこそ対立する概念だというのが、正確ないい方であろう。どうやら、ボードリヤール氏は、真に生産に対立する消費の意味を探ろうとして、じつは、生産と消費の両方を否定する行為、いいかえれば、文明の構造そのものを否定する行為にたどりついたようにみえる。だが、もっと困ったことに、一方で、氏がそういう破壊の典型としてあげる実例を見ると、それはけっして、氏のいうような破壊のための破壊でもなく、「自己保存の本能」を否定する行為でもないことが明らかなのである。

　ここで氏があげるのは、北米インディアンの「ポトラッチ」であり、権勢の誇示のために行なわれる財産の破壊であるが、この奇習は、氏みずからが一面で認めるように、およそ無償の破壊などではない。「ポトラッチ」は、文明の制度として行なわれる儀式であり、財力と気宇の大きさを競いあう祭典であって、いいかえれば、社会的権威というえがたい富を生みだす生産行為にほかならない。もし、これが、非物質的な価値のために物質を消耗するという意味で、破壊だというのなら、当然、あのエジプトのピラミッドの建設も破壊だ、といわなければならないだろう。ピラミッドの場合もまた、巨大な石材と労働力の消耗のすえに、生み出したものは、王の権威の象徴と純粋に視覚的なかたちの美のほかにはなかった。しかし、そういういい方をするなら、われわれは同様に、すべての建築や都市のデザインや藝術作品の創造も破壊だ、といわなければならず、破壊という概念の完全な混乱におちいることになるだろう。

どう見ても、ボードリヤール氏の論旨は破綻にみちているのだが、その最初の原因があまりにも素朴な消費の理解にあったことは、繰返して強調するまでもあるまい。消費をものの消耗として理解するかぎり、それは生産と同義語となるのが当然であるのに、そのまま両者をむりに対立させようとしたことが、あらゆる論理の混乱を招いたのである。氏の認識によれば、現代社会の消費は特別にゆがめられていて、そのためにすべての消費が生産に奉仕しているというのであるが、この点でも、問題は現代社会の側ではなくて氏の認識の側にある、といわなければならない。けだし、ものの消耗としての消費は、どんな社会においても裏返しの生産活動であるほかはなく、たとい前近代のインディアン社会においても、その意味では、消費は生産に奉仕していたといえるからである。

殺伐たる消費のイメージ

けれども、何よりも大きな問題は、こうした素朴な消費概念を容認すると、そこから、人間の欲望に関するじつに殺伐たるイメージが生まれ、現代社会とその未来について暗澹とした先入見が芽ばえる、ということであろう。

ボードリヤール氏によれば、人間の欲望は、第一に、ものの消耗を求めて際限なくふくらむものであり、第二には、それを通じて際限なく他人に差をつけたいと願うものだ、と定義されている。この定義は、しかし、注意深く見ると、現実の人間心理の精密な観察にもとづいているわけではなく、もっぱら、人間には無限の力への憧れがあるという、いわばニーチェ的な神話に頼っているにすぎない。氏はニーチェを引用して、人間には「自己保存の本能」に対立する根源的な本能があり、それは「自己の力を使い果したい」と願う衝動であって、つねに「より多く、より早く、よりしばしば」と願う衝動だ、という。そして、この本能に支配されている以上、現代の消費社会がとめどない濫費に走り、贅沢の誇示と、それにたいする怨恨や暴力を生むのは必然だ、と氏は主張するのである。

まず皮肉をいうなら、この「より多く、より早く、よりしばしば」というのは、明らかに効率主義の標語であって、これは消費社会というより、むしろ生産至上主義社会の原理だと見るべきであろう。とりわけわからないのは、かりにニーチェのいうように、人間に無限の力への志向があるとしても、なぜその力が禁欲的な勤労をめざさずに、必ず浪費と破壊に向かうのかという、単純な論理の問題である。じっさいには、十七世紀以来、われわれの産業化社会は不可解な力の衝動に駆りたてられ、「より多く、より早い」生産に没頭して、いまその効率主義にこそ疲れているのではないだろうか。しかし、それ以上にただされねばならないのは、ボードリヤール氏がここで欲望の心理の精緻な分析を怠り、欲望そのものが本質的に効率主義的に働くものだ、という根拠のない先入見を抱いたことだろう。

いうまでもなく、こうした消費観の背後には、産業化社会の消費実態に関する先人たちの観察があり、とくに、ヴェブレンやリースマン教授によって提唱された、「見せびらかしの消費《コンスピキュアス・コンサンプション》」という概念が影を落としている。たしかに、産業化社会の末期においては、人間の欲望はしばしば権力志向的に働き、より多く、より早い消費を見せびらかして、他人に差をつけることに狂奔していた。今日の日本社会にもこの傾向はまだ残っていて、少なからぬひとびとが、流行の商品を「より早く、より安く」手に入れようと、文字通り効率的な買物を競いあっている。しかし、忘れてはならないのは、これはあくまで、特定の社会の特定の歴史段階における現象であり、人間の欲望の永遠の本質を示すものとはかぎらない、という事実である。少なくとも、ヴェブレンもリースマン氏も、「見せびらかしの消費」が消費の普遍的な本質である、とは主張しておらず、まして、それをニーチェ的な形而上学によって根拠づけようとはしていなかった。それどころか、少し論理的に考えれば、そういう虚栄的な消費が成立するには社会に一定の条件が必要であり、その条件がきわめて歴史的なものであることは、自明なのである。

　ひと言でいえば、消費が見せびらかしになりうるには、まず商品についての社会の価値観が均質であり、その結果、ある人の消費が必ず他の人の羨望の対象になりうる、という客観的な条件が必要であろう。別のいい方をすれば、消費が効率的に行なわれるには、消費行動は明確な目的を持っていなければならず、そのためには、ひとは何を買うべきかについて、あらかじめ不動の確信を持っていなければならない。

しかし、そういう確信は、通常、社会の平均的な価値観によってはじめて支えられるものであるから、この点から見ても、社会には欲望について一定の世論の一致がなくてはならない。日本社会の場合、さきにも述べたように、そういう欲望の均質性はたしかに一九六〇年代には顕著に見られ、消費者は誰しも、たとえば「三種の神器」と呼ばれた商品を求めて、たがいに先陣を競いあっていた。だが、そのような均質性はすでに七〇年代には崩れ始め、八〇年代にはいると、消費者の欲望が「多品種少量生産」を求めてますます多様化している、という事実が観察されている。これだけの現象を見ても、少なくともわれわれは、人間の欲望が本質的に権力的な志向を持ち、破壊と差別を求めて無限に拡張する、という仮説を疑うことが許されるだろう。

ボードリヤール氏の主張は、しかし、けっしてこの人だけの偏見ではなく、むしろ、それがこれまでの長い産業化社会に培われ、われわれの通念となった消費観を代表しているところが、深刻な不幸だといえる。氏の考えは、消費を快楽主義と結びつける古い常識の変形にすぎず、新しい点はただ、快楽主義の悪徳を人間の宿命として受け入れたことにある、と見ることができる。そういう意味で、ひとつの典型としてこの人の主張を検討するうちに、明らかになったのは、われわれがたんに消費の概念について不用意であるだけでなく、人間の欲望の本質についても十分には知っていない、ということであった。われわれは、さまざまな経済や政治の現象を人間の欲望にもとづいて説明し、しばしばそれを社会の最大の問題として扱いながら、しかし、その欲望が現実にどのように働いているかについては、これまでもっとも初歩的な観察さえ怠ってきたことが、曝露されたといえるだろう。

三　欲望の構造

満足を引きのばす欲望

さて、人間の欲望のうちで、もっとも基本的なものは物質的欲望であろうが、まずこれを観察しただけでも、ただちに、欲望が無限だという先入見が誤りであることが理解できる。

人間にとって最大の不幸は、もちろん、この物質的欲望さえ満足されないことであるが、そのつぎの不幸は、欲望が無限であることではなくて、それがあまりにも簡単に満足されてしまうことである。食物をむさぼる人にとって、何よりの悲しみは胃袋の容量に限度があり、食物の美味にもかかわらず、一定度の分量を超えては食べられない、という事実であろう。それどころか、しばしば人間の官能の喜びは逆説的な構造を示すものであって、欲望が満たされるにつれて快楽そのものが逓減し、ついには苦痛にまで変質してしまうということは、広く知られている。いわば、物質的な欲望の満足は、それがまだ成就されていないあいだにだけ成立し、完全に成就された瞬間に消滅するという、きわめて皮肉な構造によって人間を翻弄する。かつてプラトンが、人間の世俗的な快楽はけっして純粋な快楽ではありえず、必ず苦痛をうちに含んで成立すると考えたのは、けだし、この意味においてだったのである。

　このことは、いいかえれば、物質的な消費が行動としていささか特殊な構造を持ち、一定の目的を志向しながら、けっしてその実現を求めない、ということを意味している。この場合、目的とは、もちろん、なんらかのものを消耗することであるが、欲望はそれをめざしながら、しかし、同時にそれにいたる過程をできるだけ引きのばそうとする。ここでは、いわば目的と過程の意味が逆転するのであって、ものの消耗という目的は、むしろ、消耗の過程を楽しむための手段の地位に置かれるのである。

　食欲についていえば、それは、最大量の食物を最短時間に消耗しようとするのではなく、むしろ逆に、より多く楽しむために、少量の食物を最大の時間をかけて消耗しようとする。そうするのは、人間がものの乏しさを知っているからではなくて、食欲そのものの乏しさを知っているからであって、その証拠に、あらゆる食事の贅沢はこの奇妙な吝嗇から生まれてきた、と見ることができる。われわれは、一片の牛肉を楽しむために、たんにその調理に時間をかけるだけではなく、それを給仕人の手をわずらわせて食卓に飾らせ、おごそかな手つきで切りわけておもむろに口に運ぶことを喜びとする。そのために、われわれは、さらに手数のかかる食器や食堂の調度を整え、煩雑な作法と食卓の会話に気を配り、食前酒の選択から食後の音楽まで、ありとある演劇的儀式の創造に心を労している。その極限ともいうべき形態が、先にも触れた日本の「茶の湯」の儀式であって、これはただひとつまみの緑茶の粉を消耗するために、おびただしい時間と儀礼と手仕事のわざを費やすのである。

別のいい方をするならば、人間には物質的欲望のうえにもうひとつの欲望があって、これがたえず物質的欲望の有限性を嘆き、それを引きのばすことのなかにみずからの満足を求めている、と見ることもできる。これは、われわれの欲望についての欲望と呼んでもよいし、いっそ精神的欲望と呼んでもよいものであるが、たしかに、この第二の欲望は満足の限界なしにどこまでも膨張する性質を持っている。しかし、これは、物質的欲望と別にそれ自体の消費を行なうものではなく、つねに物質的な消費にともなって、そこでのものの消耗を遅らせることに満足を見いだそうとする。「わざは長し《アルス・ロンガ》、生は短し《ヴィタ・ブレヴィス》」、というのがこの欲望の主張であって、それはニーチェ的な生命力の蕩尽とは正反対に、所詮は瞬時に終る生命の燃焼にさからい、あらゆるわざを使ってそれをせきとめようと試みるのである。

消費と貯蔵

もちろん、この第二の欲望は必ず物質的欲望にともなうものであるから、それが満足させられるときには、必ず一定量のものの消耗を避けることはできない。のみならず、ときには、ひとつの物質的満足を引きのばす行為が、逆にそれ自体、別の物質的欲望を誘いだし、一見すると、精神的欲望が新たなものの消耗をひき起している、という印象をあたえる場合もあろう。

　たとえば、牛肉の消耗を引きのばすために、われわれがもし彫刻をほどこした銀の皿を使うとすれば、あたかも、食欲の引きのばしが新たに銀の消耗を促した、というように見えるかもしれない。だが、注意深く見れば明らかなように、食事の時間を引きのばすのは、本質的に作法や会話といった人間の行為であって、そのために食器や調度のような物質的手段を使うことは、けっして必然的な条件ではない。いわば、銀の食器は、生産における道具のような存在ではなく、演劇における舞台装置や小道具のような存在であって、人間の行為から見て絶対的に不可欠な手段ではない。たしかに、われわれはそうした物質的手段を使うことを好み、しかも、それが潤沢にあることを好むのは事実であるが、これは、われわれに別に物質にたいする飽くなき欲望があって、それがあらゆる機会をとらえて独自に発動している、と見るべきであろう。

　この場合、皿のために銀を使うのは、人間に初めから銀にたいする物質的欲望があるからであって、それは必ずしも、食欲についての第二の欲望が必然的にひき起した事態だとはいえない。それどころか、銀を美しい皿に造形し、それを注意深く愛用することは、銀にたいする物質的欲望からいえば、そのこと自体が欲望の引きのばしだと見ることができる。なぜなら、銀にたいする欲望は、それが純粋に働く場合は、できるだけ大量に所有することによって満足されるが、もっとも効率的な大量所有のためには、丹念な加工や、その念入りな鑑賞はかえって妨げとなるからである。もし、銀にたいする欲望を純粋に満足させようとすれば、いっさいの注意と手数を省いて、ただ純銀の延べ棒を積むことがもっとも早道であるのは、自明であろう。[*2]

　ついでながら、この例は、人間の物質的欲望が単独で無限にふくれあがる場合、それは消費とは無縁であるどころか、その正反対の行為をひき起す、という逆説を示している。対象が銀であれ牛肉であれ、また美しい衣裳であれ、物質的欲望が無限に増大するのは、のちに詳しく述べるように、それらを所有し貯蔵する場合だけであり、裏返せば、消費をみずからに禁じた場合のほかにはないのである。[*3] 考えてみれば、人間の物質欲が無限だというとき、われわれがただちに思いうかべるのは金銭への欲望であるが、そうするとき、われわれはものの保存と消耗という正反対の概念を混同している、といわなければならない。金銭がすべてのものと交換されうるという事実が示すように、われわれが金銭への欲望を満たせば満たすほど、正確にその分だけ、われわれはなんらかのものの消耗への欲望を節制しているからである。

時間の消耗としての消費

これまでの観察をひと言でまとめれば、要するに、人間の消費行動はおよそ効率主義の対極にある行動であり、目的の実現よりは実現の過程に関心を持つ行動だ、ということが明らかになったといえる。いわば、消費とはものの消耗と再生をその仮の目的としながら、じつは、充実した時間の消耗こそを真の目的とする行動だ、といいなおしてもよい。そうして、消費をこのように定義したとき、われわれははじめてそれを生産から明確に区別することができ、したがって、「消費社会」と生産優位の社会を対置して、そこに意味のある区別を立てることもできるだろう。すなわち、消費とは反対に、生産とはすべて効率主義に立つ行動であり、過程よりは目的実現を重視し、時間の消耗を節約して、最大限のものの消耗と再生をめざす行動だ、と定義することができる。生産と消費とは、ものの消耗と再生という点では同一の構造を持つ行動であるが、前者はその目的のために過程を完全な手段と化し、後者は逆に目的を過程のために従属させる、という点で正反対の行動なのである。

この定義にしたがうと、たとえば、同じ食物の摂取にしても、たんなる栄養物をがつがつと口に運ぶのは、労働力の再生産という意味で、純然たる生産行為だと見なければならない。これにたいして、一見、生産そのもののように見える農耕にしても、ひとが日曜に楽しむ家庭菜園の場合は、目的である収穫よりもその過程が重視されるという意味で、一種の消費だと見ることができる。そして、このように考えると、ふたつの例からも明らかなように、生産と消費とは、その意味においては対極的な行動であるが、その実態においては、中間にさまざまな混合形態を持つことになるであろう。通常の家庭における食事は、たぶん消費の色を強くおびた生産であろうし、家庭菜園の場合も、その収穫が重視されるにつれて、かぎりなく生産に近い消費になることができる。もっといえば、人間はすべての消費を生産の姿勢で営むこともでき、あらゆる生産を消費の姿勢で行なうこともできるのであって、そうであるからこそ、われわれは歴史上の社会を大別して、その全体を消費社会とか、生産優位の社会と呼ぶことが許されるのである。

生産優位の社会

じっさい、ヴェーバーの観察によれば、初期産業化社会を生んだ十七世紀のプロテスタントたちは、まさに、あらゆる消費を生産の精神で行なおうとしたひとびとであった。注目すべきことは、彼らはすべてにわたって禁欲主義者であったが、なかんずく、とくに時間の浪費について禁欲的であったという事実である。

彼らが社交や文化的娯楽を排撃し、クリスマスのような宗教行事についてすら批判的であったのは、半ば以上、それらが時間の浪費をひき起すからであった。「時は金なり」、というのが彼らの根本思想であって、それにしたがって、彼らは第一に効率的な生産体制を生みだし、同時に、労働力の再生産にとって効率的な「消費」のみを許したのであった。振返れば、たんなる禁欲主義というなら、それは彼らに先だつ中世から長い伝統を持っていたが、その内容は、大食を禁じ美服をいましめるという意味で、もっぱらものの消耗を否定する禁欲主義であった。十七世紀にはいって、新たにこの時間の消耗への禁欲主義が芽ばえたとき、それがはじめて真に生産優位の社会を生みだしたというのは、われわれの生産の概念にとって示唆深いのである。

　ちなみに、このように見ると、あの初期産業社会の厳格な禁欲主義が、やがて資本の蓄積にしたがって倫理的な色彩を失い、ついにはむきだしの物質欲に変って行った事情を、よく理解することができる。第一に、純粋な物質欲は、先に触れたように、ものを貯蔵するときにのみ無限に増大するものであり、真の消費を嫌うという点で、じつは禁欲主義と同じ構造を持っているからである。現に、近年まで、多くの「物質主義」的な企業家が、そのじつ私生活においてはきわめて禁欲的であり、あたかも競技の記録に挑むように、純粋に事業の拡大と資本の蓄積に励む姿が見られたものであった。また、かりにいわゆる物質的な贅沢が行なわれる場合も、近代の市民階層は完全な効率主義者であり、ものを「より多く、より早く」消耗することを原則とし、また、しばしばものを買ってもそれをただ死蔵することを習性としてきた。商品の購入から、純然たる観光や文化的娯楽にいたるまで、簡便敏速な満足を求めるという点で、近代の「浪費家」は一貫して時間への禁欲を守ってきた、といえるだろう。

消費社会の意味

この意味で、過去数百年の消費が本質的に生産であったとすれば、今日、「脱産業化」を迎えたわれわれの社会は、生産のなかにすら消費行動に似た構造を導入しつつある、と見ることができる。第一章で観察したように、現代の産業は、もはや消費者の需要を自明のものとしてあてにすることができず、逆に彼らの需要が何であるかを探究し、開発することにより多くの力をさかねばならない。社会が何を喜び、何を必要と感じるかということを、現代の産業は時代の気分のなかから探りだし、それを的確に商品のかたちに具体化して、逆に消費者に提示しなければならない。これは、時代の感情を形象化する藝術の仕事にも似ているのであるが、こういう作業にとって、およそ効率の概念が問題にならないことは、説明の必要もあるまい。この場合、生産の目的はその過程に先立ってあたえられておらず、むしろ、過程そのもののなかから生みだされてくるのであるから、本来の生産の場合のように、過程が目的のために手段化されることはありえないのである。

この特殊な生産において、具体的に、目的がいかに過程のなかから生みだされるか、または、そういう創造的な過程がどんな構造を持っているかは、もちろん、簡単に答えられる問題ではない。それは一般に、いかにして白紙からよいアイディアが生まれてくるか、いかにして人間の思考は飛躍しうるか、という問題であって、哲学と心理学の根本課題のひとつだといえる。それを十分に知るには、いずれ厳密な分析が必要となろうし、その一応の素描は別の機会に試みたことがあるので、ここでは深く立ち入るのは避けることにする[*4]。

しかし、経験からも明らかなように、そこで少なくとも必要なことは、意識の効率主義的なこわばりを捨てることであり、いわば、作業の過程を「楽しむ」ゆとりを持つことであろう。廻り道を恐れず、まず意識の働きの快いリズムを作ることであり、そのリズムのなかから、よいアイディアが内発的に生まれてくるのを待つことであろう。繰返すまでもなく、これは、われわれが洗練された会話を楽しみ、社交の快い雰囲気を作っている状態に似ているのであって、意識の働き方において、もっとも良質の消費行動に似ているというべきであろう。

そして、そのかたわら、現代の消費はますます消費としての純粋度を強め、ものの消耗よりは時間の消耗をめざしていることも、重ねて強調する必要はないであろう。最近、十数年のあいだに、消費者の関心はしだいに廉価大量販売の商品を離れ、趣味的により個性的な商品を、より長い時間をかけて選択することに向かっている。まず商品そのものの内部で、機械が効率的に生産する物質的な部分が減少し、少なくとも見かけのうえで、職人的な手数のかかる非物質的な部分が増大した。それに応じて、消費者もまたそこにかけられた手数を享受し、費やされた時間の重みを評価しながら、自分自身の選択行為に時間をかけることになった。さらに、この傾向の行きつくところ、消費者の欲望は純粋に非物質的な商品に向かうことになり、その結果として、さまざまな広義のサーヴィス産業が繁栄を見せているのは、先に述べた通りである。

　こうして、生産と消費の両面において、現代社会はまぎれもなく消費社会の性格を強めているのであるが、重要なことは、論理的に見て、この社会がものの大量破壊とは無縁だ、という点であろう。それは、人間の欲望の構造から見て無理なく推定されうる事実であり、欲望についての誤った先入見を排除すれば、現実の社会現象のなかから自然に見えてくる事実でもある。もちろん、現実の社会現象は複雑であるから、同じ現象について違った見方が可能になるが、しかし、だからこそ重大なのは、ものの見方の枠組みとなるべき基礎的な概念であろう。ここで、少なくとも明らかになったのは、消費社会についてのこれまでの悲観的な見方が、大部分、それを支える欲望の概念の不用意によるものであった、ということなのである。

四　消費する自我

自己顕示と消費

　ところで、消費社会についての悲観論のもうひとつの根拠は、ボードリヤール氏によるまでもなく、人間には無限の自己顕示欲と、それにもとづく無限の競争欲がある、という前提である。それによれば、人間はたとい自然な欲望が満足されても浪費をつづけ、たんに他人に差をつけるために、消費のための消費をあえてするものだ、というのであった。この主張は、一見、われわれが消費の概念を修正してもかたちを変えて生き残り、あらためて、消費社会のイメージに暗い影を投げかけるように見える。すなわち、われわれの定義によって、かりに消費がものではなく、時間を消耗することだとしても、もしこの前提が正しければ、そこでは無意味な時間つぶしの競争が始まる、と考えられることになる。そして、その結果、人類はきりのない怠惰と耽美的な惑溺におちいり、社会生活に必要な最小限の効率性をも失いかねない、という新しい憂慮が芽ばえるからである。

　もちろん、この問題のひとつの答えは、すでに先の一節で触れたように、現代社会に見られる価値観の多様性と、そこから生じる競争の場の多様化という事実に求められるだろう。素朴な物質的欲望であれ、われわれのいう「第二の欲望」であれ、現代ではその満足のかたちが急速な多様化を見せ、いわば、競争の目標が分散し始めていることは明らかである。消費者は、それぞれ自分自身の個性的な満足を探そうとしており、その分だけ、他人を羨んだり、逆に他人を羨ませる機会が減っていることは、疑いない。そのことだけでも、われわれには一応、自己顕示欲が本質的に無意味な消費を刺戟し、宿命的に消費社会をゆがめるものだ、という先入見を疑うことができよう。

だが、この先入見をもう少し深く分析すると、われわれは、その前提となっている誤解の根がきわめて深く、人間心理についての基礎的な認識の不用意にもとづいている、ということに気づくのである。それは、またしても、消費と欲望の心理の不十分な観察から生じたものであるが、ゆるがせにできないのは、この誤解は深く、われわれの根本的な人間観を左右するものだからである。

端的にいえば、人間に自己顕示欲があるという現象の指摘は正しいとしても、それが人間存在にとって永遠の本質であるとか、まして、それが無限に拡張する宿命を持っているなどというのは、証明されていない仮説にすぎない。それは、あのニーチェ的な、無限の力への憧憬と同じく一種の神話であって、さらに疑うなら、人間の「自我」に関する、西洋思想の伝統的な信仰にもとづいている。それによれば、人間の自我は、まず絶対に不可分な統一体であり、自分自身を完全に知っている存在であって、そういう存在として、他人とは越えがたい一線を介して対立するものだ、と考えられる。もしこの通念が正しいとすれば、たしかに、自我はみずからを完成するために他人から孤立し、みずからの存在を証明するために、たえず自分を他人よりも大きく、他人よりも力強いものとして感じつづけねばならないかもしれない。

　しかし、こうした自我についての通念が疑わしく、さらに、その自他関係の理解が誤りだということは、皮肉なことに、自己顕示という行為そのものを観察しただけで、すでに半ばは明白だといえる。なぜなら、自己顕示はそれ自体きわめて矛盾した構造を持つ行為であって、一方では他人を圧倒しながら、他方ではあくまでも、他人の主体的な承認を仰がねばならない行為だからである。どんな権力や財力の誇示といえども、たとえば、それを見せる相手が完全な奴隷であっては、われわれの自己顕示の満足はなりたたない。どんなに虚栄心の強い人間でも、三歳の幼児をあいてに、「見せびらかし」の満足を味わえるとは考えられない。われわれは他人の称讃や羨望を求めながらも、それ自体が他人の自由な判断にもとづき、むしろ、その人自身の自尊心にもかかわらずあたえられることを期待する。いいかえれば、われわれが自己顕示の喜びを覚えるとき、われわれの自我はその喜びそれ自体のなかで、無意識のうちに他人を自己と同等の地位に置き、その自由と主体性を認めているのである。

他人をうちに含んだ自我

このことは、それだけでも、すでに自我の成立そのものが他人の存在を必要とする、という事実を暗示しているが、これは、われわれのこれまでの欲望の分析を再確認すると、さらによく理解することができる。すなわち、われわれの見たところでは、人間の自我はその欲望に関してけっして不可分の統一体ではなく、それどころか、はっきりと二つの層に分裂しているのがその本質的な性格であった。人間の欲望は、いわば、あい反する方向をめざす二つの衝動からなりたっており、その満足は、両者の拮抗と相互作用のうちに成立するといってもよい。

この二つの衝動を、われわれは先に、かりに物質的欲望と精神的欲望と呼んだのであるが、より正確には、それぞれたんに、満足を急ぐ欲望と満足を引きのばす欲望、と呼んだ方がよいのかもしれない。たとえば、性的欲望のように、単純には物質的とも精神的ともいえない欲望のなかにも、また、娯楽小説を読むときのような、普通には精神的と見られる楽しみのなかにも、やはり、この二つの正反対の方向を持つ欲望がからみあっているからである。

ところで、この第一の欲望と第二の欲望とは、さらに仔細に見ると、たんに対立しあっているのではなく、われわれの内部で第二の欲望が第一の欲望を観察し、その満足ぶりを確認するという関係にあることがわかる。いいかえれば、第二の欲望はたんに満足を引きのばすだけではなく、引きのばすことによって、現に満足しつつある第一の欲望の姿を拡大し、それが満足していることを十分に感じとってみずからの満足にしている、と見ることができる。じっさい、われわれがものを深く味わう、あるいは、喜びを嚙みしめる、というときに行なっていることを反省すれば、この二つの欲望の相互関係は容易に理解できるであろう。そのとき、われわれは、たんにものの味を感じているだけではなく、それを味わっている自分自身を感じているのであって、そこには一人ではなく、二人の自分の満足が重なりあっているといえる。けだし、われわれにとって、満足を引きのばすことがけっして苦痛ではなく、かえって楽しみを強めることになるのは、それが満足の確認という作用を含むからなのである。

　このことをいいかえるなら、個々の人間が欲望の十分な満足を味わうとき、彼はつねに自分の内部にひとりの「他人」を生みだし、その眼に眺められることによって満足を確実なものにしている、と説明することができる。いうまでもなく、この「他人」はわれわれの自我の一部なのであって、当然、それは威圧したり競争したりする相手ではなく、われわれが全面的な信頼を寄せることのできる相手である。このように見ると、少なくとも、ひとが消費という行為にかかわるかぎり、彼の自我は本質的に他人をうちに含んで成立するものであり、しかも、他人との調和的な関係を含んで成立するものだ、といわなければなるまい。

消費の社交性

そして、もし、消費する自我がこうした構造を持つものだとすれば、やがて、それが消費の場所において現実の他人を必要とし、その他人による賛同を求めることになるのは、自然ななりゆきであろう。じつは、満足を引きのばし、それを確認するのは孤独で不安な仕事であって、自我の内部の「他人」は、この仕事を自分ひとりで進めるのは心もとないからである。

そもそも、満足を急ぐこととは違って、それを引きのばすことには、生理能力や消費物の量という外的な制限もなく、またそのやり方についても、効率性という客観的な規則がありえない。ものの消耗という点からいえば、それはあえて余分な行為をすることであるが、余分なことをする以上、その仕方や程度については、われわれが自分でまったく自由に決めなければならない。現実には、食卓の作法に見られるように、この仕事は、ものを消費する行動に様式的な折り目をあたえ、趣味的な遊びを加えるかたちで行なわれるが、そのこと自体、ひとりで行なうのはけっして簡単な仕事ではない。一般に、人間の行動の様式が何であり、それがどのようにして作られるかは、ここで詳しく述べる余地はないが、[*5]しかし、少なくとも疑いないのは、それが密室の孤独な個人によって維持されるのは難しい、という事実であろう。

日ごろ、しばしば経験することであるが、たとえば、われわれがひとりきりで食事をする場合、満足を引きのばす欲望は、容易に満足を急ぐ欲望に押しきられて作法の落着きを失ってしまう。動作は粗野になるか、あるいはかたちばかりの様式に固執することになり、いずれにせよ、安定したいきいきしたリズムを失ってしまう。そうした有機的なリズムのなかでこそ、われわれは満足している自分自身を十分に実感しうるのであるが、そのためには、われわれの内部の「他人」は、外側に現実の他人の眼を必要とするのである。

このことはまた、人間が古来、なぜか酒宴や園遊や喫茶の会を好み、社交の場で、いいかえれば、共同の場所でものを消費することを好む、という奇妙な習性の説明にもなるだろう。これが奇妙だというのは、共同作業による生産とは違って、共同の消費にはなんらの合理的な利点もないばかりか、むしろ、純粋な物質的快楽を味わううえでは妨げとなる、とさえ考えられるからである。にもかかわらず、われわれが他人と快楽をともにするのは、そうすることによって、たがいに楽しんでいる自分の姿を確認しあうことができ、また、たがいに調子をあわせることによって、消費行動のリズムを一定に保つことができるからであろう。

不安の徴候としての自己顕示

いいかえれば、われわれの第二の欲望、自我の内部の「他人」は、じつは自分自身を十分に知らない存在なのであり、消費をどのように楽しみ、どの程度に楽しめばよいかについて、ひとりでは確信を持ちえない存在だといえよう。この点でも、人間の自我についての西洋的な通念は不正確なのであって、少なくとも欲望の満足にかかわるかぎり、自我は最初から他人と共存し、その賛同を得てはじめて自分自身を知りうる存在だ、と見るべきであろう。

そして、このように考えたとき、われわれは、消費における自己顕示がひとつの病的な徴候にほかならず、自我の力の誇示ではなくて、むしろ弱さと不安の表現であることを理解することができる。要するに、それは、消費する自我が他人の賛同の眼を求めながら、それを手に入れたという自信を持つことができず、不安のあまり、不自然に身ぶりを大きくしている姿にほかならない。そのとき、自我が探しているのは、身近にある具体的な他人の表情であり、小さな目配せにも敏感に答えてくれる他人の眼であるのに、それが見えないとすれば、表現が不必要に誇張されることになるのは当然であろう。顔の見えない他人をまえに、ひとはいやがうえにも自分の満足ぶりを見せびらかし、他人の賛同が得られなければせめてその怨恨を買ってでも、なんとかして、不確かな自分の満足を確かめたいとあせるのである。

この不幸な状態は、あたかも、劇場でひとつの感情を表現しようとする俳優が、突然、顔の見える観客の反応を失って、孤立無援の演技をしいられた状態にたとえることができる。彼が見失うのは、たんに外部の観客ではなく、彼が表現しようとする内部の感情そのものであって、それをむりにも確実に感じようとすれば、表現のための動作はおのずから誇張されることになるであろう。そして、前章で述べたように、ヴェブレンやリースマン教授が見ていたのは、まさに個人が顔の見える隣人を失った社会であって、誰もが巨大な世界のなかで、虚空に向かって満足を演じなければならない社会であった。

それは、産業化の末期に現われた巨大情報媒体《マス・メディア》の誕生期であり、報道される抽象的な「世間」の姿のまえに、個人が具体的な隣人の眼への信頼を失った時代であった。「見せびらかしの消費」とは、そういう独特の歴史的な状況のなかで、しかも、おそらくは伝統的な自我の通念に強く縛られたひとびとが、不安のあまりに演じた観客なき演技にほかならなかった。その意味で、われわれが予感しつつある消費社会の到来は、ひとつの社会構造の変化を伴うとともに、人間の自我について、小さからぬ思想史的な変化をもたらすはずなのである。

五　大衆の変質

選択に迷う大衆

いつか遠い未来の眼が振返ったとき、二十世紀の最後の二十年は、ひょっとすると、人類の精神史のなかでも特筆すべき時代として見えるかもしれない。それは、日本を含むいくつかの脱産業化社会において、無数の大衆が、ひとりひとり自分が自分自身を十分には知っていない、という事実に気づく可能性を持ち始めた時代だからである。

少なくとも今日の日本の社会ほど、ひとびとが、多様な商品をまえにして何を買うかに思い悩み、どこへ遊びに出かけるかに心をくだき、自由な時間をいかに使うかを決めかねている社会は少ないだろう。町を歩いてきまって耳にするのは、「何か面白いことはないか」という青年の会話であり、書店や新聞売り場で目にするのは、服飾、旅行、趣味、テレビ番組など、あらゆる楽しみにかかわるおびただしい案内書の山である。大型の工業製品だけについて考えても、現在、某企業が一社で生産するモーター・サイクルの種類は、デザインや色彩の違いを勘定に入れれば、つねに数百に達しているといわれる。まして、食品や衣料の品種と商標は数えきれず、行楽地や文化施設の種類も限りなくあるから、何を着て、何を持って、どこへ行くかという選択肢の組合せは、ほとんど天文学的な数字にのぼるであろう。しかも、現代社会では、そうした選択を助けるはずの情報そのものの数が多く、消費者は案内書やカタログの山に埋もれて、まずその情報の選択に苦しまねばならない。

一方で、選択すべき対象の数が増えるとともに、他方では、選択しながら生きるべき自由な時間が延びて、現代人の人生はまさに迷いの機会の連続になったといえる。青春の猶予期と老後の余生がともに長くなって、労働による拘束時間が減ったばかりでなく、労働の時間そのもののなかにすら、自由な選択の余地がしのびこみ始めている。商品の企画開発や、デザイン、宣伝、セールスといった非工場的な労働の場合、真に大きな成果をめざそうとすれば、決められた手続きをただ反復することは有効ではない。そういう職場に生きるひとりの勤労者にとって、ある一日の午後、つぎの数時間をいかに過すかについて規則による拘束がなく、完全に彼の創意にゆだねられる機会は確実に増えつつある、といえよう。けだし当然のことだが、消費者が何を買うかについて迷いの機会を増やせば、その分だけ生産者もまた、何を、どのように作るかについて真剣に迷わねばならないのである。

興味深いことに、現代の日本人は早くもこの急増する選択の機会に疲れを覚え、一面においては、無意識のうちに一種の「自由からの逃走」を試みている、とさえ見ることもできる。

ひとつには、昨今、家庭における伝統的な年中行事の復活が盛んになり、冠婚葬祭の儀式がしだいに形式的な煩雑さを増しているというのも、そのことの徴候であるかもしれない。ひとびとは、自由すぎる自分の行動にたいして外的な拘束を求め、あり余る時間のなかで、いつ、何を、いかにするかについての決断の労を省こうとしているかのように見える。さらに示唆深いのは、最近の購買活動のかたちにいわば二極分解の傾向が見られ、一方でゆとりのある買いものが好まれるとともに、他方では極端に安易簡便なサーヴィスが求められている、という現象であろう。小売店の店頭に自動販売機が置かれ、それが開店時間中にも大いに稼働しているという話を聞くし、あえて商品の種類を限定した、いわゆるコンヴィニエンス・ストアが成功をおさめている、という事実も報告されている。いまや消費者たちは、日常品の購入についてはできるだけ選択の煩を避け、そのかたわら、節約された時間と精力を特定の趣味的な買いものに注いでいる、と見るべきなのかもしれない。

いうまでもなく、近代の歴史を振返れば、人間は一貫して、行動の多くの分野にわたって自由意志の支配を強め、あらゆる問題について意識的な選択の機会を増やしてきた。職業や配偶者の決定はもちろん、家族の構成や子供の出産にいたるまで、かつては伝統的な習俗に支配されていたことが、近代では、すべて個人の自由な選択にゆだねられることになった。しかし、その場合、前提とされていたのは、個人の欲望が明快に存在するという事実であって、自由な選択とは、その欲望が意志となって働くのに何の妨げもない、ということを意味していた。いいかえれば、近代の自由の前提は、人間が自分自身を十分に知っているということであり、より具体的にいえば、自分が何を欲しているかを完全に知っている、ということであった。

これにたいして、現代の消費者は、おびただしい商品の山をまえにして、たえず自分の欲望そのものの内容を問いただされ、しばしば、じつは自分がその答えを十分には知らない、という事実を自覚させられている。「何か面白いことはないか」と自問する人間は、すでに半ばは、自分がその「何か」を知らないことを告白しているのであり、自分が自分にとって不可解な存在であることに気づき始めている、と見ることができるだろう。

孤立するエリートの終り

この自覚が、たとい漠然とではあれ社会の全体に浸透し、多数の大衆がいまや自分の行動について迷い始めたとすれば、これは近代の大衆化の歴史にとって重大な変化だ、といわなければならない。

なぜなら、ほぼ半世紀まえ、『大衆の反逆』を痛烈に非難したオルテガ・イ・ガセットによれば、大衆とは、共通の欲望にもとづく「標準的な生活」を求めるものであり、「すでにある自己」に安んじて、その保持のみに腐心するものにほかならなかったからである。すなわち、彼の見た大衆とは、第一に、多数の他人と同一の欲望を共有する人間であり、第二には、多数者と一致しているがゆえに、そういう自己の欲望に傲慢な確信を持ちうる人間であった。いいかえれば、彼らは、自分の欲望が普遍的で正当な要求であることを確信しており、だからこそ、「すでにある自己」に安住して、それに「より高い課題」を課す必要を感じない人間であった。しかし、現代の大衆は、すでにその「標準的な生活」への欲望をほぼ満たされており、満たされた分だけ、他人と共通の欲望を強く感じる機会を失っている。それどころか、彼らはその消費生活を通じて、日々に他人のまえで個性的であることを要求され、刻々に、「すでにある自己」とは違うものになることを要求されているのである。

一方、この現代の大衆は、オルテガのいう「選ばれた少数者」とも違って、けっして自分の欲望を自分から否定し、より高い理想をめざして生きる克己的な人間でもない。彼らは、その点でもいわば謙虚な人間だともいえるのであって、何が高い課題であり、何が普遍的な理想であるかについても、自分がたしかに知っているとは感じていない。

じつをいえば、オルテガの「選ばれた少数者」は、彼の時代の大衆を裏返した存在にすぎないのであり、大衆が自己の不変の欲望を信じていたのにたいして、彼らはそれを否定する点で変ることなき自己を信じたのであった。だが、今日の新しい大衆は、自分の欲望が日々に変化するものであることを学んでおり、あえて否定するまでもなく、たえず思いがけなく、「すでにある自己」を裏切るものであることを感じている。彼らにとって、自己とは、ただ頑迷に保持するべき存在でもなく、克己的に否定するべき存在でもなく、むしろ、みずからが日々に発見して行くべき柔軟な存在になった、といえるだろう。もちろん、彼らもときには克己的に行動することはあろうが、それは、彼らが傲慢に自己の理想を確信しているからではなく、反対に、主張すべき自己の欲望に確信が持てないからにちがいないのである。

このような変化は、おそらくはまず、これまでの大衆とエリートの対立の構図を変え、ひいては、伝統的な個人主義の思想にも根本的な変更をせまることになるのは、明らかであろう。なぜなら、従来、大衆とは本質的に均質的な存在であり、また、自己保存の本能に生きる存在であるのにたいして、エリートとは本質的に個別的であり、自己変革の意志と不安に生きるものだ、というのがわれわれの常識であった。そして、かつての個人主義はこうしたエリートの生活原理にほかならず、その中心的な意味は、あくまでも均質性への反抗と生成発展の変化にある、というのが伝統的な解釈だったからである。

だが、いまや、大衆そのものが均質性を失い、日々に変化する自己に不安を感じ始めている以上、大衆性に反抗する個人主義も、古いエリートの孤立の精神に求めることはできない。いいかえれば、いわゆる大衆性の「危険」が、かつては凡俗と退嬰にあったのにたいして、いまではより多く、珍奇と非常識と自己分裂に移りつつあるのであるから、それにたいする救済のかたちもまた変らざるをえないのは、自明であろう。

現代の個人主義は、むしろ、個人を際限ない自己分裂から救い、変化のなかに一定の同一性を回復し、安定した生活の常識と、行動の落着いたスタイルを作る努力のなかになりたつことになろう。また、それは、そうした常識やスタイルのかたちで、個人相互のあいだに共通の生活の地平を作りだし、個性をそのうえに位置づけることによって明確化する、という新しい方向をめざすことであろう。考えてみれば、もともと、個人とは変化のなかの自己同一性のことであり、個性とは他人との共通性のなかの特異性のことなのであるが、この微妙な両義性の均衡を守るために、われわれは時代によって、とくにその一方の極を擁護しなければならないのである。

六　硬い自我の個性主義

自我以前の自我

それにしても、歴史の変化はもちろん一方向的に進むものではなく、ましてや、新しいものの芽生えが古いものを一掃するかたちで進むものではない。われわれはいま、いわゆる「脱産業化社会」の入口に生きているのであるが、それは同時に「産業化社会」そのものの高度化段階にほかならず、現代人は二つの社会の生活様式を重ねあわせて生きるほかはない。それに応じて、ひとは自我の観念も、また個人主義の思想も、それぞれ二種類をあわせて受けいれて生きなければならず、その点に現代の人生の特有の難しさがあるといえるだろう。

これまで、われわれは、とくに脱産業化社会のいわば第二段階を観察し、それを生産優位の社会にたいして「消費社会」と呼んで、そのなかにおける人間の自我のあり方を分析してきた。しかし、ここまで来て、われわれはもう一度、逆に生産優位の社会の自我の構造を明らかにし、あらためてそれとの関係において、われわれの新しい自我の意味を捉えなおす必要があろう。

この考察では、われわれは一貫して、人間の自我を欲望の観点から眺め、欲望を満足する行動の主体として捉えてきたが、この意味でいえば、もっとも原初的な自我が「満足を急ぐ自我」と呼ぶべきものであることは、繰返すまでもあるまい。

ものを食べたいという欲望であれ、ひとに勝ちたいという欲望であれ、あるいは何かを知りたいという欲望の場合でさえ、われわれの最初の態度は、まずその欲望をできるだけ早く満たそうという方向に向かう。その基本的なかたちは物質的欲望の満足のなかに見いだされ、要するに、われわれは最短時間に最大量のものを消耗して、結果として何らかの新しい価値を生みだすことになる。対象が知識であれ、精神的な価値であれ、この態度のもとでは満足は同じかたちで急がれるのであり、たとえば推理小説を読む場合なら、われわれは過程の細部をとばしてでも物語の結末を早く知りたいと願う。ここでは、満足はあたかも物質そのもののように量によって計られ、推理小説の例についていえば、短時間にできるだけ多くの物語を読んで、多くの結末を知ることが喜びの中心的な内容となる。もちろん、人間の欲望は意外に早く限界に達するものであって、満足はたちまち疲労や苦痛に変るのであるが、そうなればまた、われわれは別の欲望を探しだしてその満足を急ぐことになろう。

この満足を急ぐ欲望の主体は、しかし、人間の精神としてはきわめて原始的な状態にあって、むしろ、動物的な段階にある自我と呼ぶか、あるいは厳密には自我以前の自我と呼ぶべきものであろう。人間の自我が成立する不可欠の条件は、意識が外界の対象だけでなく、自分自身を振返って意識していることであるが、この自我はそれだけのゆとりもなく、ただ目前の欲望の対象に心を奪われているからである。

しかし、それにしても、この精神状態は、自分が現に何かを欲していることは自覚しており、それを失えば自分が侵されたと感じるという意味において、少なくとも自我意識の萌芽だけは持っているといえよう。また、多くの場合、その欲望の内容はあらゆる他人と共通のものであるから、ここにはまだ真に個性的で、他人と置きかえることのできない自我が成立している、とはいえない。だが、むしろそれゆえに、この欲望の主体は同一の欲望をめぐって他人と争うことになり、他人を排除してみずからを拡張するという意味において、自己を意識する端緒だけは持っているといえる。いわばそれは、無邪気に自己であることに陶酔している自己であり、「すでにある自己」に疑いを抱かない自己であって、オルテガのいう「大衆」はおよそこの自我の段階に生きている、と見ることができる。

満足を先送りする欲望

ところで、欲望の満足を急ぐことができるためには、当然、欲望の対象が豊かに存在することが前提になるが、人間が動物的な段階にとどまるかぎり、ものがつねに豊かにあるということはとうてい考えられない。人間の欲望は無限ではなく、一回ごとの満足はたちまち達せられるとしても、そうであればこそかえって、人間はつぎの欲望の満足の機会が保証されていることを願うのである。このことから、人間はものの貯蔵と蓄積とを始めるのであるが、いったんそれが始まれば、そのこと自体が行動の目的となって、ふたたび満足を急ぐ欲望の対象となる。すなわち、ひとは、ものを現実の欲望の満足に供することとはかかわりなく、それを蓄積すること自体を欲してその満足を急ぐのであって、ここにものの人為的な生産という仕事が成立することになる。そして、ものを消耗する欲望には限界があるが、ものを蓄積する欲望には限りがなく、いわんや、それが姿を変えた金銭欲にはとどまるところがない。したがって、それの満足を急ぐ生産にも歯どめがなくなるのであって、まさにこの点に、生産と消費という二つの行為の本質的な相違が生まれる、といえよう。

　この章の第二節で述べたように、生産もまた、ものを消耗して新しい価値を作るという点では、じつは消費と同じ構造を持つ行為なのであるが、違う点は、それが欲望の直接的な満足という自然の限界を持っていないことになる。いわば生産とは、将来の満足のために現在の満足を先送りする行為であるが、しかし、じっさいには、それはしばしば将来の満足とすら直接の関係なしに、とめどない消耗と価値の再生を行なうことになる。近代文明の危険は、考えてみれば、まさにこの問題にこそ潜んでいたのであって、物質の大量破壊とむだな商品の蓄積という弊害は、消費欲の肥大というより、むしろ生産技術のひとり歩きから起った事態であった。あえて逆説をいうなら、今日の物質主義文明の大部分の問題は、直接に快楽主義の産物ではなくて、逆に禁欲的な生産至上主義の産物だといえるであろう。

　いずれにせよ、人間はこうして、満足を急ぐために一時それを先送りするのであるが、そうすることによって、人間の自我にはただちにひとつの本質的な変化がもたらされる。すなわち、満足を先取りしようとすれば、われわれはあらためてその内容を厳密に限定しなおし、正確に何を先送りして、生産という行為の対象にするのかを決定しなければならない。

　われわれが満足を急いでいるときは、われわれはただその満足のなかに没入しており、その内容を限定したり分析したり、いいかえれば、意識の向こう側に対象として立てたりはしない。たとえば、食事をするとき、ひとは空腹を満たしながら美味を楽しみ、栄養をとりながら食事の雰囲気を味わうのであるが、通常、満足を急ぐ人間は、その満足がそうした要素の複合体であることさえ意識してはいない。だが、この満足を先送りして、将来のためにその内容の量を増やそうとすれば、われわれはそうした要素のうちで、とくにどれを先送りして増やすのかを決めなければならない。たんに美味を増やすためなら、料理という生産方法があれば十分であるが、食物の物質量を増やすには農業が必要になるのであって、それぞれ生産の方法を選ぶために、まず生産の目的となるものが限定されねばならない。そして、このように自己の欲望を限定して対象化したとたん、人間は自分自身を振返って意識したことになるのであるから、ここにはじめて、ひとつの厳密な意味での自我が成立したといえるであろう。

生産する自我

こうして成立したいわば生産する自我は、たんに自分の欲望を限定するだけではなく、やがてその生産の行為を通じて、自分を一箇の能力を持つ存在として限定することになる。すなわち、生産する自我は、自分を一定の技術を持つ人間として形成するのであり、自分を一箇の効率的な道具として自由に使える存在に変えるのである。いいかえれば、それは、自分を生産の目的として限定するだけでなく、生産の手段としても限定するのであって、ここで、自我は二重の意味で自分を明確に知ることになった、といえよう。

いまや、意識はひとつの心と身体の全貌を見渡し、それを完全に支配する力を手に入れたのであり、この特権的な地位のゆえに、当の心身を厳密な意味で「自分」と呼ぶ権利を得たのだ、といってもよい。こうして、自我は他人から厳然と区別されるものになり、やがて、完結した一箇の小宇宙とさえ見なされることになるのであるが、考えてみれば、この伝統的な自我のイメージは、じつは自我の内容を抽象し限定したことの産物にすぎなかった。すなわち、近代思想の常識によれば、自我とはみずからを完全に知る不可分の統一体だ、と考えられてきたのであるが、そういう自我は、要するに生産する自我にほかならず、自己を生産の目的として、また手段として、抽象的に限定した存在にすぎなかったのである。

じっさい、近代の代表的な考え方にしたがえば、自我の最大の特色はそれが自由であることであり、自由であるとは自分が自分自身に対立し、その完全な支配者となることにほかならなかった。カントによれば、人間の自由とは、欲望を含めた自分のすべての自然性に反逆することであって、それをなしうることが個人の尊厳の最大の根拠であった。のちの実存哲学者の多くも、実存の本質を自由な選択にあると考えたうえで、その選択は必ず現にある自己を否定するかたちで働くものだ、と主張しつづけてきた。いずれにせよ、自我は反抗的に自己の外側に脱出し、自己を見おろす位置に立つときに真の自我になる、と考えられてきたのであるが、これは本質的に、生産する人間が自分の欲望を先送りする態度に対応している、といえよう。いいかえれば、生産する人間は必ず当面の自分の欲望を断念するのであるが、この克己的な自己のイメージが、これまでのあらゆる自由の思想の根源にひそんでいた、と考えられるのである。

いうまでもなく、オルテガのいう「選ばれた少数者」も、まさにこのような意味で自由な人間にほかならず、つねに「すでにある自己」を対象化して、それをより質の高い自己に作り変えようとする人間であった。この克己的な自我は、自分が対象化したものを一方的に支配する主体であり、あくまでも醒めた心で操作する主体であって、みずからはいささかも受動的にならないという意味において、完全に自由な主体だといえる。そして、この受動性の完全な拒否ということこそ、けだし、ものを生産する人間の基本的な性格であって、生産のための技術がめざすひとつの理想であることは、念をおすまでもないであろう。

欲望の満足を急ぐ人間が陶酔する人間であり、満足の快楽によって運ばれる人間であるのにたいして、ものを生産する人間は、何であれ自分が感情によって動かされることを拒否している。そればかりではなく、彼は、生産の全過程をあらかじめ完全に設計し、それが計画通りに進行するように努めるのであって、自分の身体運動や材料の抵抗によってさえ、自分が影響されることは極力避けようとする。じつは、生産の過程にさまざまな機械を導入し、人間が現場から後退しつづけるのもそのためにほかならず、そうすることによって彼は対象からの反作用を阻止し、みずからの意志の一方的な貫徹をめざしている、と見ることができるのである。[*6]

独善的な自我

このように、生産する人間は本質的に剛直をむねとする存在であり、純粋な積極性と一貫した同一性を誇る存在であるが、これはなんと、あの十八世紀以来の独我論的な自我の姿に似ていることであろう。

それは、信条を貫いて変らぬ精神的な自我であり、しかし、その信条のために肉体的な自分をも変えようとする自我であり、意志を主張して他人と戦い、世界を支配して未来を見通し、そして、感情に動かされることを拒むために、あくまでも理性的でありつづけようとした自我であった。それは、自分自身を対象化する眼でまた他人をも対象化し、自分を目的実現の手段とする態度によって、また他人をも同じ目的の手段にしようとする自我であった。要するに、それは、自己にたいしては克己的であり、同じ理由から他人にたいしては傲慢であり、理想主義的であると同時に独善的な自我であった。さらに、この自我は本質的に逆説的な存在であって、信条を主張するという意味では個人主義者となり、自他を信条の手段となしうるという意味では、そのまま集団主義者ともなりうる自我であった。現に近代の産業社会において、それは一方でもっとも華麗な個人主義思想の体系を作りだしながら、同時に他方では、もっとも組織的な大工場と国民国家とを創造したのであった。

デカルトからサルトルにいたるまで、近代思想の多数派が信じたのはこの自我であったし、十七世紀の初期資本家と十九世紀の共産主義者が、もし一致しうるとすれば、それもたぶんこの自我を擁護するという点においてであっただろう。そして、この圧倒的な思考の習慣のもとで、今日、われわれがごく普通に個人主義という場合、ほとんど無意味に思いうかべているのは、この剛直で硬質の自我の自己主張のほかにはないのである。

七　柔らかい自我の個人主義

もうひとつの自我の可能性

ところで、産業化社会とともに生まれたこの硬質の自我は、いうまでもなく、偶然をも含めたひとつの歴史的な現実の産物であり、もし時代の現実が違っていれば、その通りのかたちでは成立しなかったものにちがいあるまい。しかし、その反面、忘れてはならないのは、この自我がまた原理的に考えて成立可能な存在であって、そうであったからこそ、現実の歴史のなかに現に成立しえたのだという事実であろう。それは、人間がおよそ欲望を持って、その満足を急ぐ存在であるかぎり、論理的に考えて、そういう存在が生むべきひとつの必然的な変形であった。満足を先送りすることは、より十分に満足を急ぐための方法としての廻り道にすぎず、人間の姿勢としてふたつは同質の営みであって、だからこそ、生産そのものも効率的に急ぐことを本質とするのである。いずれにせよ、生産という行為が生まれ、それにふさわしい性格を持つ自我が成立することは、たんに一時代の現実の偶然の結果ではなく、むしろ人間精神の本質から見て、いつかは起る必然的な事件だったというべきだろう。

だとすれば、ここで、われわれが自信を持っていえることは、人間にはそれとは異なるもうひとつの自我が可能であり、これもまた、人間精神の本質から基礎づけられる必然的な存在だ、ということである。もちろん、今日の消費社会の現実はなお混沌としており、それだけを見ていたのでは、そこからどのような自我が生まれ、あるいはまた生まれないのかということを、明快に予想することはできない。しかし、少なくともわれわれに明らかなことは、もし一方に満足を急ぎ、それを先送りする人間の欲望があるとすれば、論理的に考えて、他方には逆に満足を引きのばそうとするもうひとつの欲望がありうる、という可能性であろう。先にも見たように、人間の欲望には限界があって、しかも、それが無限であることを願う第二の欲望があるとすれば、そこから当然、当面の満足をできるだけ引きのばし、それを十分に確認しようとする独特の行動が生じるはずである。そして、もし、この精神の働きが人間にとって必然的なものであれば、その主体としてのもう一種類の自我が、一定の時代の変化とともに、あの硬質の自我に代って社会の前面に浮かびあってくることは、十分に予想できるだろう。

事実、この二つの欲望の働き方は、歴史を越えて、また欲望の対象の種類をも越えて、われわれの日常行動のすべてを左右していると考えられる。われわれがただ満足を急ぐ段階を脱出したとたん、道はただちに二筋に分かれるのであって、そのことは、われわれが食物を味わう場合にも推理小説を楽しむ場合にも、本質的な違いはない。先にあげた推理小説の例をつづけるなら、読者はまず、なるべく多くの物語を知りたがる段階から始めるのであるが、それを一歩踏みだせば、道はたちまち正反対の方向に分かれることになる。

すなわち、一方は、その喜びをいったん先送りして増やす道であって、たとえば、読者は多くの作品を読むことはやめて、理論的に推理小説の筋の展開の法則性を研究する、ということも可能であろう。そのさい、ひとは読者に陶酔する喜びを延期するだけでなく、そもそも複雑な読書欲を単純な知識欲に限定することになるが、ともかくそれによって、物語の知識を増やすという目的はより効率的に実現された、といえる。この、いわば「生産的」な読書法にたいして、他方、真の愛書家にはまさに正反対の方法があるのであって、それが一冊の小説を結末を急がずに読むということであるのは、明らかだろう。彼は、「犯人は誰か」という興味に身を焼きながら、むしろそれゆえに自分自身の欲望をじらしながら、あえて構成や文体や細部の趣向を楽しむことができるのである。

受動性を含む主体

この場合、最大の消耗の対象は時間そのものであり、時間あたりのものの消耗は最小限度におさえられるのであって、これはその意味でも、生産する行動とはまったく対蹠《たいしょ》的な働きを見せるものであった。しかし、この悠然たる主体の最大の特色は、それが能動的に自分の満足を操作しながら、しかも同時に、受動的にその満足に陶酔することを恐れない、という点であろう。先の生産する自我にたいして、これを消費する自我と呼ぶならば、その本質的な性格は純粋に克己的ではないことであり、いいかえれば、自分自身の外に立ってそれを完全に対象化することはない、ということである。

もちろん、消費する自我もひとつの自我である以上、何らかのかたちで自分自身を意識するものでなければならず、その意味では、少なくとも半ばは自分自身の外に立たなければならない。じっさい、先の一節で触れたように、消費する自我は内部に「他人」を含むものであって、それが現に満足している自分を確認して、そのことによって二重に満足する存在であった。そのかぎりにおいて、たしかにここにも自我の二重構造が見られ、自己と自己との対立の契機は認められるのであるが、明らかに違う点は、対立するふたつの自己がともに満足を同じくしている、ということであろう。生産する自我が、たえまなく自己を超越してはそれを見おろし、それからの影響や反作用を断とうとしていたのにたいし、消費する自我は逆に、自分が眺めるもうひとりの自分の満足に浸透されている、とさえいえよう。

要するに、満足を先へ送る自我と、それを引きのばす自我の違いは、前者が純粋に能動的な主体であるのに、後者は能動的でありながら受動的な主体であり、いいかえれば、自己の対象化と一体化を同時に行なう主体だ、という点にあると考えられる。前者が純粋に醒めた自我であるのに、後者は醒めながら酔っている自我であり、前者がもっぱら操作する自我であるのにたいして、後者は操作しながらものにまきこまれる自我だ、といいかえてもよい。この違いは、しかし、けっして何らかの程度の差にすぎないものではなく、前者が一義的な存在であるのに、後者は両義的な存在だという意味で、まさに本質的な対立を見せているのである。

もっとも、両者の対立は人間の内面的な態度の問題であるから、外から見るかぎり、ときとして、二つの自我の行動には簡単に見わけがつきがたいこともあろう。たとえば、食物を料理するというような行動は典型的な場合であって、ひとはそれを禁欲的な生産として行なうこともできれば、逆にまた、食欲をじらしながらそれを引きのばす、一種の消費として行なうこともできる。ただ、この場合も、行動の内面的な意味の違いは明白であり、前者は効率を重視し後者はそれを問題にしないという点に、まぎれもなく現われてくる。

生産としての料理は、対象を「美味」に限定して、それを最短時間に作りだそうとするが、消費としての料理は、まず時間の経過におかまいなく、しかも食物の美味とも手仕事の快楽ともつかず、対象として明確に限定できない満足を作りだそうとする。別の面からいえば、前者の場合、料理人は料理という行為の反作用をなるべく避けようと努め、もし効果が同じなら、そのために多くの助手や機械を使うことすら辞そうとはしない。しかし、後者の場合、料理人にとって本質的なのは、むしろ結果として美味を生みだすことではなく、手や足を動かし五感を働かせ、行動の過程から最大量の反作用を受けることなのである。

いいかえれば、消費する自我は、めざすべき目的として自分の欲望を限定しない自我であり、また、その目的実現のために自分を手段としても限定しない自我だ、といえる。考えてみれば、存在としてひとつの限定された目的しか持たず、もっぱらそれを実現するための手段として存在し、しかも、それを限定されたただひとつの方法で実現するのは、ほかならぬ機械というものであった。だとすれば、先の生産する自我が、一面でかぎりなく機械に近い存在であったのにたいして、この消費する自我はもっとも非機械的な、したがってもっとも人間的な存在だといえるかもしれない。

この自我は、複雑な自分の欲望を複雑なままに全体として持ちつづけ、それを満足してしまうことによって解消しようとはせず、欲望が少しずつ満足されながらなお執拗に疼いている、その過渡的な状態を見つめようとする。いいかえれば、この自我は、どこまでも目的実現の過程に固執し、いわば、過程そのものを味わうことを目的とするのであり、欲望の解消という本来の目的は逆にそのための手段にされている、といえるだろう。この過程を通じて、自我は、いわくいいがたい自分の欲望をまるごと嚙みしめ、心身全体の機能を動員して、それを一種の気分として確認して行くのであって、その意味で、この自我はもっとも全体的な自己探究の営みを行なっている、と見ることができよう。

「技術的人間」と「藝術的人間」

R・G・コリングウッドによれば、[*7] こういう自己探究の営みこそ藝術の仕事なのであるから、われわれは、生産する自我を「技術的人間」と呼ぶ一方、消費する自我を「藝術的人間」と呼ぶことができるかもしれない。「技術的人間」が主張する人間だとすれば、「藝術的人間」は表現する人間であって、だとすれば、後者が自分を評価する平等な他人を持たなければならないのは、自明であろう。

先にも述べたように、欲望を引きのばす人間は、それをどこまで、いかに引きのばすかについてつねに不安なのであり、それゆえに、自分の行動を評価してくれる他人の眼が必要なのであった。それにつけて、とくに注意しておかねばならないのは、消費が本質的に身体的な行動であって、したがって必然的に、他人に見える外的なかたちを持たざるをえない行動だ、ということである。じつは常識に反して、生産は本来的に非身体的な行動であり、だからこそ、生産技術はつねに身体運動を省く方向に進み、ついには機械の導入をもたらすのであるが、消費が身体運動を省いて機械に頼ることは考えられない。消費が半ば受動的だというのは、要するに、自我が自分の身体にまきこまれているということであって、それを通じて行動の外的なかたちにまきこまれている、ということにほかならない。したがって、満足を引きのばす場合にも、この自我はそれを自分の身体運動の外的なかたちとして、つまりは、他人に向けての表現として行なうほかはなく、ここに消費行動のスタイルということが問題になるのである。

すなわち、満足を引きのばすにしても、この自我は、それを他人の眼が容認しうるようなかたちで行なわねばならず、いいかえれば他人への慎みのもとに、美しい作法を持った行動として行なわねばならない。そして、行動のスタイルは、その行動を何度も繰返していれば、やがて一箇の技術のようにその人の身につくものであり、さらには技術が人柄を形成するように、その人の自我の実質部分を決定することになる。生産する自我が、ひとつの技術を身につけることで自分を統一するように、消費する自我は、行動にスタイルを持つことで自分を統一し、それを持ちつづけることで自我の同一性を守るのである。

だが、その反面、生産の技術は変らないことがその本質であって、したがってそれは機械に置きかえられるのであるが、およそスタイルというものは、むしろ一定の同一性の幅のなかで柔軟に変ることが本質だ、といえる。われわれは、たとえばセザンヌが山を描き静物を描き、技術的にも多様な作品を作りだすのを見て、なおそこに同一のスタイルを認めるのであって、逆に軍人の動作のような、完全に画一的な行動にスタイルがあるとは感じられない。だとすれば、そうしたスタイルによって統一された自我は、生産技術によって支えられた自我とは違って、当然、他人にたいして柔軟にふるまい、よりひかえめな自己主張を持つ自我になるほかはあるまい。すなわち、生産する自我にとっては、剛直に信条を守ることが美徳であるのにたいして、消費する自我にとっては、つねに一定のしなやかさを保ち、しかし、そのなかに有機的な一貫性を守ることが美徳とされるのである。

また、行動のスタイルは技術とは異なり、人間の意識にたいして逆説的な関係に立つものであって、意識はそれを操作するが、しかし、過度に強く操作するとかえって毀してしまうという、独特の性質を持っている。すなわち、日本の古来の茶人たちが注意してきたように、作法とはそれが自然に見えるときに美しいものであり、わざとらしさがめだったときには、たんなる無作法以上に他人の反感を買うものであった。作法を欠いた行動は「やぼ」として非難されるが、作法の過剰に見える行動は「きざ」なのであって、遊廓の通人にとっても、「いき過ぎ」は「半可通」に劣るとして冷笑を浴びたものであった。

いいかえれば、スタイルは、意識がそれを完全に支配し、能動的に操っているように見えるときには破綻を招くものであり、逆に半ばそれに乗せられ、受動的に運ばれているように見えるときに効果を発揮するものだ、といえよう。それは他人にたいして誇示したり、主張したりするときには力を失うものであって、むしろ、それを持つ本人が自分でも気づいていないように見えるとき、強い説得力を持つものなのである。そして、この点でも、スタイルはたとえば信条とは正反対のものであり、当然、それによって統一された自我に、より柔らかい個人主義の主張をあたえることであろう。

八 「無常」の時代の消費

シラーの理想

こうして、われわれはここに、ひとつの新しい自我の可能性を見いだし、これまでにない新しい個人主義の可能性をも予感するのであるが、しかし、こうした柔らかい自我のイメージは、必ずしも過去の西洋の思想史のなかに先例のないものではなかった。

すでに触れたように、近代の哲学者にとって、いわゆる「藝術家」はそれに通じる多くの要素を持っていたし、一般に倫理的な人間に対置されて考えられた「美的な人間」は、それによく似た性格を持つものであった。なかでも典型的なのは、美学者で劇作家でもあったシラーの理想とした人間像であって、これはカントの禁欲的で克己的な自我にたいして、むしろ自己の欲望と巧みに和解し協調する自我であった。

シラーによれば、人間には一方に、生の爆発そのものというべき「物質本能《シュトッフトリーブ》」があり、他方にはそれに規律をあたえようとする「形式本能《フォルムトリーブ》」があって、通常の倫理的人間においては、つねに後者が前者を抑圧するかたちで働いている。だが、彼は、それとは別に美的人間というものがあると考えるのであって、その内部では二つの本能は対等に協調しあって、彼のいう「遊戯本能《シュピールトリーブ》」をかたちづくると主張する。たしかに、遊びの世界では人間は喜んでゲームのルールに服し、生の爆発と自己抑制とを努力なしに調和させるのであるが、そのように、いわば「心の欲する所に従いて矩《のり》を踰《こ》えない」人間を、シラーは人間の理想像として考えたのであった[*8]。

彼の考察には、とくに自我と他人との関係についての注目はないが、少なくとも、この美的な自我は、自己の硬い信条を主張しようとせず、理性の立場から感情を排除しようとせず、いいかえれば、自分自身にさからって満足を先送りしようとはしない。反対に、それは、現に満足を味わいながら自己を抑制している自我であり、幸福に酔いながら醒めている自我であって、能動性と受動性とがまさに一致しているという意味で、われわれのいう消費する自我にきわめて近いものだ、と見ることができる。

われわれとしては、このような自我の姿が、おそらくは、シラーとゲーテがともに生きたあのワイマールのサロンのなかで、その「顔の見える」小さな共同体のなかで一度は信じられた、という事実をたのもしく思いだすことができる。その時代は、しかし、おりから産業化の波が高まりつつある時代であり、彼らのサロンはむしろ社会のなかの例外的な場所であって、「藝術家」そのものと同様、こうした自我の姿も非現実の世界に属するものであった。けれども、そういういわば不利な状況のもとでさえ、少なくとも、この柔らかい自我の成立が一度はかいま見られ、ひとびとがそれを信じたという事実はわれわれを勇気づけるはずである。

「一期一会」の消費

繰返して強調したように、われわれがいま信じられるのも、やはりどこまでもひとつの可能性にすぎず、同じ現在の社会条件のもとで、われわれの夢がむざんな幻想に終る可能性も、もちろんないわけではない。われわれの社会は、まだかつてのサロンのような確実な社交の場所を持たず、そのうえ、個人がひとつの安定した行動の作法を作るには、あまりにも激しい風俗の変化の波に洗われている。シラーやゲーテの時代にくらべて、われわれの社会では時間があまりにも早く流れ、満足を引きのばそうとする人間をも強引に満足を急ぐ方向へ誘っている。現代は、ある意味で、過去のいつにもまして「無常」の時代であり、ひとびとがものや他人と出会って、また別れる時間が蒼惶《そうこう》と過ぎて行くといえる。

だが、それにもかかわらず、われわれの社会は何といっても産業化の段階を離れたのであって、その結果、ワイマールのサロンを可能にした条件が広く全社会に及び始めた、という現実を疑うことはできない。そのなかでは、またしても可能性としてではあるが、この「無常」の状況が逆にひとびとを動かし、ひとつひとつのものに深く執着して、それをたんねんに味わうことへと導くことも考えられる。

そういえば、かつての日本において、他人とともにものを味わうことに精神的な意味を見いだし、「一期一会」という金言を生んだ時代は乱世であり、言葉の本来の意味において「無常」の時代であった。俗に「末期の眼」はものを美しく見せるというが、それは必ずしも現実の死にのぞむまでもなく、ものとの触れあいが慌ただしく過ぎて行くときにもなりたつものであろう。いわんや、現代は高齢化の時代であり、現実に老後の時間が延びるとともに、ひとびとが「余生」の時間を深く味わい、それをいつくしむ時間も延びることになった。運命の偶然と環境の流動を痛切に感じる時間のなかで、ひとびとは孤独な自己の姿を見つめなおす機会を増やし、それと同時に、他人とともに満足を味わう、幸福な自己の姿を確認する機会をも求めるはずなのである。

(1)　この二者択一が誤りであることは、典型的な快楽主義者がしばしば極度に勤勉であり、快楽の求め方において効率主義的である、という事実を思いだしただけでも明らかだろう。じっさい、ドン・ジュアンは、忙しく女性の肉体を追い求める狩猟家であるし、フォルスタッフは、現に痛飲しながらつねに次の一杯の心配をしているという点で、小心な蓄財家に似ている。彼らはいずれも、けっして現在において満足するということを知らず、つねに次の喜びを求めて餓えているという意味において、むしろ禁欲的な探検家に似ているといえる。快楽主義者は、あとさきを忘れて快楽に酔う人間ではなく、ただ快楽の材料となるものの量的な拡大をめざし、いまだ手に入らぬ快楽を追って先を急ぐ人間なのである。彼らの目的志向的な人生の生き方、すなわち、現在よりも未来のために生きる姿勢において、快楽主義者は近代的な産業家にこそ似ていると見ることができよう。

（2）もちろん、われわれはここで、いわゆる第二の欲望が別の物質的欲望に発動の機会をあたえ、新たなものの消費にいわば口実をあたえている、という事実は認めなければならない。人間が美しい食器を整えるのは、なんといっても、それが食事の作法にとって便利な小道具だからであり、その意味では、食欲の引きのばしが銀や陶器の消耗にたいして、少なくともきっかけをあたえたと見なければならない。

しかし、注意すべきことは、この場合、食器は食事という行為を促進するために使われるのではなく、逆にそれを停滞させるために使われるのであり、生産の道具とはまさに正反対の機能を持つ存在だ、ということである。問題の性質を明らかにするために新造語を用いるなら、われわれはこのような消費の手段を、生産の道具にたいして、あえて「反・道具」と呼ぶこともできるであろう。

生産の道具は、それ自体、ものを消耗することによって作られ、そのものの消耗は、いうまでもなく、生産という行為が論理的、必然的に要求するものである。すなわち、生産の道具を作るためにどんな材料が使われ、それがどれだけ消耗されるかということは、生産という行為の内容が全面的に、しかも過不足なく決定することができる。これにたいして、消費のための「反・道具」も、やはりものを消耗することによって作られるが、この場合は、そのものの性質も分量も、けっして消費という行為が必然的に決めるわけではない。食器が銀であるか陶器であるか、また、それがどれほど多く用意されるかということは、食事の時間をどれほど引きのばすかということと、およそ必然的な相関関係を持っていない。この意味で、生産は材料を消耗するのはもちろん、道具の面でもものの消耗を促す行為であるが、消費はたんに消耗に機会をあたえるだけで、それを直接に促す行動だとはいえないのである。

これと関連して注目すべきことは、消耗の「反・道具」はしばしばその本来の役割から離れ、もとの消費行動から独立して、それとは別の消費行動の対象となる、ということである。高級な食器などはその典型的な例であって、われわれはそれを食事の「反・道具」として使うだけではなく、それ自体を独立にとりあげて、いわば藝術的な鑑賞の対象とすることが少なくない。

そのさい、食器は食欲の満足を引きのばすという機能を失い、美的な満足とでもいうべき、新しい満足の対象とされるわけであって、問題はいささか複雑な様相を見せることになる。この美的な満足の場合、第一にそこでは、どのような欲望の満足が引きのばされているのかが明らかでなく、表面的に見ると、むしろ、ある種の欲望が新たに刺戟され、その満足が急がされているようにみえるかもしれない。すなわち、人間には美的欲望という独特の欲望があって、それが美しい食器によって満足されるのは、あたかも食欲が牛肉によって満足されるのと同じだ、というようにみえるかもしれない。だとすれば、もしその食器が銀で作られていた場合、藝術的鑑賞という消費行動は、あたかも生理的な食事が牛肉を消耗するように、銀という物質の消耗を促す行為だ、と考えられるかもしれない。

この問題に十分に答えるには、藝術活動についてのさらに詳細な分析が必要となるが、さしあたっていえることは、人間に美的欲望という固有の基礎的な欲望があり、それが食欲と同じような意味で満足されると考えるのは誤りだ、ということである。

誰しも経験するように、われわれの芸術的な満足には量的な限界というものがなく、ひとつの対象をどれほど楽しんでも、食事の場合のように快楽が逓減するということもない。また、かりに銀という物質がどれほど感覚的に美しく、われわれの快楽を刺戟するとしても、それは食欲にたいする牛肉とは異なり、その物質的な量が満足の程度と比例するということもない。けだし、ものをよく見るということは、多くのものを見ることとは正反対の行為であって、銀の美しさをよりよく鑑賞しようとすれば、鑑賞しうる銀の分量はむしろ少なくならざるをえない。いいかえれば、銀についての藝術的な満足は、通常の欲望の満足の場合とは正反対に、それが十分に達成されればされるほど、そのために必要な物質の量は相対的に減少する、という特殊な構造を持っているといえる。

一方、これにたいして、同じ銀がまったく藝術的な加工を施されていない場合、すなわち、われわれが自然な物質としての銀塊を鑑賞する場合、われわれの純粋に感覚的な快楽はきわめて疲れやすい、ということを見逃してはならない。人間がものをたんに視覚的に凝視するとき、神経の緊張を維持することはきわめて困難であって、最初の新鮮な印象がたちまち薄れて行くことは、周知の事実であろう。いいかえれば、われわれには物質の自然美を喜ぶ生理的な本能があり、純粋に感覚的な快楽を求める固有の欲望があると考えられるが、この欲望は食欲のような欲望と同じく、容易に満足されて快楽の逓減を見るのである。その場合、われわれは通常、感覚的印象の新鮮さをとりもどすために、目前の銀塊の角度や距離を変えてみたり、あるいは、手に取ったり撫でたりして、自分と銀塊との関係を新たにしようと努力する。すなわち、われわれは一定の身体的な行動を起し、この行動のなかで対象と出会いなおそうと努めるのであって、じっさいそうすれば、感覚的な快楽はふたたび蘇生され、十分に引きのばされうるということは、つねに経験されるところであろう。

　結論を急いでいえば、藝術的な加工、いいかえれば藝術的な創造とは、物質にたいするこのような身体的なかかわりの延長であり、物質にたいする感覚的な快楽の引きのばしの作業だ、と見ることができる。銀で皿を作る藝術家は、この美しい素材にみずからの手の跡を印し、それを叩き、刻み、ねじ曲げることを通じて、じつはそのたびに彼の視覚的印象を新鮮にしているのだ、といえよう。もちろん、藝術活動の全体についていえば、作家の意識のなかには素材とともに主題というものがあり、たとえば銀とともに花の絵を描くという課題があって、その作業の過程はじっさいはもっと複雑なものになっている。しかし、少なくとも素材の面にかぎって考えれば、藝術家の仕事はあたかも一片の食物を無限に嚙みしめるように、一定量の物質にあくまでも固執しながら、そこから無限の感覚的印象を掘り起すという仕事にほかならない。けだし、このようなかたちで藝術的創造にかかわるかぎり、彼は仕事の量的拡大をはかることは不可能なのであって、逆にものを消耗する自己の能力をあえて局限している、と見るべきであろう。

そして、藝術的創造の仕事がこのようなものであるとすれば、それを要求し、その結果を享受する鑑賞がものの消耗と無縁であることは、詳説するまでもあるまい。もともと、創造の仕事がものをよりよく見ようとする行為の延長であり、いわば行動的にものを見る作業なのであるから、鑑賞が何をする営みであるかはあまりにも明らかであろう。美しい作品を見るとき、われわれはそれを作った作者の手の跡をたどり、作者の身体運動を心のなかで反復することによって、彼自身の発見の喜びを追体験するのである。

いいかえれば、鑑賞者は、その作品によって受動的に美的欲望を満たしているのではなく、みずからも能動的に、素材についての感覚的快楽を引きのばしているのだ、と見るべきであろう。もし、美的満足というものがあるとすれば、それはけっして一箇の独自の感覚的快楽としてあるわけではなく、むしろこうして、通常の感覚的快楽を引きのばすことそれ自体によって味わう、一種の精神的な満足だと考えるべきなのである。その意味で、藝術的鑑賞もまた、基本的には食物の消費と同じ構造を持つ行動なのであって、しかも、必要なら限度なくつづけられるという点で、もっとも理想的で、純粋な消費行動のかたちだといえるであろう。

(3) ここでは、銀と牛肉、そして、美しい衣裳という三種類の消費財が並記されているが、いうまでもなく、この三つが同じ意味で消費行動にかかわっている、というわけではない。牛肉は、ほぼ純粋に人間の物質欲の対象であり、消費にさいして消耗されるものであるが、衣裳は、とくにその美しさが問題にされる場合は、そのように単純な意味でのものではない。もちろん、衣裳も半面においては、寒さをしのぎ肌膚を保護する物質であり、その点では消耗されるものであるが、他面においては、むしろ先に述べた「反・道具」として消費にかかわることが多い。それは、食事や買物や儀礼のための小道具として使われ、擬似的な機能性を持ちながらも真の効率とは無縁であり、またしばしば、一種の藝術的な鑑賞の対象となりがちである。こうした、消費財の複合的な性格についてはさらに深い分析が必要であるが、ここでは、それらが使用されるのではなく、ただ所有され貯蔵されるかぎり、すべて単純な物質欲の対象として同一視される、という事実を指摘するにとどめた。

(4) 山崎正和『演技する精神』(中央公論社、および『山崎正和著作集 12』) 第二章、第三章。

(5) 『演技する精神』第五章。

(6) これまで、すでに暗黙のうちに主張してきたことであるが、ここで念のために強調しておきたいのは、すべてのものの製作、あるいはものの価値の産出がわれわれのいう生産ではない、ということである。いいかえれば、ものの価値を生むのはいわゆる生産ばかりではなく、われわれのいう消費そのものも、さらには消費と生産の中間形態もものの価値を産出するのである。

　たとえば、ものの製作活動のひとつに藝術製作があるが、先に詳しく述べたように（第三章、注（2））、藝術製作の行動は本質的に生産ではなく、むしろ消費としての構造をおびていることは明白であろう。すなわち、素材との関係についていえば、それは一定の形態をめざして素材を一方的に変形する行動ではなく、素材そのものの感覚的印象を確かめ、それをどこまでも新鮮に蘇生するために変形する行動であった。かりに、銀を素材として花模様の皿を作るとしても、藝術家にとっては、その花模様は厳密な青写真として明示された目的ではなく、製作の過程で細部が決定される、漠然とした気分的目標にすぎない。この目標の細部は、彼が銀塊を手で刻み磨きあげる身体運動の過程で、素材の抵抗を受け、素材が見せる新しい印象に触発されて、刻々に彼の内部で発見されて行くものである。この場合、発見されて行くのは、しかし、花模様という主題の細部だけではなく、銀という素材の印象もまた、まさに花模様のかたちを借りることによって新しく発見されることになる。すなわち、この過程は、一面では、花模様の製作にかこつけてじつは銀そのものを鑑賞する過程だ、と見なすこともできるのであって、銀という素材が通常の目的追求行動の手段ではない、ということは疑いあるまい。

　アランを始め、多くの藝術学者は、藝術製作における素材の抵抗の役割を重視してきたが、よく考えれば、素材は主題と同等に並んで、それ自体が藝術作品の内容となるものだ、というべきであろう。たしかに、素材は作家に対抗して主題をよりよく見なおす機会をあたえるが、それをいうなら、主題もまた作家に素材を変形する口実をあたえ、素材そのものをよりよく見る機会をあたえている、といえる。いずれにせよ、藝術製作においては行動の目的と手段の区別がなく、主題であれ素材であれ、最初にあるものは行動を始めるための機会だけであって、作家はそれに触発されて、目的探究の終りのない過程に乗り出すのである。

そして、あらかじめ目的があたえられていないということは、いいかえれば、行動の主体がまだ形成されていないことにほかならず、この目的探究の行動は、同時に藝術家の自己探究と自己形成の行動ともなる。彼は身体を動かし素材の抵抗を受け、その両方の刺戟によって覚醒され試されながら、しだいに自分が真に何を望んでいるか、表現すべきどのような感情を持っているかを自覚して行く。彼が自己の全体像を発見するのは、ひとつの作品を完成しえたと彼が感じたときであるから、とりもなおさず、彼の内面の自己と外面の作品とは同時に形成され、並行して発見されて行くというべきであろう。

このように、藝術製作においては自我は行動を支配する超越的な主体ではなく、行動を統御しながら、しかも逆に行動のなかから産みだされてくる、いわば両義的な存在にほかならない。そこでは、自我は能動的に行動しながら、行動の反作用を全面的に受け入れ、むしろその反作用を自己形成の原動力の一部とするのであるから、行動における能動性と受動性はまさに完全な均衡を保っている、といえよう。じっさい、藝術家は製作にあたって、このふしぎな均衡を直感的に感じることができるのであって、それを「藝術的な霊感」と呼んだり、「詩神の恩寵」と呼んだりすることすら少なくない。すなわち、製作がもっとも好調な状態にあるとき、作家は俗にいう「乗っている」気分を味わうのであるが、その瞬間、彼は身体を能動的に動かしながら、むしろ、目に見えぬ波に自分が受動的に運ばれて行くのを感じている。行動の反作用を徹底して拒絶する生産とは反対に、藝術製作はそれを最大限に招き入れ、いわばそれに助けられることによって成功する行動であって、そこに藝術家が自分の仕事に半ば陶酔する、という現象が成立する理由もあるのである。

これにたいして、生産と消費の中間形態といえるのが職人の製作であって、これは作業の能動性を優位に置きながら、なおいくらかの受動性を残して、それを積極的に製品の価値に反映させている製作活動だ、と見ることができよう。

職人仕事の場合、製作の主題は藝術家よりも厳密なかたちであたえられており、しばしば、ほとんど同一の意匠が反復すべき目的としてあたえられている。だが、それにもかかわらず、その意匠は、通常、完全な青写真のかたちでは規定されておらず、職人の記憶のなかに伝えられて、つねに微妙な変質の可能性にさらされている。また、職人も簡単な機械を使うことはあっても、その中心的な作業手段はあくまでも彼の身体であるから、彼の意志はつねに、素材の抵抗を含む作業の反作用を避けることはできない。藝術家の場合ほど自由ではなく、また意識的ではないとしても、職人もまた、製作の過程で微妙に意匠の変更を受け入れ、予期せざる感覚的効果を発見しながら作業を進める。職人の仕事には、しばしば一品ごとの個性的な魅力が見いだされるが、それは、彼がこうした偶然的要素を作業のなかに受け入れ、結果的に、彼の意志よりも大きなものの力に助けられて働くからにほかならない。

また、職人は藝術家ほど自分の仕事を楽しんでいないとしても、近代の産業労働者にくらべれば、はるかにそれに感情的に没入することができ、いわゆる「乗っている」という気分を味わうことができる。訓練された彼の身体は、もはや彼の意志にたいする手段ではなくなり、それ自体、意志と手段の融合体というべきものになって、彼の意志をそのうえに乗せて運んで行く。彼は「われを忘れて」働き、自分の仕事に軽い陶酔をさえ味わうのであるが、この状態が、まさに消費の意識構造に似ていることは明らかだろう。消費もまた、陶酔と覚醒の二重の意識状態からなりたち、欲望に乗せられながら刻々にそれを確認して統御する、という両義的な心の働きにほかならなかった。さらに、藝術家はもとより、職人も時間的な効率という観念に縁遠く、ひとつの仕事の細部に「凝って」時を忘れる、ということもこのことから説明できよう。彼らはものを作りながら、じつはものの感触を賞玩しているのであって、刻々に感覚的な満足を味わっているのであるから、彼らがその満足を引きのばそうとするのは当然なのである。

最後に、藝術家の場合も職人の場合も、仕事が彼らの人格的個性を作りだし、その個性がまた仕事に反映されていると考えられているのも、ふしぎではない。第一に、彼らは、仕事に先立って固定的な自我を持っているのではなく、まさにそれぞれの仕事を通じて自我を形成するのであり、仕事の反作用そのものを自我の内容として組み入れて行くのであった。そして、第二に重要なのは、その反作用が彼らにとって偶然的なものであって、いわば自然の贈りものとして、彼らの意識が企図しうる以上の多様性をもたらす、ということである。けだし、自然の現実はつねに人間の意識内容よりも大きく、多様な複雑さを含むものであるが、藝術家や職人はその自然の多様性に心を開き、それを自己の意識内容に組み入れるかたちで仕事を進めて行く。いいかえれば、彼らは自分の意志や意図を閉鎖的に限定するのではなく、通常はその抵抗体と見なされるものを内側に受け入れ、その全体を自己の主体的な原動力として行動を進めるのである。もし、個性が他者との違いを重要な要素とするものだとすれば、ここには、その違いを強制的に増大する仕掛けがあり、個性をいやおうなく増強する自動的な構造がある、といえるだろう。

　このように見ると、近代的な産業が生産に固定的なプログラムを導入し、さらに機械を導入して作業の反作用を排除しようとしたとき、それがどれほど大きな自我形成の革命に対応していたかは、繰返すまでもあるまい。それは、人間の意志を純粋に能動的な力に変え、意志と意志でないものを峻別する努力であったが、この努力によって、意志はそれ自体を多様化して行く機会を失ったといえる。これについて、もっとも示唆的な光景は、有名なチャップリンのあの『モダン・タイムス』の一場面であるが、あそこで身体の機械的な痙攣的動作を見せる労働者の姿は、必ずしも哀れな被抑圧者の姿ではない。偉大な企業家であれ、将軍であれ革命家であれ、すべて行動に先立って自己の意志を固め、いっさいの受動性を拒否した人間は、その瞬間に個性化の可能性を放棄し、自分自身の身体を一種の機械に変えている、と見ることができる。その証拠に、彼らの意志はしばしば信条となって万人を動かすのであるが、これは逆にいえば、強さの程度の違いこそあれ、万人によって容易に模倣されうるものに変った、ということであろう。逆説的にいうなら、人間の個性的な主体とは、純粋に主体的でありつづける努力によって成立するものではなく、むしろ刻々に主体性を脅やかされながら、その脅威を主体的に乗り越えることによって成立するものだ、と要約することができよう。

(7) R. G. Collingwood, *The Principles of Art.* 邦訳、新田博衛・山崎正和訳「藝術の原理」『世界の名著　続15・近代の藝術論』(中央公論社)。

(8) シラーのこの考え方は、系譜をたどればカントやフィヒテの影響下にあり、西洋の正統的思想史のなかに位置づけられるが、人間の全体的な生き方の理解としてはやはりユニークだ、といわなければならない。たとえば、カント自身も、人間の美的な鑑賞、趣味的な判断にかぎってはシラーに近い理解を見せ、その厳しい克己的な人間観をゆるめている。彼もまた、人間が美を感じるときには、心のなかで悟性が想像力を支配することをやめ、両者が対等に「自由な遊戯」を楽しんでいる、と考えたのは事実である(『判断力批判』)。だが、シラーはさらに進んで、人間の生き方一般のかたちとして、感性の豊かさと理性的規制の対等の統一を考え、この自由で自然な姿勢に最高の地位を認めたのであった。

明らかに、彼はこの幸福な人間を克己的な人間の上位に置き、「美しき魂」を倫理的な精神よりも高く評価するのであって、その点でも西洋の常識的な人間観から見てユニークだといえる。「心の欲する所に従いて矩を踰えず」というのは、いうまでもなく孔子の言葉であるが（『論語』為政篇）、人間の自然性の肯定という意味で、両者にある種の共通性を見るのはあながち牽強付会でもあるまい。

しかし、ここでわれわれにとってより興味深いのは、むしろシラーの逆の面であって、彼が遊戯そのもののなかに自己抑制の力を認め、感性の快楽がつつしみを内に含んでこそ成立する、と考えていることである。西洋の近代思想のなかには、とかく伝統的な倫理主義を裏返しにして、感性の放恣な解放、遊戯の破壊性を強調する俗説が見られるだけに、これは重要だといわなければならない。

ニーチェが、いわゆるディオニュソス的な生の爆発を称揚したとき、彼自身はアポロン的な秩序に正当な敬意を失っていなかったとはいえ、それが彼の主張を一面的に曲解する悪しき後継者を残した、という事実は否定できない。消費についての理論の範囲のなかでも、たとえばボードリヤール氏の考察には多くの汲むべき点があるにもかかわらず、その根底に、典型的な俗流ニーチェ主義の影響があることは、不幸な事実だというほかはない。西洋の過度に厳しい倫理主義は、プラトンを始めとして、消費にたいする否定的な思想家の系譜を作りあげてきたが、それ以上に大きな問題は、むしろ、この倫理主義に反対するひとびとが、消費と快楽について過度の破壊的イメージを作りあげた、ということだったかもしれない。食欲におけるガルガンチュア、性欲におけるドン・ジュアンや青鬚といった、いわば過激な快楽主義のイメージは、西洋において、消費の意味を正しく考えることを妨げた最大の原因だったといえるだろう。消費について本来そうした狂暴なイメージを持つことなく、逆に「わび」や「いき」といった概念を育ててきた日本文化は、その点において、西洋の伝統文化に興味深い対照を示しているというほかはない。

J. C. Friedrich Schiller, *Briefe über die ästhetische Erziehung des Menschen*, 1795. 邦訳『美的教育論』。

現代社会と美学――吉野作造賞受賞の謝辞に代えて

この直前、私にとって最近の賞を受けたのが昭和五十年、第二十九回毎日出版文化賞であったから、それからほぼ十年近い歳月が流れたことになる。その間、私はいくつかの賞の選考のお手伝いをつづけてきて、少なくとも国内では、そろそろほかの人を顕彰するのが自分の役廻りになったのだろう、と考えていた。思いがけなく、今度、近著にたいして吉野作造賞をあたえられて、どうやらこれは一種の思いあがりにすぎなかったらしい、と気づかされた。まだ当分は「新米」として働け、という天の声だと受けとって、この時期にさずけられた賞を、とりわけてありがたい鞭撻として頂くことにした。

思いがけなくというのは、こういう場合に受賞者が口にする常套句であるが、今回の私にとっては、これは必ずしもたんなる社交辞令ではない。吉野作造賞は、ながらく、政治学や経済学といった社会科学の賞として知られてきたのに、私の著書は現実の社会問題を扱っているとはいえ、副題にもある通り、一種の美学的な考察の産物だからである。賞の性格が微妙にひろがったのか、それとも、私の仕事が例外的に好意的な評価にあずかったのか、いずれにせよ、意外な喜びは私ひとりのものにとどまらないであろう。社会科学と人文学の融合、協力という要請にとって、これ自体は小さな事件ではあっても、より大きな流れのひとつの兆候だ、と見ることができるはずである。

　それにしても、人間の感性についての美学的な観察が、少なくとも経済や政治の領域の一端に触れ、そこである程度の有効性を認められたということは、私の功績でもなんでもない。おそらく、そのこと自体が現代社会の変化の端的な反映であり、今日の変化がたんなる時流のさざ波ではなく、いわば、ひとつの文明的な転換であるという事実の現われでもあろう。すなわち、現代ほど、社会が人間の純粋な理性でも肉体でもなく、その中間にある感性によって動かされる時代はない、と見ることができるからである。

　いうまでもなく、美学は、ひとつの固定的な方法を持つ学問でもなく、一定の限られた対象のうえに立脚する学問でもない。方法というなら、それは哲学から人類学にいたる多様な武器に依存するし、対象は藝術作品から人間の自然観にまでおよんでいる。むしろ美学とは、ものを考える場合のひとつの態度の名前であって、人間の行動のうちでことさらに曖昧な部分、その中間的で両義的な性格に眼をつける学問だ、といえるだろう。

　そして、感性は、人間の内面のまさに中間的で両義的な領域であって、一端は肉体的な欲望につながり、一端は精神の直観的な判断の能力に結びついている。それは、気分や感情としては、人間の外界にたいする受け身の姿勢の現象であり、想像力としては、認識をかたちづくる能動的な力のあらわれである。要するに、美学は、内面生活のこの薄明の部分をのぞきこみ、非合理的なもののなかに合理的な構造を、衝動的なもののなかに秩序を見いだそうと努めてきたのであった。

そうした美学が、学問としては近代の所産であったのは皮肉だが、広く知られる通り、近代思潮の主流は、感性的なものを曖昧であるがゆえにしりぞけてきた。きわめて大まかにいえば、近代の産業主義は、科学技術における純粋な理性の支配と、量で計れる純粋に肉体的な労働への信奉のうえに成立した、といっても極論ではなかろう。産業社会の指導者たちは、つねに理性にもとづく克己的な倫理思想を主張し、それに反する勢力の指導者たちは、つねに肉体的な欲望の量的な拡大を要求していた。中間に位置する感性的なものは、一方からは産業社会の秩序攪乱者と見なされ、他方からは、欲望拡大の要求への小市民的な麻痺剤として非難された。

これはあながち、初期カルヴィン派やマルクス主義の思想ではなく、きわめて常識的な次元において、二十世紀末の日本でも日常に見られる風潮だといえよう。いわゆる財界の中枢部には、ことあるごとに「辛抱の哲学」を説く声が聞こえ、逆にマルクス以後の反体制理論のなかには、欲望の破壊的な解放こそ人間的な正義だ、という主張を見ることが多い。どちら側にも、欠けているのは両義的なものへの認識であり、欲望の拡大それ自体が秩序を生む可能性を持ち、裏返せば、自己抑制こそ欲望の満足の直接の条件だ、という逆説である。そして、その背後には、秩序と混乱のあいだに積極的な中間状態があり、体制と反体制、「公」と「私」、集団と個人の中間にこそ真に自由な人間がある、という認識が欠けているのはいうまでもない。

　だが、こうしたことは、すでに今度の拙著のなかで瞥見した問題であって、稿を改めて徹底的に論じなおすのでなければ、これ以上の言及は屋上屋を架すことになろう。ここでとくに触れておきたいのは、むしろ、同じ近代に生まれた美学そのものの問題であり、いわば、その間に美学が時代から蒙った歪みの問題である。もちろん、これまでの美学にも多様な傾向の芽生えがあって、とりわけ、拙著のなかにも引いたシラーのように、有力な反時代的思想がなかったわけではない。しかし、大勢を見るなら、近代の美学は感性受難の時代に感性を擁護しながら、めったに時代そのものを美学的に分析して、それを批判しようとはしなかったのである。

　最大の陥穽は、じつは近代における藝術の興隆にほかならず、皮肉にも美学は藝術という感性の要塞を死守し、その復権に努めるあまり、逆にそのなかに閉じこめられてしまった。とくに、やがて美学のなかから藝術学が誕生し、ついで、藝術学こそ美学の中核だという思想が生まれるにおよんで、美学はほとんど完全に藝術の外に働く感性を見捨ててしまった、といえる。藝術の周辺に働く感性の産物は、ともかく応用藝術と呼ばれて問題にはされたが、この言葉にはどこまでも副次的な、二流の藝術という語感がつきまとった。

もともと「わざ《アルス》」という同じ根から生まれながら、技術と藝術という言葉は美学によって峻別され、藝術が科学技術にたいして擁護される過程で、その中間にある「職人わざ」は忘れられて行った。危機の時代に、感性の一部はたしかに藝術の砦によって守られたが、そのおかげで、日常生活のなかに働く無数の感性は、ただの生理的な欲望と同一視されて放置されたのである。

犠牲となった最たるものは、日常の行動そのものの「わざ《アルス》」であり、儀礼であり、作法であり、さまざまな社交の技術であった。古代中国では、礼法は書藝や馬術と並ぶ「六藝」のひとつであり、十六世紀の西洋では、死に方の作法すら「往生術」として尊ばれていたのにたいして、十八世紀以降の美学は、そういう営みになんの関心も向けようとはしなかった。ちなみに、藝術の範囲のなかでも、俳優の演技は美学がもっとも軽視した分野であったが、このことはたぶん、生活のなかの演技というべき、儀礼や作法の軽視と内面的につながっていたものと考えられる。たしかに近代社会においても、儀礼と作法は毎日の生活のなかに保たれていたものの、それは藝術や科学技術と並ぶ独特の「わざ」として、すなわち、感性に秩序をあたえる固有の技術として、美学によって積極的な評価を受けることはなかったのである。

その結果、社交の技術は、いわば産業主義と美学の両方から閉め出され、そのはざまにあって、しばしば腹背の敵から攻撃を浴びることになった。社交そのものが、勤勉な産業家からは贅沢と虚飾として排撃され、弊衣蓬髪の藝術青年からは俗物主義の象徴として嘲笑された。儀礼と作法は、その感性的な性格のゆえに合理主義者の非難を蒙り、他方、それが日常の感性に秩序をあたえるがゆえに、藝術至上主義者の嫉妬を受けたといえる。藝術至上主義者にとって、感性を秩序づけるものは藝術だけでなければならず、その藝術は日常生活から一線を劃して、範囲を狭く限定されねばならなかった。音楽は、舞踏室からコンサート・ホールに隔離され、美術は、客間の壁から展覧会場へ収納され、抒情詩もまた、サロンでの朗読の習慣を失って、密室の書斎へと幽閉されたのであった。

そう考えると、拙著のなかで可能性を見たように、もし現代社会において感性の主権が回復され、しかも、それが社交の復活とともに実現するとすれば、これは二重の意味で文明史的な転換だといわねばなるまい。修正を迫られているのは、もちろん産業社会の効率主義であるが、しかし、同じ時代変化は返す刀で、これまでの美学思想にも小さからぬ修正を迫っているのである。いうまでもなく、問われているのは、専門研究室の美学理論ばかりではなく、多くの現代人の美学的な常識と、そこに秘められたさまざまな趣味上の先入見におよんでいる。これまでの現代人が俗に「生活の美学」と呼び、ほとんど一種の道徳目としてきたさまざまの価値、たとえば、反俗主義、反日常主義、反物質主義、形式破壊主義、無制限の自我中心主義といった、いわば十九世紀藝術家風の先入見が反省を求められている、といえよう。

その意味で、受賞の謝辞らしく将来の抱負を書くとすれば、私のこれからの責務は、当然、『柔らかい個人主義の誕生』の考察をさらに補強することであるが、それ以上に、その準備作業というべき、『演技する精神』（中央公論社刊）の美学を敷衍することにある、といえるかもしれない。そういう、一見、現実離れのした迂遠な道が、かえってこの厳しい現実の理解に直結しているらしいことを、私は今回の幸運によってあらためて学んだような気がしているのである。

個人主義再考

日本文化の世界性――柔らかい個人主義の系譜

一　文化論の落とし穴

エスニック・ジョークと文化論

ひと昔まえ、眼鏡をかけカメラを肩にして、猫背の観光客を見たら日本人だと思え、という浅薄な冗談が流行ったことがあった。演説や挨拶をするとき、アメリカ人はまずジョークで始めるが、日本人はおわびと弁解で始めるというのも、言いふるされた決まり文句のひとつだろう。西洋の文化は罪を基盤とした文化だが、日本人の行動の規範は他人にたいする恥の感覚であるというのも、もう長らく語り継がれてきた日本人への先入見である。わけのわからない微笑を浮かべて不気味な国民だという非難から、とかく感情的でヒステリカルに行動するという悪口にいたるまで、過去百年、さまざまなタイプのレッテルが日本人と日本文化に貼られ続けてきた。

こうしてレッテルは、たしかにある程度、日本人の現実を言い当ててはいるものの、たいていは事実の一面が誇張されているのは、いうまでもない。しかも困ったことに、そうした事実が変わったのちにも、イメージはひとつの固定観念として、ひとり歩きをすることが多い。どうやら、人間には誰しも他国の文化や他民族の民族性について、安易な固定観念を抱いて安心する癖があるらしい。日本人についてばかりではなく、世界のさまざまな国民や民族のあいだで、互いにエスニック・ジョークというレッテル張りが楽しまれてきた。ユダヤ人は欲張りであり、ポーランド人はお人よしであり、イタリア人はいつも女性を口説いているし、ドイツ人は数字と規則しか信じないなどというのは、その典型的なものだろう。

それにしても、とりわけ日本人については、近年にいたって、この文化論的なレッテル張りがいささか危険な域に達しているように見える。日本の急速な経済成長と、世界のなかでの地位向上に伴って、日本人を見る外国人の目がしだいに鋭く、険しくなってきたということだろう。貿易摩擦をめぐって、いまでは日本人の経済活動を批判するだけではなくて、その背後にある日本社会の特性、文化的な伝統そのものを攻撃するといった論調がめだってきた。アメリカのある政府高官が、日米の貿易不均衡を正すためには、日本の文化そのものを変えなければならないという、驚くべき発言をしたと報道されてから、もう随分の時がたった。

だが、じつはそれ以上に不幸なことは、これに対応して日本人の側にも、自分たちの文化にある固定観念の枠をはめて、それを変えがたいものとするかたくなな態度が芽ばえてきたことである。経済の問題をめぐって、たとえば「日本的経営」という言葉が誇らしげに口にされ、その背後にある集団への忠誠心とか、協調心というものが過剰に強調される傾向が見られる。また、農業問題に関して摩擦が起ると、それを合理的に実際的に解決しようとするまえに、たとえば、米《こめ》は日本の文化の象徴であるとか、農業は国の基であるといった標語が横行して、一種の愛国主義的な叫びが声高に聞かれるようになった。

けだし、一般に他人に固定観念のレッテルを張り、その人の性格や行動を決まり文句で決めつけると、われわれの頭のなかは明快になり、心が楽になるのは事実である。現実が複雑であったり、世界がとらえどころがないと、われわれは不安になる。とりわけ、物事を精密に考えることの苦手な人たちは、とかく現象の一面だけを見ることで思考を中断しようとする。蛇は地中に潜るものだし、鳥は空を飛ぶものだ。そう思い込んでいれば、われわれは蛇や鳥のそれ以外の微妙な現実について、忘れて暮らすことができる。同じように、われわれは、地球上にともに生きる他の国民や民族について、つねに濃《こま》やかな理解を示すほど暇でもなければ、また強い精神力を持っているわけでもない。そこで、エスニック・ジョークから高級な文化論にいたるまで、わかりやすい一面的な説明を聞くと、それに飛びつくことになるのだろう。

これにたいして、逆に自分自身について、固定観念を持ったり、自分の属する国民や民族に文化的レッテルを張りたがる性癖は、一見わかりにくい心理のようにみえる。しかし、これもじつは、人生を安易かつ簡単に生きるための、怠け者の知恵だと見ることもできる。というのは、この人生には芝居のような一面があって、ひとはそれぞれ自分で決めた役を演じ、そのことによって心を安らがせることができるからである。

たとえば、「男らしさ」という言葉があって、かつての男たちは、どこの国でも男らしく生き、男らしく行動するように教育されてきた。すると、かりに人生の悲しい事件にぶつかったとき、ひとは男らしさという役を演じることによって、それだけで悲しみに耐えることができる。親から習ったり、本で読んだ男らしい人物のことを思い浮かべて、こういうときにはどういう顔をして、どういうひと言を口にすればいいかを考える。そして、それを身をもって再現することによって、無意識のうちに一種のヒーローを演じて自分を励ますことができる。複雑な人生のそれぞれの局面の中で、ひとつひとつの行動の形を決めていくのは、だれにとっても簡単なことではない。その場合、もしわれわれが日本人らしさとか、日本の文化的伝統といった簡単な観念を持っていると、それを演じることによって自分の進路を簡単に選べるにちがいない。歴史を学び、あるいは伝説のなかの英雄物語を読み、もっとも日本人らしい人間はこういうときどう行動するだろうかと考えると、とくに危機に臨んだような場合に強くなれるのである。

そういう意味で、文化的な固定観念とか、民族性についての先入見は、国家が紛争に処するうえでときに役に立つこともある。しかしこの場合、注意しなければならないのは、とかく問題の「らしさ」の持つ多様性を忘れて、その一面だけを安易に飲み込む危険があることだろう。じっさい、男らしさといっても、考えてみれば、ずいぶん多様な側面を含んでいるはずであって、あるひとは男らしさといえば腕力が強く、決断力があって、大まかに行動する人間のことを思い浮かべるかもしれない。しかし現実には、男は女性よりもはるかに小さなことが気になり、人間関係のこじれにこだわり、よくいえば繊細であり、悪くいえば感傷的になる性質も持っている。男らしく振る舞うのは結構だとしても、この二つの側面のどちらを選ぶかで、われわれの行動はまったく違ってくるはずである。そして、もしひとが正確な目で事実を分析しないで、早飲み込みにひとつの先入見にとらわれれば、生き方はたちまちまちがった方向に固定されてしまうことになろう。

考えてみると、われわれは自分をある仕方で認識するが、じつは、その自己認識がまた自己の実体をつくるという側面を持っている。人間は、生きている自分を見つめて自分のイメージをつくるだけではなくて、いつのまにか自分でつくったイメージに合わせて、逆に現実を生き始めてしまうという性質を持っている。文化論についても同じことで、もし誤った民族性のイメージをつくりあげてしまうと、その後の行動のなかでこのイメージは補強され、増幅され、私たちを思いがけない方向に引っ張っていくことになる。文化論というのは、けっしてたんなる事実の認識であるだけではなくて、じつは行動の規範であり、またひと回りして認識の枠組みにもなるという、恐ろしい事実を見つめておかなければならないだろう。

しかも、男らしさなどというわば生理的、自然的な性格とくらべたとき、ひとつの社会の文化は格段に複雑であり、多様であって、それだけにその認識は恣意的になりがちである。長い歴史のなかで無数の個人が集まって、半ば無意識のうちにつくりあげてきた集合的な性格、あるいは生活の様式が文化というものである。したがって、ひとつの文化について考えるにしても、その歴史のなかのどの時点に焦点を当てるか、あるいは多様な広がりのどの一点を強調するかによって、まったく違ったイメージが浮かびあがってくる。それだけに、文化および民族性のイメージを考えるにつけては、われわれは特別に慎重であり、焦点の選び方に注意深くあらねばならないはずである。

特殊化と決定論の危険

文化は、これまで国家や民族という観念と強く結びついてきた。そして、人間の歴史を振返ってみると、不幸なことに国家や民族の自覚はつねに対立、抗争の意識とつながってきた。ひとつの社会のなかで、個人もまたお互いに争うことがあるが、とりわけ国家や民族は、お互いに争うことで自分自身をつくりあげてきた。その結果として、文化という特性はただの個人の特性以上に、とかく他者との比較、対立の観点から考えられがちになる。じっさい、今日の経済摩擦や、つい近年までの世界戦争の現実を振返ってみても、ひとが自国の文化、他国の文化をあげつらうときには、つねに何らかの意味の優越感や、国家主義的な自己主張の意識が伴っていた。そして、そういう優越感が、たとえば敗戦といった現実によって崩れたとき、今度は極端な自己卑下が社会に瀰漫《びまん》するという事実は、多くの日本人の記憶に新しいことだろう。

　こうした事情からして、文化論には、二つの避けがたい危険な傾向が伴っているといわねばならない。その第一は、過剰な特殊化の危険である。文化を考える場合には、他民族、他国の文化と比較して考えがちであるので、どうしても両者の共通性よりは、ひとつの文化の異質性を強調して考えることになる。

　じっさい、日本の場合、過去の文化論はしばしば民族主義や国粋主義と手を結びがちであったし、アメリカの場合でも、アメリカ文化の「例外主義《イクセプショナリズム》」という思想が、長らく見え隠れに受け継がれてきたようである。ユダヤ人の「選ばれた民」の意識、ドイツ人の民族的な使命感といったものは、自国の文化を過度に特殊化し、他国との違いを強調することから生まれてきたが、こうした使命感はいったん裏返ると劣等感に変貌する。高村光太郎という詩人は、若いころフランス留学から帰って、日本の国の貧しさとその精神の狭さを嘆いて、「根付の国」という自嘲的な詩を書いたことがあった。しかし、彼が本性において強烈な愛国主義者であり、第二次大戦中には過激な祖国讃美の詩を書いたことは、同時代を生きた日本人なら誰もが知る事実だろう。とかく異文化との劇的な接触は、精神の単純な人物にとっては、自国の文化について過度な自尊心を誘い出すか、逆に過剰な劣等感を刺激するものであるようにみえる。

そして、いずれの場合でも、そうした特殊化は、個人が自分の存在や行動について振返るとき、奇妙に気持ちを安らがせてくれる支えになる。自分とは何か、自己の実質は何かということは、もともとたいへん難しい問題であり、簡単には答えが出ないものであるが、ひとは生きるためにその答えを欲しがりがちである。そのさい、いちばん安易なやり方は、自分がどういう仲間に属しているかを実感して、それを語ることで自己の中身を言い表わすことだろう。そして、自分がどういう仲間に属しているかを振り返るとき、その仲間の範囲が狭くて、他の集団と対立していればいるほど、自分自身の世界のなかにおける位置は明確になる。ここでもまた、文化論のひずみというものは、人間性の悲しい弱さに深く根ざしているといえそうである。

文化論の第二の危険は、いわば決定論の危険であり、いいかえれば文化の原点主義の危険である。長らく人類は、文化をたんなる制度や一時的な規則と区別して、まるで動物や植物のような生命を持つ存在だと考えてきた。文化は決定的な原点となる種子から芽生えて、民族の血と自然環境を栄養にして、一本の樹木のように育ってきたものだというイメージは、多くのひとにとってなじみ深いものだろう。日本文化についていえば、あるひとはその種子は弥生時代の農耕社会によって形成されたと考え、あるひとは縄文時代の照葉樹林のなかで育まれた、と考えたりする。そして、いったん文化は血と肉を持つ生き物だと考えると、そういう存在は容易なことでは変えられないし、その一部を変えると全体が死んでしまうという、危機感にみちた固定観念を生みだしがちである。

　なにしろ、文化はあたかも自然の樹木のようにひとりでに育ち、種子のなかに用意された自己同一的な形成力を保つのだから、これは人間の意識的な加工の努力を超えているという、あきらめが生じるのは当然だろう。そして、このあきらめもまた、ある意味では、きわめて怠惰な精神の安楽さにつながっている。今日の難しい社会問題がじつは変えがたい文化に根ざしており、したがって人為の努力を超えていると思い込めば、当事者はその問題を横目で眺めて、手をつかねて暮らすことができる。現に昨今、努力をすれば克服できるような政治や経済の問題が、「これは文化的な問題だ」と信じ込むことによって先送りされ、無意識のうちになおざりにされている場合が多いのである。

　しかし、いうまでもなく、文化というものはその真の姿を仔細に見れば、けっして一本の樹木のように独立した実体でもなければ、種子の段階で運命的に固定された存在でもない。たしかに、文化は一定の土地で芽生え、一定の仲間をかたちづくる人間によってつくられてきたものであり、そのかぎりにおいて、一定の地域的な差異と特性をまぬがれない。

合をみせる場合もあり、他の土地に移ることによって根本的な変質をとげる場合もあることは、広く知られている。ひとつの民族が、その神話形成期にすでに他民族の宗教を受け入れたり、のちに民族全体が改宗することによって、他民族の神話のうえに自己の文化を接ぎ木してしまうような例もあった。

けだし、文化は土に根ざした生き物だということがかりに事実だとしても、生命というものはけっして硬直した不変の存在ではない。もちろん、生命を持った個体はある一定の期間、ある一定の範囲で、変わらない自己同一性を保ちながら生きて行く。「私」という生物は昨日も今日も同じ「私」であり、生きている限り変質と回復を繰返しながら、基本的な同一性は持続する。死ぬということは、その同一性と回復の可能性が破壊されて、肉体がもはや二度ともとに戻らない、一方向的な変化のなかで、崩れていくということだろう。しかし、そうはいうものの、人間の一生のなかにも成長と老化があるだけでなく、訓練や医療によって、生命を持つ肉体がときに変わっていくことは、だれもが知っている。近代の科学の発展は、生命の一部を破壊しても新しい均衡が生まれ、必ずしもその全体を殺すことにはならない、というさまざまな事例を発見している。それどころか、最近では生命の遺伝子を人為的に操作し、新しい生命の種子そのものを積極的につくろうという着想も、広く受け入れられているはずである。

そのうえ、文化が自然の生命に似ているというのは、あくまでもののたとえであり、それも一面的なたとえにすぎない。文化は、けっして民族の生理的な特色にすぎないものでもなく、環境の自動的な影響の産物でもない。あくまでも、人間が日々に積極的につくって、歴史のなかで身に備えた特性なのであって、もしたとえるなら、生命そのものよりも、むしろ人間の後天的な習慣や癖に似ているというべきだろう。たしかに、癖というものは簡単には変えられないし、人間の日々の行動は同一的な癖によって強く支配されているのは、事実だろう。しかし、その反面、われわれは、だれでも正しい努力をして知恵を働かしさえすれば、癖はかなりの程度に変えられるものだし、変えねばならない場合がある、ということを知っているはずである。

日本文化論の偏り

ところで、そう考えたうえで、とくに日本文化論を振返ってみると、ここには、一、二の特別に偏った固定観念があって、長らく、根強く支配的であったことに気づくだろう。

その第一は、たぶん、日本社会の農耕的な伝統、ひいては日本文化の農業的な特性を強調しすぎるという点である。じつは、農業はあらゆる民族文化の初期に存在したものであって、近代の産業社会は、どの国でも基盤になった農業社会の影響を強く受けていることは、当然である。ドイツもフランスも、そしてアメリカも、つい昨日まで文化的に日本と同じ程度に、あるいはそれ以上に農民の国家であった。にもかかわらず、日本は世界でも有数の先進工業国になった今日でも、なぜか自己の文化について、とりわけそれが持つ農民的な一面を強調する、という風潮が見うけられる。たいていは大ざっぱな俗論だが、たとえば、日本人は農民的であるがゆえに土地への定着性が高く、したがって海外進出への意欲が宿命的に弱い、というような通念を耳にする。また、同じ理由で日本人は温和な菜食主義者であり、肉食の西洋人のような果断さと進取の気性に欠ける、といった議論を聞くこともある。極端な例としては、日本人がとかく他人志向的で、模倣性向が強いのも農耕社会の遺風であって、かつて田植えや刈取りを村ごとに一斉にやっていたなごりだ、というような解釈が行なわれたりもする。

　日本という国の美称として、「豊葦原の千五百秋《ちいおあき》の瑞穂の国」という言葉が太古からあったことは、広く知られている。近世になっても、為政者たちは農業は国の基であることを強調したし、社会の秩序として士農工商という序列をつくり、農業を興業や商業の上に置くという、伝統的な観念をつくりあげた。そのせいか今日になっても、農業は日本の政治論争のなかで、とかく特別に刺激的な話題になりがちのようである。近年、人口のうえで農業従事者は少なくなり、国民総生産のなかでも農業の占める位置は小さなものになったが、いまでも農業団体は日本政治のなかで異様に大きな位置を占めている。そればかりか、都会で文学を論じたり、藝術を論じたりする人たちのなかにも、村社会と、土に根ざした人間像に特殊な郷愁を抱く論者がふしぎに多い。都市的な風景が描かれると、とかく風俗の頽廃と冷酷さに焦点があてられ、決まり文句のように、「根なし草」の不安が語られるというのが、ジャーナリズムのひとつの型にすらなっている。現代の日本社会の全体に、農業にたいする感傷的な愛着が残っているのは明らかだが、はたして、日本文化はそれほど本質において農民的なのであろうか。

これと深く関連して、第二には、日本社会の特性として人間どうしの集団的な協調や、集団内部の特別に濃密な情緒的なつながりを強調する傾向が見うけられる。この議論がもっともわかりやすい姿をとると、日本社会の全体を家族主義で説明しようとする論調になる。けだし、家族や家系の観念はヨーロッパにおいてもきわめて根強かったし、中国やインドにおいては、もっとなまなましく直接に社会の運営を支配してきた。にもかかわらず、日本社会については、そうした精密な比較検討をすることもなしに、とかく個人にたいして家族が優位にあるという先入見が語られすぎるようである。

たしかに、明治以降、第二次世界大戦の終了まで、日本社会に家父長的な家族主義の重圧がめだち、それが「封建の遺制」として、近代化の阻害要因として、啓蒙家たちの非難を買っていたのは事実である。文学の主題としても、権威主義的な父親像と過度に母性的な母親像が、青年の自我形成の障害物として描かれるのが常套となっていた。一方に父と子の相剋を見いだし、他方に母子心中に象徴される粘稠《ねんちゅう》な家族愛を指摘して、これが日本社会の古い体質のなごりだと見るのは、長らく論壇の常識だったとさえいえる。

だが、仔細に見れば、この常識は控えめにいっても軽率であって、当時の現状への不満を過去に投影したものと、疑わざるをえない。なぜなら、日本の家族は明治以降、近代化と都市化にあいまって急速に小家族化し、むしろその過程で、感情的な紐帯を飛躍的に強めたと見られるからである。農村の大家族を離れ、都市で孤独な家庭を営む父親は、その一家の士気を鼓舞し、生存への戦闘に備えるために、権威主義的な性格を強めねばならない。同じ理由から、母親もまた家族への庇護者的な性格を濃くしたのであって、いずれも伝統の産物というより、一時代の歴史的事情のもたらしたものであった。一般に、文化論のおちいりやすい危険は、それぞれの時代の現状を動かしがたいものと見て、その説明を過去の伝統に探ろうとすることであるが、これもその典型的な例のひとつというべきであろう。

近年になって、社会科学者のあいだでは、日本の家族的集団についても、かなり高度で精密な分析が加えられるようになった。アメリカの人類学者Ｆ・Ｌ・Ｋ・シュー、日本の村上泰亮、公文俊平、佐藤誠三郎といった経済学者や政治学者が、十分な比較文化論的な検討を加えたうえで、日本特有の新しいイエの観念を提示している。この新しいイエの理論はのちに詳述するように、傾聴すべき学問的な内容を持っており、従来の単純な家族主義論とははっきりと違ったレヴェルにある。しかしこの場合も、やはり日本文化の根底は独特のイエ構造、いいかえれば世界的にみて特殊な協調主義、組織への忠誠心を軸にして捉えられている。もちろん、ここで語られる協調主義は俗論のいう集団主義ではなく、没個性的な全体主義とは無縁であることは明白である。それはむしろ、血縁の閉鎖性や、強権的な家父長制とは正反対の性格を持つものであるが、それでもなお、これが西洋近代の個人主義と対置されて考えられていることは、疑いない。

　村上、公文、佐藤三氏の著作は『文明としてのイエ社会』と題されているが、それからもわかるように、この日本社会の特性はひとつの「文明」のあり方として、いいかえれば、他の文明とは不連続な、自己完結的な世界の性格として捉えられている。それを支える人間関係は、世界的な個人と個人の関係の一形態ではなく、「間人主義」、あるいは「間柄主義」と呼ばれるべき、独特の文明的特性だと考えられている。つまり、日本人の協調主義と西洋人の個人主義とは何ものかの程度の差ではなくて、対立する二つの人間存在の構造の違い、人生の生き方の原理そのものの違いとして説明されているのである。

　三氏によれば、この特有のイエ社会の構造は、かつて問題にされた家族主義とは反対に、日本の近代化にとってむしろ促進要因であった、と考えられている。現代の企業の終身雇用制や年功序列制、企業内福祉や企業別労働組合といった制度と慣行は、いわゆる「日本的経営」の成功の鍵と見なされるものであるが、この擬似家族的な組織原理は、遠く伝統的なイエ社会の体質に根ざしている。近代的な産業化と資本主義の形成が、必ずしも西洋的な個人主義と前提とはせず、むしろ、イエ社会のなかでより効果的に進められると見る点で、三氏の分析は従来の俗信にたいする革命的な転換だといえよう。

　だが、この鋭い分析も、それを包括的な日本文化論として見なおすと、ここでもまた、現状の社会の認識が過去の分析に投影されすぎていないか、という疑いが濃い。イエ社会的な特性は、たしかに日本の伝統文化のなかに見いだされ、一方それが現代の企業組織を広く支えているとしても、だからといって、これがただちに日本文化の代表的な特性であるというには、ためらいが残る。まして、それが個人主義と並ぶ人間存在の原理であり、ひとつの文明を作る基礎構造だというためには、あらためて二つの点を明確にしておかねばなるまい。

　すなわち、第一は、個人主義とイエ社会の間人主義が何ごとかの程度の違いではなく、実存の深みにまで根ざした、原理の違いに支えられていることを明らかにすることである。第二は、そうした原理的な問題を解き明かしたうえで、もう一度、イエ社会の構造が日本文化の真に中心的な特性だ、という事実を証明することであろう。

　そう考えて、『文明としてのイエ社会』を読むと、それが画期的な業績であるだけに、なお、この二点について望蜀《ぼうしょく》のうらみがかなりの程度に残る。おそらく、この優れた著者たちにも無意識の影響をあたえるほどに、現状の日本社会には家族的な協調の空気が色濃く、また、それを宿命的なものと見る先入見が根強い、ということであろう。この先入見に挑戦するのは容易なことではないが、しかし、せっかくのイエ社会論の有効性と妥当範囲を確定するためにも、われわれはここでふたたび、日本社会と文化の歴史を虚心に振り返っておく必要があるように思われる。

二　日本文化の主流

商工業重視の風土

いったい、日本文化の核となるものはいつごろ形成されたのか、また、その核が何であるのかについては、さまざまな議論がありうるだろう。しかし今日、ひとが日本的なものだと考えている生活の道具やスタイルが出そろい、全体として文化のかたちをみせてきたのは、ほぼ室町時代から江戸時代にかけてであったといえる。

たしかに、『万葉集』も『源氏物語』も日本文化にとって不可欠の宝であるが、奈良時代や平安朝には、今日の日本文化のなかにある重要ないくつかの要素が欠けていた。早い話が、この間の日本には、まだ武士も商人も階層を作っておらず、彼らの独特の気風も生活スタイルも存在しなかった。鎌倉時代になると、武士が擡頭し、その後の政治や法制度の原型ができたものの、この時代にはまだ、商人も手工業者も大きな勢力をかたちづくってはいない。公家、武士、農民、商人、そして職人といった日本社会の各階層が出そろい、しかもそれぞれがみずからの文化的な主張を持ち、生活の独自のスタイルを形成していったのは、室町以後のことだといえる。

じっさい、現代人が日本文化というときに即座に思い浮かべる活動や文物は、ほとんどが室町以後の創意と発明にかかる産物である。たとえば、和室といえば畳敷きの座敷を思い浮かべ、そこに床の間があり、山水の掛け軸などが懸かっているさまを考えるが、これはいずれも室町時代に生み出されたものであった。それ以前の日本の住宅は、板の間に藁で作った敷物を敷いて、座ぶとんを使うようにそれに人びとが座っていただけであった。また、和食の食卓には欠かせない多様な食品、納豆から饅頭にいたる味覚が出そろうとともに、四条流包丁道などといって、日本料理の技法が体系化されたのもこの時代であった。「小笠原流」といえば、日本人の行儀作法の代名詞になっているが、これを定めたのも足利義満の家臣、小笠原長秀であったという。

さらに、生け花、茶の湯、能、狂言といえば、いまも日本が国際交流の場で伝統芸能の精華としているものであるが、これらがことごとく室町時代の産物であることはいうまでもない。そのうえ、あの『源氏物語』を代表とする王朝文化にしても、それが輝かしい黄金時代として日本人の意識に定着し、憧れの対象となったのは、じつは東山時代のことであった。足利義政が京都に銀閣寺を造営していたころ、時の関白、一条兼良は公家であると同時に優れた学者であったが、彼の大きな功績は『源氏物語』の注釈を行ない、この古い物語をあらためて古典として確立したことであった。ある意味でいえば、われわれが知っている王朝の文化、平安貴族文化そのものが、半ば近く、室町時代の再発見の産物だったといっても、過言ではない。

やがてそこには、中国大陸からの影響に加えて、新たに西欧からの文物の輸入が加わってきた。日本人が最初に紅毛碧眼の西欧人を知り、世界地図とアルファベットに触れ、珍しい世界の動植物を見聞したのも、この時代であった。それと同時に、日本人は西欧のキリスト教の洗礼を浴び、鉄砲から造船、西欧医学に及ぶ、近代科学技術の先駆的な恩恵を受けたのであった。

そして、これが桃山時代に一段と絢爛たる花を開かせ、さらに江戸の町人の知恵と趣味を加え、国民的な規模で育ってきたものが、いわゆる伝統的な日本文化というものにほかならない。江戸時代は、歌舞伎や浮世絵や、三味線音楽といった新しい種類の藝術を生み出しただけではなく、思想の面でいえば、それまでに形成されてきた考え方を再整理し、それを文字に定着するという貢献をはたした。とくに、元禄期には大衆的な出版事業が盛んになり、多くの文藝書に加えて思想書、教養書、商業や農業の手引きから生活百科のたぐいまでが刊行された。宗教観、政治観、経済観を含む日本人の常識的な生活観は、その一部が鎌倉時代、大部分が室町から桃山期にかけて形成され、それが江戸時代に言語化されて、近代前夜におよんだといえるだろう。

そして、この意味での日本文化の中枢的な伝統は、大まかに概観しただけでも、けっしてとくに農民的でもなく、すぐれて家族主義的でもなかったことは明白だろう。それは色濃く都市的であり、気風のうえで商工業的であり、かなりの程度に個人主義的だったという意味で、むしろ十七世紀以降の西洋文化に似ていたといえるかもしれない。藝術や文学といった表層文化は暫くおいて、より一般的な生活習慣だけを観察しても、疑いなくめだつのは、日本人の商工業への深い敬意であり、商工業者自身の士気の高さである。

もちろん、日本にも中世の西洋や他の東洋世界の場合と同じく、一方には、農本主義的な気風にもとづく商人への蔑視もあった。とくに江戸時代には、士農工商の階層序列が社会のたてまえとされたし、荻生徂徠、高野昌碩といった儒者によって、公然と商人否定論が説かれたこともあった。一般に商業の付加価値は、農民の生産に較べてその根拠がわかりにくいし、しばしば巨大な利潤を生むことから、社会の反感を買うのは世界的な現象である。むしろ、そのなかで日本の商人の地位と気概が異例に高く、とりわけ室町、桃山期の豪商たち、いわゆる町衆が社会に指導的な力をふるったありさまは、瞠目にあたいするといえる。のちに述べるように、彼らは、最高の政治権力や時代の代表的思想家とも交わり、さまざまな公益事業や文化事業を興し、ときには堺のような自治共同体をすら組織した。彼ら自身の教養は深く、道徳的な自己規制の力も強く、個人としての自恃と誇りの高さは、近代人にもまさるものがあった。

江戸時代にはいっても、彼らの後裔たる町人はけっして蔑視にめげず、社会の実質的な支配力を手に入れるとともに、旺盛な文化的自己主張も行なっていた。藝術と風俗に独自の趣味を発揮したのはもちろん、思想、世界観のうえでも、みずからの立場を堂々と弁護する業績を生みだした。近年、山本七平氏らの紹介で広く知られる鈴木正三の『万民徳用』、あるいは、石門心学を興した石田梅岩の『都《と》鄙《ひ》問答』、さらに三井高房の『町人考見録』や西川如見の『町人嚢《ぶくろ》』など、商家の存在理由とその経営理念を謳った著述は多い。大坂の懐徳堂のように、武士と町人を区別せぬ高等教育機関も設けられ、山片蟠桃という、現役の実業家を兼ねた博物学者を世に送ったこともあった。

信義、誠実の感覚

おそらく、こうした独特の社会風土を支えたものは、第一には、中世にさかのぼる、日本人の公的世界の観念であり、それにたいする信義、誠実の感覚であった。公的世界というのは、この場合、家族や同業仲間や地縁的集団を超えて、普遍的、抽象的に認識された人間世界のことであって、ほぼ、室町後期に「天下」という言葉で示された観念に近い。織田信長が「天下布武」の旗印を掲げ、政治的に用いた観念がいつ形成されたかはともかく、その基盤となる世界感覚が広くあって、これが商業の興隆と深く関連していたことは、想像にかたくない。

中世の日本人は、商業の機能を物質の流通普及にあると考えており、鈴木正三もそのことを「世界の自由」、「国中の自由」という表現で語っている。「武士なくして世治べからず、農人なくして世界の食物あるべからず、商人なくして世界の自由、成べからず」というのである。そして、物資の流通とはいうまでもなく、地域の境界を越え、閉じられた集団の隔てを破って行なわれるものであるから、そこにはおのずから普遍的な世界のイメージが育つことになる。倫理の面からいっても、交易のためには一集団への忠誠の観念だけではなく、多数の集団にたいする平等な誠実、いいかえれば、集団を離れた個人としての誠実が求められる。ふたたび正三の言葉によれば、商人は「衆人愛敬」をめざして、「国土のため万民のため」、「一筋に正直の道を学」ぶべきなのである。

売買をせん人は、先得利の益《ます》べき心づかひを修行すべし。其心遣と云は他の事にあらず。身命を天道に抛て、一筋に正直の道を学べし。正直の人には、諸天のめぐみふかく、仏陀神明の加護有て、災難を除き、自然に福をまし、衆人愛敬、不レ浅して万事心に可レ叶。私欲を専として、自他を隔、人をぬきて、得利を思人には、天道のたたりありて、禍をまし、万民のにくみをうけ、衆人愛敬なくして、万事、心に不レ可ラレ叶フ。貴賤、上下、貧福、得失、命の長短、皆是先世の因果なり。私に名聞利養を願ども、更にしるし有べからず。結句、三悪道の業増長して、天道に背き、必其科を蒙べし。是を恐慎て、私欲の念をすて、此売買の作業は、国中の自由をなさしむべき役人に、天道よりあたえたまう所也と思定て、此身は天道に任て得利を思念を休、正直の旨を守て商せんには、火のかはけるにつき、水の下れるに随て、ながるるごとく、天の福、相応して、万事、心に可レ叶。（『商人日用』）

じっさい、日本の中近世の商人にとって、「正直」は「倹約」と並ぶ二大徳目であり、ときにはその倹約をも基礎づける最高の道徳理念であった。石田梅岩によれば、倹約はそれだけで意味を持つ即自的な美徳ではなく、むしろそれを通じて内面を鍛え、人間を「生れながらの正直」に返すための方法的な手段であった。『倹約斉家論』によれば、「予云倹約は、只衣服財器の事のみにあらず。惣じて私曲なく、心を正ふするやうに教たき志なり」ということになる。そのさい注目にあたいするのは、この誠実の観念は他の重要な儒教的徳目、たとえば忠や孝と完全に同格の地位に置かれ、それらに還元されないばかりか、場合によってはその上位に立つものとされたことであろう。正三は、忠孝がしばしばその内部に功利心を含みやすく、主人や家族への奉仕が、じつは代償を求める無意識の取引にすぎない例が多いことを、警告する。したがって、忠や孝が純粋な道徳目となるには、まずそのまえに個人の誠実がなければならないのであって、『盲安杖』の一節にしたがえば、「信有て忠孝を勤」めることが初めて真の美徳になるのである。

四、信有て忠孝を勤よ。名利につかはるゝ時はまことなし。縦主人の心に叶て、親く仕へる人なりとも、誠有は稀なるべし、唯我身よからしめんためのこころざしにて、貪る心につかはるゝなるべし。余所に恥る事なく、心に心を恥て、誠有事をしれ。いかなるを誠といふとならば、譬、我子は愛するとはなけれども、我に誠あれば、みどり子もしたしむ。人の子をば愛すれども、我に誠なければ、したしむ事なし、恥べし〳〵。忠孝の道、誠有はかたかるべし。忽一陣にすゝみ出、死をいたす輩も、名利をおもふためなるべし。去程に、誉をもとめて所領をむさぼり、禄のすくなき事をうらみ、或は人と好悪を諍て、人のこゝろざしをうばはん事を専とす。是偏に義をしらずして、欲心に任せて恥を勤る故なり。信有て忠を尽さば、なんぞ我身をかへりみん。義を知て武勇をなさば、なんぞ人とあらそはんや。

いうまでもなく、商人たちは金を儲けることに熱心であり、利潤の追求についても、日本人は一般に偏見を持つことが少なかった。商業利潤は、物資の流通という貢献にたいする対価として、正三によっても梅岩によっても積極的に弁護されている。「商人ノ売買スルハ天下ノ相ナリ。農人ニ作間ヲ下サル、コトハ、是モ士ノ禄ニ同ジ。天下万民産業ナクシテ何ヲ以テ立ツベキヤ。商人ノ買利モ天下御免ノ禄ナリ」というのが梅岩の『都鄙問答』の主張であった。だが、同時に、商人たちはその利潤追求について、また金銭そのものについても、一種の倫理的な価値観を抱いていたようである。

近松門左衛門の作品の一つに、『山崎与次兵衛寿門松』と呼ばれる浄瑠璃があって、大商人の息子、山崎与次兵衛が色街で金銭上の過ちを犯し、その罪のために命を捨てねばならない、という状況を描いている。父親は大商人であり金持ちなのであるから、当然、息子のためにいくらでも蓄財をなげうち、命を助けようとするのが人情だろう。しかし、この父親の山崎浄閑は息子を愛しながら、息子のために涙を流しつつも、友人につぎのように述懐して金を出すことを拒むのである。

侍の子は、侍の親が育てゝ、武士の道を教ゆる故に武士となり、町人の子は、町人の親が育てゝ、商売の道を教ゆるゆえに商人《あきんど》となる。侍は利徳を捨て名をもとめ、町人は名をすてゝ利徳を取り、金銀をためる。是が道と申すもの。（中略）大事の宝といふ事を、与次兵衛めが知たれば、此難儀は仕出《しでか》さぬ。なんぼう惜み貯へても、死んでは帷子《かたびら》一枚とは、此浄閑も知たれども、死ぬるまで金銀を神仏と尊ぶ、是が町人の天の道。金の罰の当つた奴、また此上に惜気もなふ金出して、如何なる天罰大難にがな遭ひ居ろかと、可愛い程猶出しかぬる。吝《しは》い名を取る此浄閑、金銀ばかり惜むでなし、塵灰まで惜い物、たつた一人の世倅《せがれ》が命、惜うなふて何とせう……

明らかに、この老商人は欲張りでも冷血漢でもないにもかかわらず、しかしもっぱら、金銭という公の宝を私ごとのために使うべきではない、と信じている。老人は涙ながらに、蓄財を「道」と呼び、金銭を神仏に譬えて、たとえ息子の命を犠牲にしても守るべきものだ、と考えている。こういう感覚は、おそらく極端ではあっても例外ではなく、正三とか梅岩のような理論家の思想、同時代の商業の倫理学にまで高められたものの基盤だった、といえるだろう。

技術重視の気風

これと並んで、日本の商工業者の地位を高めたものは、大衆的な次元で培われていた技術重視の気風だった、といえよう。商人はみずから、金銭の計数、物資の計量を扱う技術者であり、また、しばしば職人を使用し、運輸や土木の技術者に親しい立場にあったから、この気風もまた商人が尊重される大きな助けになった、と考えられる。

一般に、大陸の儒教国家では人間の抽象的な教養が重視され、「君子は器ならず」といわれるように、現実的で技術的な能力を軽く見る風潮がみられた。詩文をたしなみ、礼義を厚くする人間は尊重されても、商人や工人のように、ものを手で扱ったり作ったりする人間は、低い地位に置かれる傾向があった。これにひきかえ、日本では金儲けの是非が問われるまえに、まず身体を動かす仕事、技術的で実際的な仕事を尊重する、階層を越えた伝統が用意されていた。

このことは、たぶん、鎌倉時代に武士の社会的地位が急速に高まり、公家と武士の政治的な支配力が逆転したことにも、密接な関係があるだろう。中国においては、武官にたいして文官の優位が揺らぐことがなく、官僚体制はつねに科挙によって選ばれた文人が壟断《ろうだん》をつづけてきた。これにたいして、日本ではもともと農業生産者であり、軍事と土地経営の技術者である武士階層が、その技術力によって政治の最高権力につくことができた。彼らの多くは、みずから殖産興業の指導者であり、土木技術、建築技術、立法、司法の技術の熟達者であったし、また、彼らの支配下の農民そのものが、技術革新と新規事業へのあくことのない意欲を持っていた。

新田を開発しては増収を計るというのは、遠く平安末以来、日本の農民と領主たちの共通の思想であったが、室町時代以降にもこの事業者精神は強まる一方であった。それと同時に、農作物の品種改良や農耕技術の改善が、とくに江戸時代にはいるとめざましい発達を見せた。十七世紀から十八世紀にかけて、全国の農村に知的な篤農家がぞくぞくと現れ、技術研究を進めるとともに、それを解説書として広く出版することを始めた。土居清良の『親民鑑月集』、佐瀬与次右衛門の『会津農書』と『歌農書』、宮崎安貞の『農業全書』など以後優れた農業書がつぎつぎに上梓されている。技術史家の筑波常治氏によれば、それらは、現場の経験に立った実証性に富むとともに、地域の実験を合理的な思考で一般化し、普遍的な知識を訊ねようとする、いわば近代科学の方法に通じる態度を示していたという。

　そして、この態度はたんに実用農業の範囲にとどまらず、同時に都市の花卉《かき》栽培、いわゆる園芸技術の分野にまで行きわたっていた。今日でも、菊やさつき、おもとや朝顔の栽培、その品種改良というのは広く庶民的な娯楽になっているが、中尾佐助氏によると、少なくとも十八世紀において、この技術が世界的にもっとも高かったのは日本であったといわれている。

　これにつけて思い出されることであるが、これまでの教科書風の歴史観は、時代をたとえば採集狩猟時代、農業時代、工業時代といった段階に分けて、そのどれに属しているかによって、社会の特質を考えるのが普通であった。社会の文化もまた、農業文化、工業文化といった言い方が示すように、経済の基本構造のいわば反映として捉えるのが、マルクス主義にかぎらず、社会科学の暗黙の常識になっていた。しかし、文化が人間の根本的な生き方の姿勢であり、生活のリズムそのものだとすれば、経済が文化に影響をあたえるのは当然として、その逆の場合も大いにありうるということを忘れてはなるまい。

　たとえば、農業という生産形態が人間の生き方を左右すると同時に、逆に、社会の固有の生き方が農業の内容的な性格を決める、ということもあるはずである。たしかに、ある国では、農業は敬虔な自然への服従の態度に貫かれ、季節の循環に同化して、永遠の繰返しを内容とする行為であるかもしれない。そこでは、生活は重厚で安定したリズムを刻み、伝統の継続性を重んじて、急速な変化には抵抗する保守的な文化が見られるだろう。だが、注意しなければならないのは、だからといって、こういう文化が農業一般の必然的な産物ではなく、それどころか、特定の国の特定の農業の産物ですらないかもしれないという可能性である。むしろ事情はその逆であって、まず社会にそういう保守的な人間の生き方があり、それがやがて農業の性格をそういう牧歌的なものにした、と考える方が合理的であるかもしれない。

　まったく、そう考えたくなるほど、日本の農民は技術革新に熱心であり、生活の変化そのものの受け入れについても積極的だったように見える。もし、そういう態度が近代の進歩主義であり、工業社会に特徴的な精神のあり方だというならば、日本人は中世を近代的に生き、工業時代の姿勢で農業そのものを営んでいた、といっても過言ではあるまい。じっさい、室町時代に西洋から新しい科学技術が移入されたとき、これを模倣し、改良していった日本人の意欲と能力の高さは、目を見張るべきものがあった。誰もが知るエピソードだが、種子島にわずか二丁の鉄砲が西洋船によって伝来したとき、土地の刀鍛冶たちは、それをどのようにして作るのか想像もつかなかった。複製を命ぜられた刀鍛冶は、技術を盗むために紅毛の船長に自分の娘をあたえた、という伝説まで残されている。しかし、それからわずか数十年後、信長が天下を取る戦いのなかで、鉄砲はまたたくまに数千丁の単位で製造され、実戦の主たる武器として使われていた。

また、日本の帆船は古来、平底で竜骨を持たず、したがって外洋を渡るには不向きな構造を持っていた。竜骨の付いた遠洋航海向きにふさわしい船は、この時期に西洋から伝えられたものであるが、その造船技術を学ぶ速さも驚くべきものがあった。江戸初期、支倉常長が当時の奥州から船出し、太平洋を渡ってメキシコにまでたどり着いた船は、すでに純粋な日本製の洋式船であった。この船は太平洋を越えてもなお立派に使用可能で、メキシコ海軍に軍艦として採用されたといわれている。技術の移入は、もちろん、こうした物品の製造には限られていない。船を移入すればこれを操作する航海術が必要になるが、室町の船乗りはそれもまた旺盛な熱意で学びとった。今日、『天正航海術』という本が知られており、そのなかに西洋の船長と日本人が航海術について交わした一問一答が残されているが、その質問の鋭さと周到さは、いま読んでもきわめて感銘深い。江戸時代の西洋医学が、極度に狭い窓口から導入されながら、しだいに独自の発達をとげて華岡青洲の麻酔術をすら生んだことは、つけ加えるまでもなかろう。

おそらく、こうした技術移入と革新を可能にした素地は、一部エリートの能力というよりも、一般民衆の知的水準の高さであり、その文化的な感覚の繊細さであったと思われる。考えてみれば、日本の伝統文化を形づくるさまざまな生活用品は、古くから規格化と統一的なセットの思想に貫かれていた。畳にせよ、建具にせよ、あるいは揃いの食器から和服の裁ち方にいたるまで、部品を統一してその組合せを行なう技術は、古くから広く普及していた。規格化された部品を組み合わせて全体を作り、それを時に応じて交換するという考え方は、近代のアメリカで完成されたものであるが、日本ではその萌芽がきわめて古くからあったといえるだろう。もちろん、こうした精密な製品を作り、高度な規格品を揃える能力は、他の東洋諸国にもなかったとはいえない。繊細無比の中国や韓国の高級陶器、あるいは精巧な部品を持つ中国宮廷の洋風時計など、個々の生産物はきわめて高い技術水準を示していた。しかし、そうした技術がたんに一部の貴族や帝王のものではなく、一般民衆のあいだへ広がった程度において、日本はやはり、むしろ近代の西洋社会に似ていたというべきであろう。

そして、この精密さへの感覚はたんに目に見えるものだけではなく、人間の行動そのものを律する時間の計測にもおよんでいた。歴史家の角山栄氏によれば、たとえば、江戸時代には時計とともに各種の時報が普及し、同時に分単位の時間感覚が社会の各層に行きわたっていたという。あの俳人、松尾芭蕉とともに、日本中を旅した曽良の日記のなかに、宿に到着した時間、あるいは時ならぬ雨の降ってきた時間などが記録されているが、それがじつに分単位の厳密さで書かれていたことが注目されている。時間の厳密な感覚、および時間を守る倫理は、近代産業の根幹をなす重要な文化であるが、これが早い時期に庶民的に成立していたということは、やはり、他の東洋諸国にはあまり見られない特色であったらしい。

そして、この大衆文化の成立ということは、たんに科学技術や商品生産という面に現れただけではなく、じつは教育から娯楽にいたる、文化のあらゆる局面に早くから芽生えていたものであった。大衆が文字を習い、ものを読み、手紙を書くという習慣は、いわゆる「往来物」とともに長い歴史を持っていた。遠く平安朝にさかのぼる、この手紙の書き方の文例集は、室町時代の『庭訓往来』の出現以後、下層武士や商人のあいだにも急速に広く普及して行った。江戸時代にはいると、寺子屋というかたちの学校教育が発達し、たんに武士や大商人のみならず、農漁村の子ですら、民間の力で初等教育の恩恵に浴することができるようになった。

娯楽の面でも、たとえば茶の湯は、一面で巨額の金のかかる豪華な遊びだったが、他方では町の辻々で、一杯一文で茶の立ち売りも行なわれていた。有名な北野の大茶会の挿話などを読むと、秀吉は大衆に布令を出して、この大園遊会に抹茶の代りに麦こがしの粉を持参することを許している。そこには、茶の葉も買えないような貧しい人びとが、それでも茶の湯の作法を学んで、その集まりを楽しんでいた様子が彷彿とする。また、同じ時代、人びとが集まって順番に五七の句を重ね、一連の歌を作る連歌という遊びが流行したが、これもまた、上は大名から下は名もない庶民まで、ひとしく楽しむことのできる娯楽であった。花のもとの連歌会とか、編笠連歌会といった風雅な言葉があって、座敷を持たない民衆が戸外で一座を結び、この文学的な社交を楽しんだという事実が知られている。

能は、江戸時代に入ると上層武士階級の独占物に変わるが、これが完成した世阿彌の時代、すなわち室町前期においては、やはり国民的な広がりを持つ芸能であった。世阿彌の書き残した『風姿花伝』という本によれば、当時の能役者は見物の多様な群衆のまえで演技をせねばならず、階層や趣味の違う観客をいかにして一様に楽しませるか、ということで苦心をしたらしい。能の理想もまた「衆人愛敬」ということであり、そのためには、見る目のない人にも面白いように役を演じよというのが、一方で生涯を「幽玄」のために捧げた世阿彌の教訓であった。やがて、この能が江戸幕府の式楽になってしまうと、いわば入れ代りに歌舞伎や浄瑠璃が発達し、これが国民全体の娯楽として大隆盛を迎えたことは、つけ加えるまでもないだろう。

都市と社交の伝統

もうひとつ忘れてはならないことは、こうした商工業の隆盛、大衆文化の成立のさらにその背後に、驚くべく早い都市化の現象があったということである。もちろん、世界中に大人口を抱える都市はいくつもあったし、巨大な建築に飾られた規模雄大な都市も、古代からおびただしくあった。しかし、たんに人口や空間の大きさというだけではなくて、その内部に各種各様の人間類型が見られ、それぞれが自己の文化的な個性を主張する町となると、これはそれほど長い歴史を持つものではない。厳密な意味での都市とは、住民がそうした個性の多様性を示し、しかも、全体として都会人の意識を持っていることが、その決定的な条件なのである。

　こういう物差しで測った場合、おそらく中世の京都は、世界のなかでももっとも早く成立した、都市らしい都市だったといえるだろう。京都は平安時代に政治の中心として、朝廷と公家の都として成立したが、やがてこの公家の力が武士によって脅やかされ、さらにその武士たちが職人や商人と共存し、ともに町のなかで固有の勢力を持つようになったのが、室町時代であった。吉田兼好の『徒然草』を読むと、当時の京都にさまざまな種類の人間が往来し、それぞれに違った価値観と、生活様式を主張し始めていたことが読みとれる。それだけではなく、有名な第一三七段を読むと、少なくとも当時の京都の知識人たちは、往来の階級意識とは別に、新たに都会人の意識を持ち始めていた、ということが想像できる。兼好によると、都会人とは趣味の良い人間であり、趣味の良い人間とは、何事であれ、珍しいものや面白いものに距離をもって接する余裕を持つ人のことであった。

　月であれ、花であれ、祭であれ、人の関心をそそるものを「よそながらに見る」というのが、都会人の優れた感覚だと、兼好はいう。それに引き換え、田舎の人は何事にも見境なく執着し、関心の対象を「ねじより、たちより見る」ものだという。花が咲けば枝を折って帰る、雪が降れば踏み込んで足跡を付ける、澄んだ水があれば手を差し入れて濁さないではいられない、これが田舎の人間だと、都会人を自負する兼好は苦々しげに書いている。

さやうの人の祭見しさま、いと珍らかなりき。「見事いとおそし。そのほどは桟敷不用なり」とて、奥なる屋にて酒飲み、物食ひ、囲碁・双六など遊びて、桟敷には人を置きたれば、「渡り候ふ」といふ時に、おのおの肝つぶるゝやうに争ひ走り上《のぼ》りて、落〔ち〕ぬべきまで簾《すだれ》張り出〔で〕て、押し合ひつゝ、一事《ひとこと》も見洩さじとまぼりて、「とあり、かゝり」と物ごとに言ひて、渡り過〔ぎ〕ぬれば、「また渡らんまで」と言ひておりぬ。たゞ物をのみ見んとするなるべし。都の人のゆゝしげなるは、睡《ねぶ》〔り〕て、いとも見ず。若く末々なるは、宮仕へに立ち居、人の後にさぶらふは、様《さま》あしくも及びかゝらず、わりなく見んとする人もなし。

それまで、人びとは人間の価値的な区別といえば、身分の上下、階層の関係しか知らず、公家と庶民、大名と農民というのが、人間を位置づける基準であった。しかし、この時代になると、そうした身分的な物差しとは別に、都会人と田舎人という新しい価値の基準がはいってきたといえるだろう。

このころ作られた文学作品を見ても、新しい都会人の意識、つまり、「京わらんべ」の誇りを高らかに謳ったものが注目を惹く。『末広がり』というのは有名な狂言の傑作であるが、このなかでは田舎大名の家来の太郎冠者が、みごとに都会の庶民にからかわれる場面が描かれている。もちろん中世から近世にかけて、日本社会を根本的に支えていた産業は農業であり、政治制度の骨格を作っていたのも、農業社会の原理であったかもしれない。しかし、日本人の国民的な特性を形作り、その文化の性格を形成するうえで、都市の果たした役割は、たぶん意外に大きかったといわなければなるまい。少なくとも、農業の重要性は、同時代の世界に共通の現象であったが、都市民意識の早期の成立は、かなりの程度に日本特有のできごとだったからである。

じっさい、日本社会のひとつの一貫した特色は、最初から都市が農村から孤立しておらず、そのあいだに文化的な交流が絶えまなく続いたということである。中国や西洋の都市のように、町の全体が巨大な城壁で囲まれ、その内と外が截然《せつぜん》と区別されているというような構造は、日本の都市には見られなかった。人びとの往来も自由であれば、都市と農村のあいだで、文化の相互摂取も盛んに行なわれた。世阿彌の能楽論を見ても、彼は田舎から京へ上って自分の様式を確立し、都会人の鋭い批評によって藝を磨き、さらに、それを地方に持ち帰って農民の藝術的な趣味を教育する、という意識を抱いていたようにみえる。

そのうえ、注目すべきことに、当時の京都には、あたかも西洋の十八世紀のサロンのような、さまざまな社交の集まりが隆盛をみせていた。貴族の邸はもちろん、「五山」と呼ばれた禅宗の寺院を中心に、武士や僧侶や公家たちや、さらには豊かな商人が集まってともに詩を作り、絵画を鑑賞し、茶を楽しんで友誼《ゆうぎ》を温めた。のちに述べるように、日本の文学や藝術は、じつは古く藤原時代から貴族の社交の産物であり、同時に社交を支える基盤でもあったのだが、室町時代にはいってこの社交活動が頂点に達し、その後の近世文化の永続的な性格を決定した、といえるだろう。元禄時代の町人にとって、芸能を核とする社交活動は紳士の資格の条件であり、音楽や舞踊から狂歌にいたるまで、さまざまな藝術がそれを基盤にして花開いた。神坂次郎氏の『元禄御畳奉行の日記』に見るように、武士でさえ文学、藝術のサロンに最大の生きがいを見いだし、職場である尾張藩そのものよりも、むしろ友人との交際の場に強い帰属感を抱く、という例が少なくなかったのである。

三　表現する個人

「私」的世界への関心

　室町から桃山時代にかけて、日本の豪商たちの生活と活動ぶりを見ると、たぶん世界にも類例の少ないひとつの特色が目につく。それは、彼らが優れた経済人であると同時に、それぞれが個性的な技芸や学問に従事し、生活上の趣味や藝術的な才能を持った、内面の豊かな個人であったということである。

彼らは多彩な事業を興し、貪欲に資産も築いたが、そのかたわら、さまざまなかたちで今日に残る文化遺産を創造した。彼らは、多くの学者や藝術家のパトロンとして働き、その仕事を助けた点で西洋ルネサンスの豪商に似ているが、それだけではなく、彼ら自身のなかから何人かの傑出した文化人を生みだした。日本中世の商人は、たんに事業への冒険心と創造力に溢れていただけでなく、みずからの目と手とを駆使し、内面的な世界を表現するという意味でこそ、むしろより多く個性的だったのである。

こうした商人たちの個性への志向、個人的な趣味と才能の尊重の背後には、いうまでもなく、中世を通じた日本文化の長い伝統があった。室町、桃山の文化人は一面で古典復活に熱心であり、その古典として平安時代の「王朝」の心を憧れたが、この王朝の心それ自体が、じつはきわめて強く個人的な性格をおびていたのである。もちろん、平安時代の貴族は文字通り貴族的であって、世界中のあらゆる貴族と同様、まだ手を使う仕事に敬意を払ってはいなかった。また、古典時代のつねとして、王朝の心は単一の理想的な美を絶対視して、異質なもの、独自な価値にはむしろ警戒の態度をとりがちだった。したがって、趣味の点でも才能の点でも、そこにはまだ積極的な個性への志向は見られないが、しかしそのなかで、まぎれもなくめだつのが私的な世界への執着、個人の身辺の生活への極度に強い関心なのである。

たとえば、日本の代表的な古典文学といえば、誰もがただちに思いだすのは、和歌の歌集とともに、『伊勢物語』や『源氏物語』といった、王朝の恋愛小説だろう。これらの物語は、現代の研究家によって、世界でもっとも早く書かれた「小説」だといわれているが、そのことの意味は、そこに描かれているのが純粋に私的な世界だ、ということにほかならない。主題中心は、何組もの男女の恋愛感情であり、個人の内面の悩みや喜びの告白であり、それをめぐる微細な生活の風景である。登場する人物たちは、通常の心理を持った等身大の人間であって、けっして超人的な能力や野望や理想を持った英雄ではない。彼らの置かれた世界は、あくまでも日常の生活空間にすぎず、民族や氏族が興亡を重ね、政治や戦争がくりひろげられる、いわゆる神話的巨人の舞台ではなかった。

周知のように、世界のどんな民族においても、初期の文学の主題は「私」ではなくて、「氏族共同体」の世界にあった。古代ギリシアはいうまでもなく、中世ヨーロッパ諸国の場合でも、文学はながらく民族の英雄譚、神話的な超人の物語の域にとどまっていた。かりに恋愛が歌われても、それは普遍的な愛の理想が抽象的な舞台のうえで讃美されるにすぎず、なまなましい人間の生活感覚とは無関係なものであった。主人公となる個人は、たんに宗教的な教訓の事例であるか、あるいは、抽象的な感情につけられた仮の名前にすぎなかった。

もちろん、日本にも英雄叙事詩の萌芽はあり、『古事記』や『日本書紀』のような、優れた民族文学の業績が知られている。しかし、それらが書かれてあまり遠からぬ時代に、日本人が早くも個人の微妙な心理に注目し、生活の些細な陰影を観察して、「小説」を書いていたことは特徴的だといえるだろう。じっさい、『源氏物語』も『伊勢物語』も、主人公はおよそ民族の英雄とは無関係な人物であり、国家統治の理想や能力とは縁の薄い人物である。それどころか、彼らは、むしろ政治の世界では不遇な人間であり、いわば失意の王子であって、公的世界の闘争をはやばやと断念した主人公であった。彼らは、みずからの現実にたいして政治的な怒りすら抱かず、あたかも断念の代償を求めるかのように、女性たちとのロマンスに慰めを見いだしている。そして、それと対応するかのように、女性たちもけっして壮麗な女神ではなく、嫉妬や落胆や憂鬱にさいなまれるなま身の生活者なのであった。

　こうした小説的な物語とならんで、日本文学の大きな特色をかたちづくるものに、おびただしい随筆と日記文学がある。『枕草子』、『紫式部日記』、『土佐日記』といった王朝の名作をはじめとして、鎌倉から南北朝にかけても、『十六夜日記』、『方丈記』、『徒然草』といった歴史に残る作品が書かれている。一般に、日記や随筆がすぐれて個人的な心の営みであり、そのおもな対象となる世界が私生活であることは、いうまでもなかろう。

　とりわけ、日本で名作とされる作品の場合、作者の関心は身辺の自然や人事、身近な風俗や流行に集中し、叙事的というよりは抒情的であるのが特色になっている。もちろん、中世の日記には、『玉葉』や『愚管記』のような公生活の記録もあり、歴史的資料として重要な時事的な作品も残されている。しかし、日本人が伝統的に文学作品として愛読し、古典として生かしつづけたのは、あくまでも私的な感懐の告白を中心とする文章であった。ちなみに今日のジャーナリズムでも、日記や随筆といえば、あえて天下国家の問題を声高に語ることを避け、個人の審美的な好悪をつぶやく文学形式として、ひとつのジャンルを確立しているほどである。

　また、抒情的といえば、日本の詩歌における和歌や俳句、いわゆる抒情的短詩形式の圧倒的な比重は、印象的というほかはない。それは『万葉集』の昔から、たんに作られた量が多いというだけでなく、『古事記』のような叙事詩にくらべて、古典としての影響力がはるかに強かったといえる。いったい、古典とは古い時代に作られた名作というだけでなく、後世の感受性に枠組みをあたえ、新作の素材として繰返し蘇るような作品を意味するのだが、日本では、そういう作品は小説でなければ短歌であった。

　短歌は本歌取りのかたちでのちの短歌の下敷きとなり、また、物語や演劇にも豊かな発想の素材を提供した。なによりも、一般の民衆が国民的な規模で記憶し、おりおりに暗誦して心の糧とし、また娯楽ともしたのは、この独特の抒情詩だったのである。日本の短詩形抒情詩は、それを作る詩人の数が多いということで、おそらく世界一の座を占めることだろう。身分の上下を問わず、老若男女の区別もなく、万人が人生の節ぶしに短歌や俳句を作り、自己の感情を語るのが伝統になっているが、この内面への大衆的な関心の広さは、たぶん社会学的な関心をひくにたる現象であろう。

さらに、能から歌舞伎にいたる演劇の分野を見渡しても、やはりめだつのは、主人公のほとんどが組織や体制の世界と無縁な私人だ、ということである。能の主人公は、政治や戦争の世界においては大部分が敗北者であり、しかも、現実の敵にたいしてもはや復讐の意欲も抱いていない。彼らは、すでにひとりの裸の人間にもどって、怒りよりは悲しみを訴え、救われぬ魂の慰安を求めて彷徨をつづけている。そして、なんといっても、能の最大の主題は恋愛と家族の愛情であり、男を慕い、あるいは失った子をなつかしむ女性の感情であるのは、明らかだろう。能の大成者である世阿彌は、自分の藝術の理想として「幽玄」の美をめざしていたが、彼のいう「幽玄」とは、ほかならぬ王朝風の女性の優雅をさすものであった。能は、その精神において女性的な美を憧れ、全体として、人間感情の女性的な側面に焦点をしぼった点で、人類史にも稀に見る演劇形式だといえるかもしれない。

同様に、のちの歌舞伎の場合も、中心的な主題は恋愛と家族愛であって、叙事詩的な英雄はもとより、およそ王侯貴族のたぐいが主人公になることはなかった。近松の『国性爺合戦』のように、たまに救国の英雄が登場しても、その政治的な活躍は物語の外枠をかたちづくるにすぎず、劇の眼目となるのは、あくまでも夫婦や親子の情愛の場面であった。『菅原伝授手習鑑』のように、国家の政争が舞台となっても、本当の主人公はその犠牲となる小さな人物であり、哀れな彼の妻や子であるというのが通例であった。人気演目の大半を占める世話物の場合、その名の通り、主題は市井の人物の日常の哀歓にかぎられ、とりわけ、男女の恋と家族愛の葛藤に集中している観がある。若い主人公たちは、政治的な理想はおろか、事業欲や立身への野心も知らぬげに、もっぱら遊女との恋に悩み、家族のしがらみに苦しんで心中への道を歩むのである。

日本の演劇には、ギリシア劇のオイディプス王も登場せず、シェイクスピアのハムレット王子もマクベス王も見あたらない。にもかかわらず、面白いことに、能も歌舞伎も華麗な様式化の技術を持ち、いわば、「芝居がかり《シアトリカリティー》」の力をかりて、小粒な人物を大きく見せる仕掛けを含んでいる。能の『松風』のなかで、男に去られた姉妹がどんなに大きく見えることか、また『菅原伝授手習鑑』において、軽身の松王丸がほとんど王侯のように見えることを思えば、このふしぎな技術の力は誰の目にも明らかだろう。日本人の演劇的な感受性は、けっして人間を巨大な存在として見る力がないのではなく、むしろ逆に、そういう巨大さを身辺の私人のなかに見る力に富んでいた、というべきかもしれない。

ついでながら、日本の文学史に真の英雄叙事詩らしいものが現れ、国家を舞台にした集団の興亡が主題となったのは、『平家物語』や『太平記』といった軍記物の場合だけである。ときは鎌倉から南北朝にかけての戦乱の時代であり、東国の武士を中心に、いわゆるイエ社会が完成して行く時代であった。ここでは明らかに、物語の主役はイエそのものであり、その象徴としての勇壮な英雄たちであって、この時期、日本人のイエへの関心が急速に高まったことは、疑いの余地がない。しかも、たしかにこれらの軍記物は後世の文学に影響をあたえ、広く繰返し人びとに想起されたという意味で、十分に古典としての資格をおびている。

しかし、逆にいえば、この種の作品の出現がこの一時期に限られ、ほかにはなかったということ自体、むしろこれまでのわれわれの観察の補強材料であるかもしれない。それは鎌倉期の東国武士の社会がかなり特殊なものであり、少なくとも、イエ社会があれほど純粋に機能したのは、日本史のなかで一時の例外的な現象ではなかったか、と思わせるからである。

技能と趣味の発見

こうした平安以来の雰囲気のもとで、やがて鎌倉末から室町時代にかけて芽生えてきたのが、個人の技能と趣味を尊重する風潮であった。京都が都市化し、その住民が多様化するなかで、貴族の価値観がしだいに支配力を失い、武士や職人や商人といった、手を使う人びとの思想が頭をもたげてきたのであった。

それを物語る証拠は少なくないが、なによりも目につく資料は、この場合も、吉田兼好の書いた『徒然草』だといえるだろう。兼好はいわば過渡期の時代の人物だったから、こうした個人の個性的な才能についても、まだいくらか矛盾した感想と意見を述べている。

一方で、彼は平安朝以来の公家的な精神の継承者であって、その限りにおいて、個人の才能にたいしてもいささかの疑念を持っていた。王朝の公家にとっては、個性的であることはさして価値のあることでなく、逆に、伝統的に定まった理想に従うことが美徳だったのである。もちろん、才能のあることは悪いことではないにしても、それを磨こうとして汗水たらすことは、さほどみっともよいことではないと思われていた。兼好もまた、一面ではそういう美意識を継承していて、老年になってなお技芸の上達にあくせくするのは醜いことだ、というような感想も述べている。しかし、その半面、彼はやはり新しい時代の空気を呼吸していたので、人間の多様な能力を肯定し、その多様さをきわめて幅広く捉える感覚を備えていた。『徒然草』は、伝統的な和歌や弓矢の才能をたたえるだけでなく、無名の庶民のあいだにさまざまな職人藝の名人を見いだしている。あまりにも有名な一節だが、彼は木登りの名人や宇治の水車作りの逸話を引いて、能力だけに生きる人間の姿に温かい眼を注いでいる。

同時に、こうした能力への評価と背中合わせに、個人的な好み、美的な趣味にたいする評価もいちじるしく高まってきた。個人的な趣味の主張も、まだ平安朝では積極的な美徳ではなく、大和絵などに見るように、人間の相貌や表情にすら類型化への志向がめだっていた。この点についても、兼好は過渡期の矛盾した感情を抱いており、自分自身は狷介な趣味人でありながら、世間が生活に趣好をこらし、大陸から奢侈品を輸入することには、批判的な目を向けている。

ところが、南北朝末期から、主として武士を中心に、反抗的な美意識が生まれ、たとえば「婆娑羅」という新しい価値観が芽生えてきた。「婆娑羅」とは、もともと髪を正しく結わないで、肩に垂らしている風体を指す言葉だったようであるが、これが表わすように、万事、横紙破り、傍若無人の態度が美徳として誇りにされ始めた。『太平記』を読むと、佐々木道誉という「婆娑羅大名」が現れて、世間のさまざまな規範を打ち破る一方、茶の湯や連歌などに、人の目をそばだたせる華美を楽しむさまが描かれている。しかも、その自己顕示によって彼は政敵を心理的に圧倒し、世間をも承服させて、自分の社会的地位を高めることに役立てて行くのであった。道誉ばかりでなく、この時代の有力な武士や富豪たちは、それぞれ何らかの道楽に趣味をこらす、「数奇」ということに精力を注いでいる。「数奇」という用語は、今日では「数寄屋造り」の「数奇」として残されているが、その語源は、特定の対象を好くことであり、好みに凝ることにほかならなかった。「茶好き」とか「田楽好き」とか、「唐物好き」といった言葉が人の口にのぼり、さまざまな芸能や珍奇な骨董に大枚の金をなげうつことが、時代の流行として広がっていた。

重層的な自己表現

やがてこの「数奇」は、たんなる奢侈や自己顕示という段階を超えて、しだいに高尚で内面的な美意識へと発展していく。茶の湯についていえば、村田珠光が始め、武野紹鷗を経て千利休が完成したといわれる、あの「侘び茶」の趣味が代表的なものであろう。人びとは茶の湯を通じて他人をもてなし、社交を楽しむと同時に、戦乱の時代ならではの微妙な人間関係をかたちづくって行った。けだし下剋上が横行し、いつ他人に裏切られるかわからない乱世では、微妙な人間関係がとくに重要なものになり、それを手作りにすることが命にかかわる課題だったからである。人びとは茶の湯の集まりを通じて、たんに仲間の勢力や資力を判断するだけでなく、おそらく、こまやかな人格や心配りの能力をも見抜こうと努力した。そのなかで生まれたものが、自己表現をめぐるはなはだ複雑な駆け引きであり、自己抑制を通じて自己を主張しようとする、侘び茶の逆説的な精神であったと考えられる。

珠光の言葉と伝えられる、「月も雲まのなきはいやにて候」とか、「和漢のさかひをまぎらかす」といった箴言が示すように、侘び茶がめざすものはイメージの二重構造を含む美であった。それは、単純な謙虚や自己否定の表現ではなくて、満月の華麗さを一片の雲で覆い、豪華な唐風を質素な和風で包んだときに生まれる、重層的な表現であった。『南方録』の伝える紹鷗によれば、侘び茶の精神は、「見わたせば花も紅葉もなかりけり、浦のとまやの秋の夕ぐれ」、という藤原定家の歌によって象徴されるという。だが、このさいも重要なのは、まずそこに花と紅葉の王朝的な美が存在することであって、それが秋の枯淡のしたに透けて見えるときに、真の侘びが生まれるのであった。

いいかえれば、ここで根底にあるのは、あくまでも表現者の華麗な自己主張にほかならず、それがいわば逆説的に実現されたときに、独特の自己抑制のかたちをとるのである。それはたぶん、具体的には、単純な自己主張が招きかねない他人の反感をそらし、相手の感覚の飽きと疲労を防ぐための、もっとも効果的な方法だったといえよう。表現者は、まず慎みの姿勢によって相手の自我の警戒を解き、ついで、表層の枯淡との劇的な対照によって、内なる華麗さをいやましに強調できるからである。

こうした自己の重層的な表現は、日本の中近世文化の大きな特色であって、たとえば、能の大成者、世阿彌の「せぬがよき」の思想にも、同じものを読みとることができる。「せぬがよき」とは、当時の能の見巧者の評言であって、達者な演技者が、あえてその達者な技巧を抑えて見せたときにあたえられる。想像力の豊かな観客は、その抑制のなかにより大きな技巧を見てとるのであるが、世阿彌はこの効果を重視して、演技者自身の戦術として用いるように奨励する。観客の期待をあえてはずし、見せるべき技巧を見せないのがその手始めであるが、やがて進んでは、一般に演者の技巧の意識そのものを隠すことが要求される。いいかえれば、表現にともなう表現者の企みの意識、他人を動かそうとする自我意識を隠さねばならないのであって、世阿彌はこのことを、「秘すれば花なり、秘せねば花なるべからず」、と宣言するのである。

まったく同じ構造は、中世歌論にいう「幽玄」にも見られ、また江戸時代の「いき」の感覚にも見られるはずであるが、これはおそらく、自己表現をめぐる日本人の特別に鋭い関心を示すものであろう。そこには、一貫して、自己を美的表現によって実現したいという意欲と、そのために、自己表現を自己拡張から区別しようとする配慮が働いている。すなわち、自己を十分に実現しながら、そのことによって他人の自我を侵すことを避け、むしろ他人との美的な同意のなかに、自己の個性を確立しようとする努力が働いているのである。そこには、つねに他者を自己実現の手段とし、そのために他者と闘う近代個人主義の傲慢もなく、逆に、他者と狎《な》れあい、他者を始めから意識しない集団主義の怠惰さもない。そこに見られるのは、他者を身近に置きながらそれを畏怖し、あえて他人の評価のなかに自己の実現をめざす、いわば柔らかい個人主義の姿勢だといえるだろう。

ついでながら、中近世の日本においては、こうした美的表現が広く現実世界のなかで評価され、ときには武力や資力と同等の力として、現実を動かす効果をあげることがあった。伝説によれば、戦勝の武将が領土の代りに香木を要求したとか、敗軍の将が茶道具を献じることで命を許されたとか、あるいは、「古今伝授」を知る城主がそのために落城から救われた、といった美談の数は少なくない。かりにその大部分が伝説にすぎないとしても、それが伝説として語り伝えられたこと自体、ひとつの社会的な気風を占うのに十分な証拠だ、と見ることができよう。

企業家的文化人の群像

こうした独特の文化的雰囲気のなかから、ぞくぞくと誕生してきたのが、いわば演出家型、プロデューサー型というべき行動的な表現者であった。みずからが芸術や学芸の創造者であるのみならず、多くの創造者を組織し、その表現を現実社会に媒介する企業家的な文化人である。彼らは、一方では反俗的な個性を代表する反抗者であり、他方では権力や大衆と応接しうる現実的人間であって、内部に二重の世界を持つ劇的な精神の体現者だったといえる。

おそらく、その最初の先駆者は、偉大な能役者であり作者であるとともに、観世座の指導者でもあった世阿彌元清であろう。彼は、根底においてきわめて高踏的な美意識の持ち主であり、『砧』のような枯淡の作品を書いて、後世の観客がこれを理解することはあるまい、とうそぶく自恃に満ちた孤独者であった。しかし、その反面、彼は先にも触れたように「衆人愛敬」の標語を掲げ、広範な大衆の支持を求めると同時に、足利義満将軍の手厚い庇護を得るべく腐心していた。その藝術的な自尊心と興行的成功への配慮、自己主張と社会への関心は緊張した葛藤を見せ、極端な場合には、目利かずの観客にも面白いように演じようという、一見シニカルにも響く教訓を残させるほどであった。

そして、この現実的な心の葛藤は、やがて彼を哲学的な意味でも自他関係について敏感にし、自我の本質的な存在に関して鋭い自覚を持たせたことは、疑いない。彼によれば、演技者の場合、自己の姿を完全に捉えるには、その主体的な意識である「我見」だけでは十分ではない。自己が真に自由になるためには、自己の後ろ姿まで支配しなければならないが、それを見得るのは他人の眼である「離見」のほかにはない。したがって、自己が自己として完成するためには、まさに逆説的な努力が必要になるのであって、自己を見る他人の視線を自分自身の意識に包摂すること、彼の言葉によれば、「離見の見」の形成が不可欠なのである。

一座の棟梁として、世阿彌は役者から笛や鼓の奏者、面や衣裳の製作者にいたる異業種の組織者であり、また大和猿楽、近江猿楽、田楽、曲舞といった異質の藝種や藝風の統一者であった。彼は、配下に集まる才能の多様性を重視し、個人名をあげてその個性をたたえながら、彼らが硬直した自己執着、「情識」を持つことを戒めている。鎌倉以後の武家社会の近くに生きる人間として、彼もまた「家」の観念を信じていたが、その「家」は血縁の正統性や、相続による連続性とは無縁のものであった。そこで家と呼ばれるものは、純粋に個人的な技術の継承の系譜にほかならず、「たとへ一子たりと云ふとも、不器量の者には伝ふべからず」、といわれる芸統の連続性であった。「家、家にあらず、次ぐを以て家とす、人、人にあらず、知るを以て人とす」という能力主義は、土地相続を基盤とし、正統性の連続をめざす武士の家系とはまったく異質のものであった。じっさい、晩年の世阿彌は、義持、義教という次代の将軍の趣味とあい容れず、みずからは佐渡に流罪となり、彼自身の観世一家は断絶の憂きめを見たのである。

　桃山期にはいって、世阿彌と酷似した役割をはたし、同じような非運をたどったのが、茶の湯の千利休であった。彼の場合は、出身が堺の商人であり、もともと実業の人であったものが秀吉の茶頭となり、侘び茶を時代の公認の趣味として確立する役割をはたした。彼は、保守的な宮中にもこの新しい趣味を導入する一方、秀吉にたいしては、その内政上の助言すら行なっていた形跡がある。権力者と藝術家は、ここではたんに臣従や庇護の関係を超えて、自己表現をめぐって、より複雑な相互依存で結ばれていたにちがいない。すなわち、秀吉は利休を仮面とすることで、一国を美意識の深みまで支配することができ、利休は秀吉の光を負うことで、自己表現の社会的な呪縛力を増すことができた。侘びの美が重層的な表現だとすれば、秀吉と利休の関係は、まさにその重層性の肉体化だったといえるかもしれない。

　紹鷗とともに、侘びの美を先の定家の歌で表わした利休であるが、彼はまたそれを藁屋に繋がれた千金の名馬に譬えた、という。事実、彼は秀吉のために黄金づくしの茶室を作るとともに、巨城の一隅に膝を入れるばかりの山家風の茶室もしつらえた。利休の内面において、秀吉が名馬であり花と紅葉であって、秀吉にとって利休が藁屋であり秋の夕ぐれであったと見るのは、あながちうがちすぎとはいえないだろう。

だが、このような自他関係が緊張に満ちたものであり、自我意識のいささかの揺れによって、容易に嫉妬や憎悪を生むことは、想像にかたくない。晩年の利休は秀吉と対立を深め、ついに罪を得て死を命じられた。この対立の具体的な契機については諸説あるが、少なくともその隠された背後に、自己表現をめぐる心理的な葛藤があったことは、十分に考えられる。利休が得た罪状のなかに、彼が従来の名物茶器のほかに独自の新名物を創造したこと、またみずからの彫像を作らせて、これを大徳寺の山門に飾ったことが含まれるのが、注目を惹く。彼の藝術は、もともと茶の湯という社交の演出であり、陶芸家から大工にいたる職人集団のプロデュースであった。晩年の利休がその企業家的な側面を強め、しだいに自分自身が技芸の庇護者の立場をとり始めたとき、おそらく、その自我は秀吉のそれと正面から衝突したにちがいない。今日では家元制度の典型を見せる茶の湯であるが、その大成者は終生を巨大な個性の戦いのなかに生き、その完成として、誇りにみちた凄絶な自害をとげた孤立者であった。

　この利休にやや遅れて活躍した藝術家に、同じく京都の商家に生をうけた本阿彌光悦がいる。本阿彌家は、刀剣の修理と鑑定を業とする裕福な名家であったが、光悦の曽祖父は迫害を受けて下獄した日親上人に感化され、自己の信条に厳しい法華宗に入信した。この時代の法華宗は、農民の一向宗に較べて自力本願の傾向が強く、自恃の念に厚い個人主義的な性格をおびていた。京都の職人や商人にはこの法華宗の信者が多かったが、あるいは、このことが彼らの信義、誠実の感覚を支えるうえで、西洋のカルヴィニズムに似た役割をはたしたかもしれない。

光悦の母、妙秀も女ながらに豪胆な人物で、権力を恐れぬ反骨的な精神の持ち主であった。『本阿彌行状記』によれば、自家を盗賊が襲って客の刀剣が盗まれたときにも、彼女は、富裕な武士がそれしきの損失に困ることもあるまいといって、騒がなかった。それどころか、窮した盗賊がわが家にはいってつかまるのは哀れだというので、信仰する寺に金を送って、盗賊が無事に逃れうるように祈願させたという。光悦自身も、そうした倫理感と反俗精神を受けつぎ、小商人の卑小な吝嗇にはことさらに潔癖であったらしい。あるとき、知人が忙しい節季にまとめ払いをしているので理由を訊ねたところ、集金人の混雑に紛れて小銭をごまかすことができると答えたために、彼は憤然としてこの知人との交際を断ったと伝えられる。

光悦は、プロデューサー型の藝術家としてまさに典型的な人物であって、みずから天才的な書家であり、陶芸家であり、書物や漆器の意匠家であるとともに、多くの優れた才能の友人であり組織者であった。茶の湯の織田有楽斎や古田織部、釜師の名越三昌や陶芸の楽常慶、蒔絵師の五十嵐太兵衛といった人びとが身辺にあって、光悦を囲む対話、あるいは共同作業のなかから貴重な成果を生みだして行った。

なかでも有名な事業は、角倉素庵とともに行なった嵯峨本の出版であるが、これは製紙、挿絵、装釘など、当時の藝術的成果の総結集ともいうべき傑作であった。また、光悦は晩年、洛北の鷹ヶ峰に藝術家村を開き、茶屋四郎次郎、尾形宗伯、筆屋妙喜らと、いわば美的生活をともにする共同体を作りあげた。これは、武士の同族集団でも農民や工人の同業集団でもなく、家系と職業を異にする個人が、もっぱら法華宗という信仰と、社交の趣味を共有することで形成した集団であった。いいかえれば、それは都市の精神を縮図にしたような共同体であるが、これは世界史のなかでも珍しい試みであり、藝術家コロニーとしては、おそらく最初の実験だったともいえるだろう。

国際的普遍性の信念

この光悦と協力して嵯峨本を出版し、彼に劣らぬ教養人であった角倉素庵は、その父の了以と並んで、近世日本を代表する企業家であった。嵯峨に住んで金融業を営んだ角倉家は、その先祖が長らく医術を業とする家であった。祖父の宗桂は医師として明国に渡り、多くの医学書を持ち帰ったといわれるが、この知的技術への敬意と国際的な関心は、了以と素庵父子の活躍に重要な背景をあたえたものと思われる。

了以は、この角倉家の正嫡として生まれながら、家督を弟に譲って、ひとりの自由な個人として新事業に乗りだした。第一は、安南を中心とする南蛮貿易であり、第二は、大堰川、富士川、高瀬川などの改修掘削という土木事業であり、その成功にもとづく水利による運輸業であった。いずれも高度の知識と技術を必要とし、国政に深く関わる公共事業であって、しかも、個人の冒険心にかかる危険度の高い事業であったことが、注目される。彼は、これらの冒険にみずから投資し、航海から土木にわたる異種の労働者を管理し、岩石掘削のための新技術の発明まで行なった。死後、了以は遺書によって自分の肖像を彫らせているが、そのこと自体が利休のあの肖像彫刻の逸話を偲ばせるうえ、眼光鋭い意志的な像の表情と、手にした掘削工具が印象的に彼の人生態度を要約している。

素庵は、この父の事業のすべてを受けつぐだけでなく、とくにその学芸、藝術への関心を発展させて行った。そのめだった成果は出版事業であったが、それのみならず、彼は父の儒学への素志を深め、当時の碩学《せきがく》、藤原惺窩《せいか》や林羅山らと親交を深めた。この関連でとりわけ興味深いのは、惺窩が素庵の南蛮貿易に協力し、いわば国際通商の思想的な理論づけを行なっていることである。惺窩は素庵の朱印船のために「舟中規約」を定め、また安南王にあてた信書を起草しているが、ここには日本近世の儒学者の商業観と、その国際感覚がいきいきと明示されている。

一、異域の我国に於ける、風俗言語異なると雖も、其れ天賦の理、未だ嘗つて同じからず。其同を忘れ其異を怪しみ少しも欺詐、慢罵するなかれ。彼れ且つ之を知らずと雖も、我豈に之を知らざらんや。信は豚魚に及び、機を海鷗に見る。惟れ天は偽欺を容れず、我国俗を辱かしむべからず、若し他に仁人君子を見れば、則ち父師の如く之を敬い、以って其国の禁諱を問い、其国の風教に従う。（「舟中規約」林屋辰三郎『角倉素庵』）

書中謂う所は、一に信の一語に止まる。誠に是れ、家国治教の要なるか。夫れ信は吾が人性の固有にして、天地に感じ金石を貫き、以って通ぜざるなし。豈にただ隣交通好のみならんや、是れ千里その風同じからずと雖も、五方皆此の性を殊にせざる所以の者なるか。是に由って之を見れば、則ちその同じからざるは、特に衣服、言語の末のみ。然れば則ち千里万里遠しと雖も、衣服、言語は殊にすと雖も、其の遠からず殊にせざる者有りて存す。是れ所謂一に信を以てなり。（「致書安南国」同上）

一貫して注目を惹くのは、そこに謳われた「信」の理念の強調であり、それによって商業活動を正当化し、国境を越えた人類の普遍性を説明しようとする意欲である。

惺窩は、朱印船の日本商人に向かっては暴利を戒め、通商とは有無を通じて自他を利するものであるから、信義にもとづく共栄こそがかえって大きな利益を生むことを説く。その一方、詩書礼義を偏重して商業を卑しむ安南王をも説得し、詩書礼義が結局は安民為政の手段にほかならず、その安民為政のためには、信義に従う交易が重要な貢献をしうることを主張する。「信」は「家国治教の要」であり、「吾が人性の固有」であって、国際的に共通の倫理であるとともに、また商業活動そのものの原理なのである。したがって、人間は「信」のみを奉じれば文化の差異を超えることができ、じっさいそうすることによって、風俗の違いを許容しながら友好を結ばなければならない。「舟中規約」の言葉を借りれば、「風俗言語異なると雖も」、それは「天賦の理」であり永遠の現実なのであるから、外国人を「少しも欺詐、慢罵する」ことがあってはならない。国外に出て「仁人君子」を見れば「則ち父師の如く之を敬い」、異郷にはいれば「其国の禁諱」を尊重し、「其国の風教に従う」ことが不可欠なのである。

　重ねて注目にあたいするのは、ここにはたんに異質文化への寛容さがあるのみならず、むしろ積極的にその異質性を超え、国際交流の普遍的な原理を提案する姿勢が見られることであろう。儒教という当時の思想的共通語を独自に再整理し、そのなかからとくに「信」の観念を選びだし、それを日本人の立場から世界に向かって主張する態度が見えることである。

　そこにうかがえる日本人の立場は、詩書礼義を安民為政に還元し、そのために商業活動を肯定する現実主義であり、人間が民族、国境を越えて人間でありうるという、普遍主義的な個人主義であった。かつて、日本人がこうした思想を抱いたこと自体も面白いが、それ以上に感銘深いのは、彼らがそれを国際的な言葉で表明し、国際交渉の共通の基盤にしようとしたことであった。彼らにとって、日本文化は個性的ではあってもおよそ特殊ではなく、彼らが国内で信じていた公的世界は、そのまま海を渡って、文字通り地球的世界につながっていたのである。

文化産業の経営者

ところで、こうしたルネサンス的人間に較べると、たしかに、江戸時代盛期以降の日本人が小粒になったことは否めない。第一に、徳川幕府の鎖国政策が社会を国際環境から隔離し、さらにその重農主義的な気風が、都市の商業活動や文化生活に制約を加えたからである。鎖国は、明らかに貿易や海外投資の機会を減らしたし、士農工商のたてまえは商人の社会的地位を限定し、政権と結んだ公益事業への参入の道を狭めて行った。江戸町人は各地の大名とつながり、山片蟠桃の例のように藩財政の改善を請負ったりもしたが、同時に、いわゆる大名貸しはつねに貸倒れの危険をもたらした。

こうした状況のもとで、江戸の商家は、一方で、三井家のように保守的なイエ組織を作って自己を守るか、そうでなければ、紀伊國屋文左衛門のように投機によって財をなし、一代でそれを蕩尽する、浮沈の大きい運命をたどることになった。当然、そのどちらも了以や素庵のような巨人は生みにくいが、それに輪をかけたのが、幕府の都市文化そのものへの抑圧であった、奢侈禁止の名目のもとに、演劇も文学も美術も厳しい監視のもとに置かれ、藝術の庇護者も、尾形光琳を支えた中村内蔵助のように、しばしば口実を設けて処罰される悲運をなめた。

だが、それにもかかわらず、江戸町人の文化的意欲はきわめて旺盛であって、プロデューサー型の藝術家も、企業家的な文化の演出者の系譜も絶えなかった。むしろ、時代がくだるにつれて江戸文化は大衆化を強め、藝術は民衆の教養娯楽として拡散現象を見せたのであって、それに応じて、大衆文化の生産を職業とする企業家が台頭することになった。

彼らの仕事は、芝居の座元、美術商、出版業、私塾の経営、さらに呉服商など流通業の一部におよんでいたが、すべて個人の着想と冒険心、それに、「衆人愛敬」をめざす大衆把握の力を必要とする事業であった。それは物資よりは情報を扱い、不特定多数の顧客を対象とし、つねに賭けの要素を伴う不安な職業であるが、江戸町人には、たとえば天明期の出版業者、蔦屋重三郎のように、それに果敢に挑戦して成功した人物が少なくなかった。重三郎は最初、遊廓案内の小冊子『吉原細見』の小売商から身を興し、やがてみずからその刊行に手を染め、急速に大をなして、全国の出版界を制覇した立志伝中の人物であった。文化産業として出版業が典型的であるのは、それがとくに時代感覚と先見性を必要とするからであるが、同時にこの業界には、商業上の信義の観念が早く確立していたからでもあった。蔦屋の最初の成功の機会は、先行の大出版業者、鱗形屋が剽窃事件を起し、闕所《けっしょ》追放の処分を受けたことだといわれるが、こうした厳しい倫理規制が業者の着想の競争を純粋なものにしていた、と考えられる。

そのなかで、重三郎は黄表紙、洒落本、往来物、狂歌集と出版物の範囲を広げ、ついには浮世絵の刊行者としても代表的な存在になったが、彼の武器は終始、才能を見抜く見識と、個性を組織する社交の感覚であった。朋誠堂喜三二、恋川春町、大田南畝、喜多川歌麿、山東京伝、滝沢馬琴、東洲斎写楽と並べれば、そこには江戸文化の総結集というべき群像が浮かびあがるが、これらはことごとく、重三郎が庇護し親交を結んだ作家たちであった。当時、社交の場は吉原を中心とする遊廓に偏っていたが、彼はこの弦歌の世界で、あるいは流行の狂歌の会に席を借りて、癖の多い藝術家たちの心を捉えることに腐心した。その精神は、時代の流れとともに庶民化したとはいえ、本質的には、遠く利休や、光悦、素庵の文化サロンに通うものであったにちがいない。そして一方、この時代のサロンは広く外界に向けて開かれており、それが生みだす生産物は、たとえば草双紙一冊が一万数千部という、今日でも驚くべき大衆性を誇ったのである。

いうまでもなく、出版業は産業として巨大な存在ではなく、文化産業の全体を含めてみても、たぶん経済史に大きい地位を占めるものではないだろう。しかし、それを支えた企業家精神という観点から見ると、これはあんがい、日本の近代産業化に隠れた寄与を行なっていたかもしれない。少なくとも、忘れてはならないのは、近代以前の日本にこの種の企業家の群像があり、また、それを許す社会的気風が三百年の歴史を持っていた、という事実だろう。そこには、勤勉、忠誠心、均質性、協調心といった、いわゆる「日本的経営」の核をなす特質のほかに、ひかえめにいっても、もうひとつ持続的な気分の伝統があった、と見るほかはないのである。

そういう自由な気風を支える人間関係は、『江戸の想像力』の田中優子氏によれば、俳諧、狂歌の「連」によって象徴されていた。蔦屋重三郎も愛好したこの文学形式は、連歌以来の伝統にのっとって、社交の場で作られ、社交の場で鑑賞、評価されることによって、サロンの中心的な絆になっていた。連はそうした作句のためのサロンであるが、これはときに地域的なつながりによって、またときには会所、取次所を結ぶ全国的なネットワークとして形成された。連は作句という単一の目的のために、身分や職業、思想や信条とは無関係に、きわめてゆるやかなかたちで組織される。十八世紀以降、この連は社会の広範な層に普及し、多くの無名の大衆が参加して、作句を楽しんだといわれる。

田中氏は、この「連」的な人間関係を広く江戸文化の社会的基盤と見て、杉田玄白らの「蘭学社中」や、平賀源内の本草学のネットワークもその一類型と考える。源内は、本草学の見本市「東都薬品会」を開いたが、そのさい薬草見本の蒐集経路として、全国に産物請取所と取次人の組織を作った。田中氏によれば、その発想の基盤に俳諧の連があったというのであるが、両者の直接的な関係はともかく、そこに類似した人間関係の感覚があったことはまちがいあるまい。重要なことは、江戸時代における情報や物資の流通が、しばしばこうした自由な人間関係を通じて行なわれたことであり、大衆がそうした関係に信頼と愛着を寄せていた、ということであろう。この感覚は、おそらく近代の産業化にあたって、資本主義の自由な市場を形成するために、少なからぬ隠れた寄与をしたにちがいないのである。

四　イエ社会と間人の理論

新しい家族主義の発見

もちろん、そうはいうものの、日本は歴史的にも西洋型の硬質の個人主義の社会ではなく、とくに近代化以後の現状においては、むしろそれとは対蹠的な性格をきわだたせている、という事実を否定するわけにはいかない。

明治以来、西洋世界との接触が深まるにつれて、日本人は個人として寡黙であり、組織内の気配りにたけている反面、組織を越えた社交には不器用だ、という定評が内外にひろまった。教育の場では、「和をもって貴しとなす」、というのが聖徳太子以来の美徳とされ、毛利元就の「三本の矢」の譬えが、通俗的な人生訓の挿話として愛好されてきた。職場では、「お家大事」が半ば冗談混りの合言葉とされ、「お勤め第一」とあわせて、今日でも人の口の端に上ることが多い。もっとも、そこに混る冗談めかした口調には微妙な陰影がこめられていて、真剣な忠誠心というより、日本人の芝居心を読むことができるのだが、ともかく表面的には、これも集団主義の標語であるにはちがいない。そして、現代社会の中枢を占める企業や官庁を観察すると、その組織の構造にも管理運営のあり方にも、たしかに、他国に見られない独特の家族主義的な気風がめだつのは事実である。

とくに、創立以来、数世代を経た代表的な企業においては、たとえばアメリカ財界のアイアコッカ氏のような、独裁的で個性強烈な指導者の姿はあまり見られない。そういう個性的な指導者をいただく企業は、日本ではいわゆるヴェンチャー企業であり、あるいは企業の規模は大きくても、比較的、新しい産業分野に見られるのが普通である。多数を占める大企業組織のなかでは、稟議根回し、全員一致の原則が守られていて、組織を動かすのはむしろ中間管理職であり、その主張や意見がなめらかに組織の上層部にあがっていく仕掛けができている。会議を開けば、その発端にはさまざまな意見の対立があるにしても、ほとんどの場合、一方が他方を圧倒するというかたちで結論は出されない。多数決原理すらできるだけ避けられる傾向があり、多数派は少数派を辛抱強く説得し、結局、少数派が寛容に自分の意見を撤回するかたちで会議が終るのが、見なれた光景であろう。こういう組織の構成員を個人として見ると、西欧的な基準でいえば主張や要求が柔軟であり、その意志伝達のかたちも論理的、観念的でないのが特徴であるように見える。彼らはあらかじめ暗黙の了解によってつながっていて、そのなかで細部の違いを微調整しているにすぎないのだが、それが日本人の伝統的なコミュニケーションの姿だと見なされることが多い。

ちなみに、こうした協調主義への志向は、近代百年のなかでときに限界を越えて極端化し、文字通りの集団主義、全体主義の見かけをとったことさえあった。国家や家庭や官僚組織が個人を抑圧し、体制の頂点に立つ人間が、むきだしの独裁者に見えたことがしばしばあった。

先に述べたように、近代の多くの知識人、とりわけ文学者たちはそうした現象に幻惑されて、日本社会を封建主義的な血縁の社会、家父長的な強権の支配する社会として感じとった。マルクス主義の立場から体制否定を叫ぶ人はもちろん、自由主義に憧れる大多数の知識人も、国家や企業をきわめて疑わしげな目で眺めていた。とくに文学者の場合、彼らを抑圧するものは地縁のつながりに立つ村であり、地縁のつながりを基盤とする家であり、そのなかで象徴的な敵となるのはつねに「父」であった。永井荷風の『狐』から志賀直哉の『和解』まで、父親は日本の抑圧的な気風の象徴であり、それから逃れることが個人の自由にほかならなかった。そして、彼らは、この抑圧がむしろ近代化の歪みの産物であることに気づかず、性急に現状を過去に投影して、それを封建性の遺風と見なしがちであった。

しかし、第二次大戦後になって、日本の各種の集団がそれまでの極端な抑圧力を弱め、個人に一定の自由を保障するようになると、洞察力に富んだ知識人の目には、ようやく日本的な集団の本質的な姿が見えるようになってきた。

それは、たしかに協調と暗黙の了解を基盤にする家族的集団ではあるものの、およそ鉄の規律を持った全体主義的組織でもなく、また土と血に根差した宿命的な共同体でもない、という認識がうちたてられた。これが、冒頭で紹介した、『文明としてのイエ社会』の村上泰亮、公文俊平、佐藤誠三郎氏らの業績であり、また、その独特の人間関係を「間人」と呼んだ浜口恵俊氏、「仲間主義」という用語で捉えた井上忠司氏らの貢献である。この新しい認識は、もちろん、発見者の独創性のたまものであるが、同時に、社会の現状そのものが変化して、過去を古い現状の投影から解放した結果だ、と見ることができよう。

考えてみれば、われわれはこの論考で日本社会の伝統を見なおし、その独特の個人主義の姿を模索しているのであるから、同じ動機から日本人の独特の集団性を発見したイエ理論とは、同一の盾の両面を攻めているといえなくもない。これまでにも暗示したように、イエ社会と柔らかい個人主義とは、事実としても盾の両面をなし、ときに並立して均衡を保ち、ときに優位性を交替しながら文化を性格づけ、少なくとも中近世以降の日本の歴史をかたちづくってきた。しかし、『文明としてのイエ社会』が書かれた一九七〇年代の終り、当時の社会は圧倒的にイエ原理の支配を受け、それ以外の要因はほとんど目にもとまらないというのが実情であった。柔らかい個人主義の徴候が見え始めたのは、それから数年のちのことであって、それまでの日本社会は事実、イエ社会としてほぼ全面的に説明のつく状況にあった。それがなぜであったかということも、われわれはやがて検討することになるが、そのためにも必要なのは、この優れた社会分析をやや立ち入って紹介することだろう。

まず、『文明としてのイエ社会』によれば、「イエ」とは血縁の絆によって結ばれた本来的な家族でもなく、その系譜としてなりたつ家系でもない。それは単に強権的な家父長主義と無縁であるばかりか、これをつないでいる原理そのものが、もともと生物学的な血縁でないというのが特色である。

この主張の基盤になっているのは、さきにも触れたF・L・K・シューの日本社会論であり、その「キントラクト」という独創的な概念であった。シューは、日本のイエと呼ばれる関係をつぶさに観察し、それを中国やインドやヨーロッパの家族と比較して、そのなかに一つの独特の性質を発見した。それは、日本のイエが世界に例の少ない養子縁組というしきたりを持ち、たとえ血縁の子孫がないときにも、他人を養子にしてイエの存続をはかる、という事実であった。世界の国々においては、家は自然発生的なつながりの組織であり、その存続のためには実子の相続が不可欠であって、もしそれがみつからない場合には、家系そのものが断絶するのが普通である。しかし、日本では、そこに他人を導入してもイエの形式を守り、その名目の枠組みを持続させる努力が働くのであって、このことに着目したシューは、日本のイエは実体ではなく、いわば制度化された血縁だと考えた。

そういえば、日本の社会には、近代になっても養子縁組を好む習性が見られ、大阪の商家などの場合には、実子があっても家督を養子に譲る例が珍しくなかった。凡庸な長子をさしおいて、有能な使用人を娘の婿に迎えるというやり方であって、家系の存続と実力主義を両立させる、商人らしい現実主義の産物であった。さらに、そうした血縁が皆無の場合にも、社会集団を「一家」と呼び、構成員を親方、子方、親分、子分と呼んで、制度的な組織を家族になぞらえるのは、日本のめだった特色である。江戸時代の長屋には、「大家は親も同然、店子は子も同然」ということわざがあったが、これもまた擬制化されたイエの意識が生み出した言葉だといえるだろう。

両義的な集団、イエ

したがって、こうしたイエは、それ自体の内部に他人との約束を含み、その根底の関係が契約の観念に支えられることになる。いうまでもなく、本来の家族には自然発生的なつながりはあっても、公的な契約の観念はなく、夫婦縁組の場合を除けば、意識的な約束が交わされることはない。だが、日本のイエは少なくともその可能性において、家督相続というもっとも重大な瞬間に、公的な約束がはいりこむことになる。一方、この擬制的な家族は血縁の家族を原型としているのであるから、その限りにおいて、自然発生的な家と似た性格を持たざるをえない。養子はいったん契約によって迎えられてしまえば、契約を超えて無期限かつ無条件に一家の構成員となり、永続的にそのイエに帰属するのである。シューは、この二面的な性格を持ったイエを詳細に観察し、これを、「血縁的大家族を原型とした会社（コーパレーション）」と呼んで、それを支える原理を「キントラクト」と名づけた。いうまでもなく、これは契約を示す「コントラクト」と、血縁的なつながりを表わす「キン」の複合語であり、アメリカ英語らしい新造語である。

このシューの理論を土台として、村上、公文、佐藤の三氏は日本独特の社会構造を理論的にも深く説明し、かつ歴史的にも丁寧な跡づけを行なっている。三氏によれば、日本のイエは、血縁的な家族でないのみならず、地縁的な集団でもなく、いいかえれば、土地に縛りつけられた村の人間関係でもない。なによりも強調すべきことは、このイエが一定の目的を持った一つの経営体であり、したがって、合理的で機能的な集団だということである。

イエの原型は、平安末から鎌倉初期の関東の開発領主がつくりあげたものであるが、この新興の領主たちは新しい土地を開発し、それを拡張し、敵対者から守るために強固な武装集団をつくりあげた。厳しい辺境の環境のもとで、武士の家族は急速にみずからを拡大する必要に迫られ、その過程で多くの非血縁成員を取りこんで、彼らを組織して行かねばならなかった。その際、組織が人為的であればあるほど、集団はその存立根拠の論理を求められるのであるが、開拓期の東国では、たとえば宗教のような抽象的な原理の採用は困難であった。文盲の多い農民や下層武士にとっては、より身に触れてわかりやすい自然的な原則が有効であって、おそらく、そういうものとして何より手近にあったのが血縁の原則であった。臣従の関係を親子の関係になぞらえ、主君の権威を相続によって保証することは、誰であれ家族を持つ人間にとって、自然に理解しやすい秩序原理であったにちがいない。集団の外に激しい実力競争があればあるほど、集団の内部には実力によって動かされない秩序がなければならず、そのためにも、自然発生的な家族のイメージは最適の絆であっただろう。こうして、東国武士の集団では、親族が「家ノ子」として団結を強め、親族でない郎党すら、「一家ノ端」、「家人」として、あたかも家族の構成員のように振舞うことになった。

この擬制的家族は、やがて中世末期に武士が特定の所領を離れ、土地を移動するようになっても、そのまま保たれることになった。そこでは、イエは自己の存続と強化を計ることを目的とし、その意味で、機能的で効率的な戦闘集団でありつづけようとした。だが、その反面、目的が自己の存続である以上、イエには目的を果たして役割を終えるというときはなく、無期限、無条件に持続する生命体に似た存在となる。新しく臣従する家臣も、能力を評価され契約によって加入するが、いったん加入すれば、その帰属関係は世代を超えて永続するものとされる。要するに、イエとは人工的に作られた自然集団であり、目的を明示できない目的志向集団であり、有名なテニエスの用語を借りれば、本質的にゲゼルシャフト的なゲマインシャフトである、ということにもなるかもしれない。こうした矛盾する二面を含む、いわば両義的な組織は、その帰結として独特の構造を生むことになり、それがまたイエの働き方を特色あるものにする。

第一に、それは血縁家族になぞらえてつくられた組織であるから、中心には一貫した家系の連続性がなくてはならない。かりにそれを「主家」と呼ぶならば、この中心的な家系は養子縁組にもせよ、実子相続にもせよ、ともかく断絶のない正統性の系譜を形成する必要がある。この主家は、必ずしも集団の実権ある指導者ではなく、むしろその持続性と統合の象徴としてのみ位置づけられる。必要なことは、この中心的な家系が傍系の構成員を圧倒するほど高く仰がれ、しかも、その相続が実力ではなく、何らかの権威によって保証されることである。それはあくまでも、血縁的な嫡子相続の自然さを維持するものであり、イエの一面である、無目的性を凝縮した存在だといえる。

しかしその反面、イエは目的を持った経営体であるから、それを運用するためには、より機能的な命令系統がなければならない。村上氏らは、これをイエの機能的階統性と呼ぶのであるが、この秩序の中心は多くの場合、象徴的な主家の家系とは別にあった。そして、この階統性と先の系譜性は、それぞれ集団内部の異質性と同質性の反影として働き、両者が両立することによって、互いに相手を補完し調整する役割をはたす。ここでは単純な利益集団、目的志向の経営体とは違って、機能的階統性も家族的な気分によってやわらげられる。また逆に、系譜性の権威が構成員をおのずから従順にして、それぞれの自己主張をやわらげることになり、その結果、イエのなかに稟議制度や根回し型全員一致主義が根づいた、というのである。

イエ理論の有効性と限界

これだけを読んでも明らかなように、このイエ理論は、日本人がひとつの安定的な組織を作りあげたとき、それがどのような構造をとるかということについて、きわめて説得力に富んだモデルを提供している。

たしかに、鎌倉時代以後、歴代の幕府や諸藩の大名家を始め、各級の武士組織は、一貫して超血縁的家族の形態をとりつづけてきた。系譜性と機能的階統性は、しばしば現実に別の主体によって担当され、象徴的な将軍職の幕下で、執権や管領や老中が実権を行使する姿が見られた。一般の武士のあいだでも、擬制的家族を永続させることが最高の理想とされ、それが支配者個人の生命や名誉よりも優先されたことを示す事例は、少なくない。戦闘や政争に敗れた一家が、当主の死によって家督相続の権利をあがなったり、当主を誅された一家の家臣が、その名誉回復よりも家の再興のために闘った、といった挿話は枚挙にいとまがない。日本最大の家系というべき天皇家は、村上氏らによればむしろ古代氏族社会のなごりだとされているが、これを中世の乱世を通じて保持しつづけたものも、たぶんイエ社会の道義感覚であったと思われる。そして、それがやがて、日本国家の全体をひとつの超血縁的家族になぞらえ、政治形態のうえでは権威の象徴と権力の実体を二分するという、独特の伝統を作るのに寄与したことも疑いはなかろう。

　また、このイエ構造がのちに武士社会を超えて拡がり、三井家に典型的に見られるような、大商家の形成に影響をおよぼしたという主張も、十分に首肯できる。そこでは、家督を相続する惣領、家法を執行する親分、家業を統轄する頭領役が役割を分担し、その頭領役は、家産を共有するイエの構成員によって互選されていたという。

　そして、なによりも村上氏らの理論を有力にしているのは、これが歴史を超えて近代の日本社会を説明し、とりわけ、大企業や官僚組織の行動様式の解釈に成功したという点であろう。あらためて繰返すまでもなく、これは、さきに述べた日本的な社会特性を整合的に意味づけ、それを西洋的な全体主義とも封建的家父長主義とも区別し、むしろ近代産業になじみやすい特性として説明した点で、日本近代化論にとってもひとつの画期的な業績なのである。

　だが、あらゆる理論はその長所に問題を含むものであって、このイエ理論に問題があるとすれば、それはあまりにも視野がイエという安定的な組織に集中し、いいかえれば、そこに生きる人間の安定した行動のかたちに局限されている、ということであろう。

　もちろん、村上氏らは日本の歴史を概観して、ときに「党」や「一揆」と呼ばれる一時的な組織が作られ、それがやがてイエに吸収されて行く過程をも見落してはいない。しかし、ここで安定的というのは、組織が平穏無事に持続するということではなく、かりに激しい波乱をくぐるにしても、その目的と課題が不動であり、したがって、組織の手段的な使命が安定していることを意味している。いいかえれば、そのなかに生きる人間の行動の目的が安定しており、彼が組織を必要とする理由が大きくは変わらない、ということがその意味なのである。そう考えると、村上氏らのイエは、まさにそれが東国開発領主の農業経営を基盤とし、戦闘的武装集団を原型としたという点において、安定的な行動のための集団の典型だったといえる。その点では、党や一揆もイエと同質の組織なのであって、そうである以上、組織上より安定的なイエに吸収されたのは当然だった、というべきだろう。

この初期武装集団の座右の銘とされ、のちに広く日本人の愛好する慣用語となったものに、「一所懸命」という言葉がある。一箇所の土地に命をかけ、それを守り拡大する覚悟を表わした標語であるが、これこそ農民の心を持つ武士にとって人生の不動の目的だったといえる。およそ、人間の生活が土地支配を基盤とし、農業の収穫に支えられるかぎり、彼の人生姿勢はきわめて固定的にならざるをえない。何を目的とし、いかにそれを達成するかということは、農業に従事する人間にはつねに明快にあたえられている。農業に成長はあっても飛躍はなく、持続する計画はあっても、一瞬の賭けということはありえない。経営を拡大するにしても、この生活には日々の選択や決断は必要がなく、むしろ、営々たる小さな努力の積み重ねが不可欠である。それはまた、分業による集団的な作業がもっとも有効な仕事であり、土地の存在が永続的なものである以上、その集団の生命も永続することが至上命令となる。目的の変更にあわせてしばしば集団を組み変えたり、個人が集団を渡り歩くというようなことは、農民の生活にはもともとなじみにくい行動なのである。

　これに加えて、戦闘集団というものがまた本質的に保守的であり、行動のかたちも組織の構造も安定をめざしやすい、という事実を忘れてはならない。たしかに、個々の戦場は臨機応変の対策を必要とするが、戦闘の本質は敵を物理的に倒すことであって、この目的は肉体の条件と武器の性質によって固定的に制限される。兵士の肉体訓練には時間がかかるし、武器の発展も歴史のなかで間歇《かんけつ》的にしか起らないから、戦闘の基本的形態と組織の構成は長く変わらないことが多い。戦闘集団は表面上は、指導者の魅力や思想信条によって率いられるように見えるが、じっさいは、日々の訓練の努力に培われた慣習的な行動に支えられている。意外にも、戦闘集団は本来的に農民的な性格を持った集団なのであって、そこでは忍耐心や協調性が美徳となり、その代償として、家族的な思いやりや参加意識が有効になりやすい組織なのである。

　そして、当然のことながら、農業と戦闘というこの同質の行動が重なりあったとき、両者はたがいの性質を強めあって、ひとつの独特の組織を生むことは不可避であろう。イエ社会とは、日本の自然風土や神話的な記憶のふしぎな産物ではなく、明らかに、人間のひとつの行動の類型が生みだした手段的な産物にすぎなかった。だが、そうだとすれば、論理的に考えられるのは、人間がどの時代にもこれとは違った行動のかたちをとり、結果として、イエ社会とは違う別の社会をも作りえた、という可能性であろう。

じっさい室町以来、都市に住む商人は、農民的な武士とはまったく違った生活を営んでいた。彼らにとって、生活の基盤となるのは「一所懸命」の土地ではなく、事業のための機会であり、流動する資金と情報だったからである。機会に追われ情報に迫られながら、彼らは刻々に行動の目的を選択し、それを実現するための方法を発見しなければならなかった。商業にももちろん、持続する努力は必要であるが、それと同程度に応変の機略が不可欠であり、しばしば賭けと冒険の勇気が求められる。

現に近世初頭の大商人たちは、一家を興す過程でいくたびか仕事を変え、それに応じて生活の姿勢をも一変させてきた。先にあげた角倉家は典型的であって、長らく医業を営んできたこの一家は、一時期、京都の帯座座頭職という地位に就いて、それまで無経験の帯の製造卸業にたずさわった。それとあい前後して、一家は土倉《どそう》と呼ばれる金融業に成功し、そこから急速に土木業、運輸業、海外貿易、出版事業へと活動を拡大して行ったのであった。当然、この転換と拡張にあたっては、一家の長である個人の強い指導力が発揮されねばならず、そういう個性的な指導者として、それぞれの転機に角倉宗忠、了以、素庵といった名前が記されたのであった。

こうした商人にとっては、家系の連続性はそれ自体が目的となることはなく、そのときどきの仕事の成功以上に重要な意味は持たなかったと思われる。本阿彌光悦も角倉了以もみずからは家督を相続せず、しかし、その資産は大いに活用して、自分の個人的な野心を実現することが許された。彼らにとって、血縁の本来的な家族はもちろん愛着の対象であったが、それは必ずしも彼らの事業の主体となるものではなかった。商業は農業とはちがって、投資と収益の回転期間が短く、個人の一代のなかで十分に完結しうる性質のものである。商業において、世代を超えて相続しうるのは資金と「のれん」だけであるが、これはどちらも中近世においては、一回の投資の誤りによって消失しうるものであった。そして、そのためのきわどい判断にとって、集団の合議制や参加意識のはたす役割は、相対的にきわめて小さいものと考えられるのである。

たしかに、江戸時代の商人のなかでも三井家のように長く「のれん」をつぐ家があったが、他方、圧倒的な数の商人の家は、資金を相続するいとまもなく消えて行った。日本藝能史の研究者、守屋毅氏によれば、元禄期には「長者に二代なきこと」という俗諺《ぞくげん》があったというが、それほど、商人の家は浮沈が激しいのが常識であった。

ひとつには、当時の投資が商品相場や大名貸しといった投機に偏り、事業そのものに賭博的な要素が大きかったという事情がある。しかし、それと並んで重大なのは、この時代の都市民の社交と文化的教養への志向であって、これが多大の消費を伴って資産を蕩尽させた、ということである。商人たちは、一方で勤勉実直を勧める伝統倫理にしたがいながら、他方では、遊芸や学芸の習得を紳士の資格に数える美意識を持っていた。西鶴の『好色一代男』のなかでも、町人は「金持ち」、「分限者《ぶげんしゃ》」、「好い衆」の三種に分類されているが、これは、そうした美意識にもとづく人間の品等の格づけであった。「金持ち」とはにわか成金のことで、資産はあっても趣味も教養もない人間をさすが、こういう人物は同じ商人仲間のあいだで軽蔑を買った。この間の事情は、おそらく室町期の武将の場合と同じであって、激烈な競争の場で人間の信用が試されるときに、日本ではつねに、美的趣味を含めた自己表現の力が問われるのである。商人の人間関係にとって、重要なのは「信」と並んで社交上の趣味と品格であって、その精神をのちの茶の湯の言葉をかりて標語風に言うなら、「一期一会」の覚悟だったといえるかもしれない。

　こういう状況下で、元禄の町人は二代目の嫡子にも競って遊芸を学ばせ、その結果、しばしば二代目は身を持ち崩して家を没落させることになった。三井家の三代目、高房の『町人考見録』は、少年に遊芸を習わせることを戒め、少壮時代は営々と働いて、藝に遊ぶのは中年以降にせよと説いている。こうした家訓があればこそ、三井家は家系の維持に成功したのであろうが、逆にいえば、それが必要になるほど、当時の社会風潮はこれを裏切るものであったと考えられる。ちなみに、日本に遊芸の師匠が大衆的職業として成立し、遊芸の教則本が広く出版されたのは、いずれも元禄期のことであったといわれる。

　また、同じく守屋氏によると、十七世紀から農村で単婚小家族が形成され、この血縁小家族が近世農業の生産性を高めるのに寄与したが、たぶんそれと関連して、都市にも親子を核とした小商人の家族が成立した。ふたたび西鶴の言葉を引けば、分限になるとは「面々の知恵才覚を以ってかせぎ出し」、それによって「家栄ゆる事」だというのであるが、こうした家族の観念が成立したのは元禄期のことであったという。しかも皮肉なことに、これと同時に進行したのが遊廓の大衆化であって、町人は家族愛の観念を育てるのと並行して、家族の外に男女の恋愛の観念を形成して行った。町人にとって、家族は個人の知恵と才覚によって作りあげるものにすぎず、同時に、個人の情念によって容易に破壊されるものとして成立した、といえるかもしれない。

このように見ると、擬制的家族としてのイエはかなり妥当範囲をかぎられ、少なくともその意義の点においては、日本社会の構成原理として半分の地位を占めるにすぎない、と見ることができる。これに加えてさらに問題になるのは、イエが最初から養子縁組という慣習を糸口にして観察され、その特色が個人の二次的な加入の仕方から説明されたことだろう。いいかえれば、イエはもっぱらその継承の面から分析され、それが創業され新設されるときの状況は注目されていない。どんなイエにせよ、その初めには必ず血縁家族の創始者があって、それが個人の力によって集団を拡大したはずであるが、そういう個人の行動様式は描かれていないのである。

このことはかなり暗示的であって、イエとは農民や武士の組織としても、もっぱらその二代目以後の構造ではないか、と疑いたくなる。たとえば、鎌倉幕府はたしかに典型的なイエであるが、それを執権として支えた北条氏は、創業者の源頼朝から見て二代目というべき存在であった。厳密にいえば、源家の血縁支配を疑似家族的な経営体に変え、執権政治を確立したのは北条政子であって、それ以後の幕府はイエ論で完全に説明がつく。しかし、この偉業を行なった政子その人は、日本史のなかでも稀に見る強烈な個性を示し、目的のためには血縁の父や息子を殺して省みない人物であった。

　また、徳川幕府もそれが成立してからはイエであったが、その創始者である徳川家康自身は、むしろひとつのイエを破壊して、それを外側から作り変えた人間だといえる。戦国の武将として、彼はまず三河松平家の譜代の家人を率い、この家の系譜性と階統性を一身に担って闘った。だが、それによって天下を取ったのちは、彼はしだいにこの戦場の忠臣たちをしりぞけ、新しい官僚型の部下を登用して、統治本位の幕府組織を作りあげて行った。しかも、家康自身はこの新しいイエ組織にも属さず、大御所として引退するかたちを取ることで、かえってその独裁的権力を維持したのであった。

　けだし、初期の開発領主以来、日本にはこうしたイエが数多く浮沈をつづけ、たえず創設され改組される運命をたどったであろうし、そのたびに、これに似た個性的な英雄が出現したはずである。そして、織田信長にせよ豊臣秀吉にせよ、それらの英雄はほとんどみずからはイエ原理の紊乱者《ぶんらんしゃ》であり、自己と血縁の家族は信じていたが、いわゆる「キントラクト」らしいものを信じた形跡はない。あえていえば、日本社会がおびただしいイエを生んだということは、まさにその同じ数だけ、反イエ的な個人主義者があったということかもしれないのである。

そのうえ忘れてはならないのは、このイエ社会の忠実な構成員も、しばしばイエに属したままで、同時に別の人間関係に属していたという事実である。先に触れた「連」のような社交サロンはもちろん、学問を軸とする師弟関係の意味は大きかった。江戸の学塾には地方の各藩から俊秀が集まり、そこで結ばれた精神的紐帯は、ときに同藩意識よりも強く彼らの行動を決定した。とくに江戸末期にはいると、そうした学識ある武士は出身の藩を離れて他藩や幕府で登用され、組織上も二重の帰属を認められて、著述や教授に専念した。松代真田藩から出て幕府に出仕した佐久間象山、熊本に生まれて福井藩に仕え、藩主とともに幕政改革の顧問となった横井小楠などは、その好例であろう。

一般に、日本社会は情報を重視する社会であるが、その情報が伝播される人間関係は、おおむねイエ社会の外にあったといえる。とりわけ、社会の変動期においてはこの傾向が強められ、情報によって結ばれた個人の一群が、大胆に生活の組織を離れて行動する。その最大の事例が、たぶん明治維新の変革であって、この大革命が政治的には平和裡に行なわれたのも、そのことによって説明できるかもしれない。日本の近代化への要請は、象山や小楠のような先覚者を通じて伝播され、かなりの程度に個人としての幕臣と志士たちの双方に理解されていた。志士たちが藩を超えて行動したのはもちろん、幕臣の有識者たちも、多くは幕府の組織よりも個人の情報にたいして忠実でありえた。幕府解体の決定的な瞬間に、イエに殉じて抗戦した幕臣が少数であり、むしろその選良の部分は進んで明治政府の形成に貢献したことは、暗示的なのである。

間人論の功罪

　もうひとつ、このイエの存立を裏づける間人主義、あるいは間柄主義と呼ばれる概念であるが、これもまた歴史解釈と文明批判の両方にとって、イエ理論と同じく功罪半ばする役割をはたした。とくに、イエが純社会学的な概念であるのにたいして、間人はより哲学的な含蓄をおびた概念であるので、文明批判という観点からは、一層深刻な意味を持つものといえるかもしれない。したがって、これについては別の機会に重ねて精査することになるが（「あらためて個人主義とは何か」）、ここで簡単にその功績を紹介し、問題を提示しておくのは、無益ではあるまい。

　いうまでもなく、間人とは西洋近代の個人に対置される概念であり、個人の批判的な代案として考えられた概念であるが、提唱者の浜口恵俊氏によれば、両者は三つの点において対蹠的な存在だとされる。すなわち、西洋に起源を持つ個人が自己中心主義、自己依拠主義、対人関係の手段視という特徴を持つのにたいして、日本の間人は、相互依存主義、相互信頼、および対人関係の本質視ということによって性格づけられる。くだいていえば、西洋の個人は、社会を形成する中心的な根拠は自己であるとし、また、人間の欲求を満たす力も自己の内部にあると信じ、それを満足するうえで、他人との関係を目的にたいする手段だと考える。これにたいして、間人は、他人との扶助協力を人生の本質として捉え、相互の暗黙の察しあいを前提として行動し、人間関係それ自体を目的として、その永続を無条件に願いながら生きる存在である。

間人は具体的には、惣や仲間といった小集団として現れ、それ自体が独自の性格や経験を持って、個性的に働く。浜口氏も、また公文俊平氏もともに、間人を個人と同じ次元で働く社会の基本単位として捉え、人間行動の主体としての資格を認めて、英語の individual に対応する contextual という訳語を創作している。individual が、それ以上は分割できない固い単位を示すのにひきかえ、contextual は、文脈に支えられて一定の統一を保つ柔らかい単位を作る。それはあたかも、文章の一節のように中間的なまとまりを見せ、単語と全文のあいだに立って両者を媒介する働きをする。そして、文章において真の意味がこの文節のうえに現れるように、真に社会的な個性は間人のなかに現れ、それが逆に個人と集団全体の両方を性格づけることになる。それはたんに個人の加算でもなく、また全体の破片でもなくて、原子が化合した分子のように、ひとつの独自の特性をおびて行動の主体となることができる。それは内に他人を含みながら、一箇の自我と同じように決意や選択を行ない、さらに他の間人と協調したり、競争することも可能な存在なのである。

一見してわかるように、この間人論は、これまで絶対視されがちだった西洋の個人主義を批判し、日本社会を集団主義的と呼ぶ、西洋人の非難を退けることを意図している。そのさい、この理論が優れているのは、たんに俗説の事実誤認をあげつらったり、ふたつの文化の優劣を論じたりするのではなく、従来の議論の問題の立て方そのものに切りこんだことである。

すなわち、これまでの社会学が個人と全体という概念を対置し、そのどちらが真の実在であるか、理論的にどちらが先にあるかを訊ねてきたのにたいして、間人論は間人という中間項を置くことによって、この二項対立そのものを否定しようとしている。社会は、けっして個人という孤立した粒子の総和でもなく、かといって、ロマン主義が「血」や「土」になぞらえたような、民族の有機的全体でもない。最初にあるのは、具体的な顔の見える隣人との人間関係であって、個人はそれと関わることで個性を見いだすことができ、社会全体は、この小さな関係の連鎖として総体的な特性を獲得して行く。哲学的にいえば、実体が先にあってそれが関係を作るのではなく、まず関係があってそれが実体を生むと考える点で、この理論は、従来の固定観念をいわばコペルニクス的にくつがえした、といえよう。

そう考えることができれば、たしかに、社会はこれまでより実情に即して捉えることができ、個人も全体も、なぜ一定の同一性を保ちながら柔軟に変化しうるのか、という問題にもうまく答えることができる。また、この理論によって、人間は個人の自己主張による恐ろしい無秩序か、それとも、全体の支配による自由の喪失かという、不幸な二律背反を避けることができる。なによりも、日本人はこれによって自国文化を弁護することが許され、なぜこの国では協調と自由が両立し、思いやりと活力ある競争が矛盾しないのかを、説明することができるだろう。

だが、そう考えることができるためには、ここに見逃しがたい二つの問題があるのであって、それを解決しようとすると、この間人論にもかなり本質的な修正が必要になることがわかる。

第一の問題は、間人という存在の性格が、相互依存主義、相互信頼主義、あるいは対人関係の本質視というように、すべて本来は個人の人生態度を表わす言葉で説明されていることである。他人と協力したり、他人を主体として尊重するというのは、個人が個人のままで十分に抱きうる心の姿勢であるから、これだけの規定では、間人とは協調的な心を持った個人の別名にすぎない、ということにもなりかねない。現に、自己中心主義も相互依存主義も純粋なかたちで現れるのは稀であって、その間にさまざまな漸層的な段階があるということは、明らかだろう。だとすると、間人と個人とは二種類の違った社会単位でもなく、また人間主体の違ったあり方でもなく、たんにある精神態度の程度の差にすぎない、と見られなくもあるまい。

どうしても、ここには間人を個人から区別する質的な違いが必要であって、そのためには、間人が間人としてなりたつための構造の分析が不可欠であろう。いいかえれば、間人がひとつの人間関係だというにしても、それがたんに個人の仲良し関係ではなく、どういう特殊な構造を持った関係であるかを、掘りさげて説明しなければなるまい。さらにいいかえれば、人間をときに個人たらしめ、ときに間人たらしめるものが何であるかを、たんに人間の心がけの違いではなく、もっと必然的で動かしがたい要素から説明しなければならない。予想をあらかじめいうなら、それは人間の行動の種類であり、行動の構造の違いなのであるが、これについては、やがて稿をあらためて考えてみなければならない（「あらためて個人主義とは何か」）。

これと関連して、第二に浮かぶのは比較文化論の問題であって、はたして間人主義はどこまで日本に固有の特性であり、日本人にとって宿命的な社会単位なのか、という問題である。たしかに、歴史上、日本社会に間人主義的な傾向がめだつとしても、それはいったいこの国の「文明」的な特性なのか、それとも、たんに世界共通の文化の程度の違った現れなのか、という問題である。

この点について、間人論はすでに間人を方法論的に捉え、社会一般の本質的な要素である、個と全体を媒介する要素と見なしているのであるから、これが偏狭な日本特殊論をめざしているとは考えられない。その意味では、間人はイエよりも抽象的で普遍的な概念であって、主として、間人主義がイエを支えたことは事実だとしても、これはイエだけの説明原理だとすらいえないはずである。しかし、そうだとすると、あらためて問われるのは、間人と日本文化との関係であり、逆に日本人と個人主義との関係であるが、この探究についてもやはり別稿に譲らなければならないだろう。

五　近代化と日本論の歪み

歴史認識の歪み

いずれにせよ、これまでの考察で明らかなことは、日本には社会を動かす二つの原理が併存しており、それが互いに補いあい競いあって、歴史を作ってきたということであろう。繰返して要約すれば、それはイエ社会と個人主義の原理であり、「一所懸命」と「一期一会」の原理であり、もっと大胆にいえば、農民、武士的な組織原理と商人の行動の原理だといってもよい。前者は鎌倉時代から、後者は遅くとも室町時代以降、どちらも途切れることなく共存をつづけ、近世はもちろん、近代の形成期にもそれぞれ重要な役割をはたしてきた。

しかし、それにもかかわらず一方で否みがたいのは、現代人の眼から見たとき、両者のうちでイエ社会の原理の方が圧倒的にめだち、ともすれば、日本社会の中心的な特質のように見えるということである。最初に述べたように、日本文化が農民的であるというのは抜きがたい通念になっているし、それが武士的であるというのも、新渡戸稲造に見られるように、久しく広い常識になっていた。それどころか、洗練されたイエ社会論が現れるまでは、日本社会はむしろただの集団主義の社会と見なされ、蟻塚の蟻にさえなぞらえられてきたことも、すでに見た通りである。

いったい、これがなぜであったかに簡単に触れ、それを通じて個人主義の原理をあらためて擁護し、あわせて日本社会の今後を予想しておくことは、この稿の結びとして不可欠であろう。明らかに、現状は日本文化の伝統に照らして不自然であり、理論的に見ても、きわめて一時的な事態としか考えられないからである。けだし、その理由は、大きく分けて二つ見いだされるのであって、第一は一般的な歴史認識の歪みの問題であり、第二は、明治以降の産業社会の現実の歪みの問題だといえる。

第一の問題はきわめて単純であって、ひとつには、歴史上の社会とその考え方を示す資料は、概して安定したイエ社会の側に残されるという事実である。家訓や組織図といった資料は、いうまでもなく永く存続するイエによって保存されるし、それ以上に、存続するイエそのものの現状が過去の生きた史料として理解される。イエを最初に興し、あるいはイエをつぶした個人主義者の事蹟は華々しいが、それはおおむね、珍奇な逸話か神話としてしか伝えられない。これにたいして、二代目以下によって継承されたイエ組織は、長時間にわたって多数の人間が関わることから、自然に多くの物的資料を残すことになる。現代の科学主義的な歴史家の眼には、この事情から、とかく個人より組織の方がめだちがちなのである。

同じ問題のもうひとつの側面は、歴史認識における現在の過去への投影ということであるが、これについてはすでに何度か暗示したから、詳しくは繰返さない。しかも、これは歴史認識の方法としては問題であるが、逆に現在の現実を理解する方法としては、あながち全面的に誤っているとはいえない。誰しも、現在を知るためにその発生上の起源を探ろうとして、ともすれば、過去のなかに現在と同型の現象を見いだそうとするのは、自然な心理だからである。むしろ、この問題はつぎのより実質的な問題、すなわち、なぜ近代の日本において現実にイエ社会の原理が優位を占め、個人主義が衰微したのかという問題によって、置きかえられるべきであろう。

一見、意外に見えることだが、この問題の答えは、ひと言でいえば近代の産業社会のなかにあり、さらには日本の産業化の特殊な事情のなかにあるといえる。世間の通念に反して、じつは産業化は必ずしも個人主義の良き土壌とはいえず、むしろ一面では、個人を圧殺するような本質的な構造を秘めているのである。

産業化と個人主義

いうまでもなく、産業化の中心をなすのは機械による工場生産であるが、機械は本質的に生産における計画と実行の段階を分離する性質を持っている。考えながらものを作る、というのは職人の手仕事であって、機械は、考えて青写真を作る段階とそれを実現する段階を峻別する。青写真は、機械が動き始めるまえに完成されていなければならず、機械の稼働の過程で、それが修正されたり微調整されたりすることはありえない。機械は、人間の意志の一方的な実現手段であって、意志に変更を迫るような、対象の反作用を最小限にするように作られているのである。

いいかえれば、機械は人間の手と頭を分離して、頭を手の完全な支配者に変えるのであるが、これが工場という制度のなかに置かれると、やがて人間の種類を二分することになる。すなわち、青写真を作る人間とそれを実現する人間が分離されて、少なくとも生産の現場では、両者はまったく違う行動様式をとることになる。

前者は、ほぼ経営者、商品の企画者、設計者に対応するが、この種の人間は当然、前近代の時代よりもはるかに大きな自己実現の可能性に恵まれる。彼らは、企画と設計の段階で、手と頭の両方を使う全人格的な「仕事」を行ない、しかも、その結果は機械によって翻訳されて巨大な実現を見せる。これにたいして、後者はおおむね工場労働者に相当するが、彼らはいわば手だけの人間に還元されて、均質で抽象的な「労働」に従事することになる。彼らの労働は、機械の構造にしたがって細分化され、あたかも機械の部品そのもののように、分業集団の階層のなかに組織されるのである。

この意味で、産業化はたしかに個人主義を強化したが、それは社会の一部の人間の可能性を拡大したということにすぎなかった。新しい経営者や商品の設計者は、かつての王侯貴族より数も多く、ひとりひとりの自己実現の力も大きかったにちがいない。したがって、個人的力量の総量は明らかに増えたのであり、時代思潮としての個人主義がめだつものになったことは当然であった。しかし、その一方で、産業化は逆に多くの人間から仕事による自己実現の機会を奪い、かつての農民や職人以上に没個性的な存在にしたことも、否定できない。

おそらく、産業化のこの側面があまりひと目を惹かなかったのは、産業化が社会を物質的に豊かにし、主として消費の面で、労働者の自己実現の夢を拡大していたからであろう。その一方、生活改善の夢を知った労働者は、そのためにかえって富の格差を自覚し、社会を所有と非所有の観点から見ることになった。新しい階級意識は、資本と労働の対立にのみ目を奪われ、それと並んで生まれた「仕事」と「労働」の区別を見逃した、といえる。そのうえ、産業化は古い農民や職人の共同体を破壊し、都市的な生活の個別化を促したために、これが一層、個人主義の幻想を増幅したことも考えられよう。

だが、この個人主義が幻想にすぎず、個別化が真の個性化でなかったことは、やがて産業化が「大衆」と呼ばれる人間類型を生んだことからも、明らかであろう。共同体の破壊が労働者に孤独をもたらし、消費への夢がその欲求不満をそそった事情は、つとにエミール・デュルケームの『自殺論』に詳しい。そして、彼らの物質的生活が向上し、表面的な自由が拡大すればするほど、彼らが誇りと自己決定力に欠けた「大衆」に転じた様子は、オルテガ・イ・ガセットやデイヴィッド・リースマンによって、誰もが知るところであろう。

この一般的な状況は、さらに近代の日本に移されたときますます増幅されて、徹底した姿を見せたことは、容易に想像できよう。日本の産業化は、技術と制度の両面にわたって西洋の模倣として始まり、経営の方法から商品の企画設計まで、創造的な「仕事」の大部分を輸入に頼ることができた。それだけでなく、産業社会を運営するための政治制度、それを支える社会思想、産業人を育てる教育理念にいたるまで、基本的に模倣すべき原型がすでに西洋で作られていた。いいかえれば、近代の日本においては、行動のための目的と計画はほとんど外からあたえられていて、国民に必要なのはそれをいくらか修正して、忠実に実現することだけであった。経営者や高級技術者を含めて、日本の産業人はすべて本質的に優秀な労働者であり、社会全体を巨大な工場に変えて、全員が集団的分業労働に従事してきた、といえるかもしれない。

あたえられた課題は困難であり、実現は一刻の遅滞も許されなかった。目的選択のために迷いがないという点で、いわば近代の日本人は、過去のどんな農民や武士よりも農民・武士的な環境におかれていた。そういう環境におかれた人間が、自分の社会をイエ型に作りあげ、過去の伝統のなかから農民・武士的な側面を意図的に選びとったのは、当然だったのである。

じっさい、歴史を振返れば明白なことだが、日本の産業社会がイエ型の原理を採用し、イエ的な人間関係を鼓吹したのは、産業化の当初のことではなかった。『文明としてのイエ社会』の著者自身が認めるように、明治初期の工場では、労働者は大部分が企業外の人間であって、経営者と組織的な人間関係を持っていなかった。

しかし、急速に規模を拡大しつつあったその種の企業に労働力を提供したのは、二十世紀の初頭までは、主として、未婚の女性を中心とする出稼ぎ型労働者と労働請負業者（親方）の管理下にある職人的労働者であった。彼らの企業に対する帰属感は皆無に近く、また企業経営者も彼らの人事管理にほとんど関心を払わなかった。つまり、初期の近代産業企業にあっては、労働者は企業という準イエのメンバーとはみなされず、経営者と従業員とは、徳川の大イエと農民との関係に類似した異質な存在として断絶していたのである。出稼ぎ型労働者と企業との関係は一時的なものに止まり、職人的労働者は親方を介して間接的に雇用されていたにすぎない。このような双方的無関心と断絶との帰結は、劣悪な労働条件と高い労働移動率・欠勤率、さらには間歇的な逃散・暴動であった。

こうした労働者が、やがて企業の内部に組みこまれ、同時に企業がイエ型の組織として成長し始めるのは、二十世紀も一〇年代にはいってからのことであった。工場への機械の導入が一段と進み、熟練労働者の安定した確保が必要になるとともに、西洋から労働運動の思想が伝えられて、企業側にこれに対処する経営手法が求められたからであった。そのうえ一九三〇年代にはいると、日本は国をあげて戦争体制をとることになり、生産力を増強するために、労働者の士気と忠誠心を一層高める必要に迫られた。イエ型の団結心、「企業一家」の思想はそのための恰好の武器となり、政府の指導のもとに、各企業は熱心にそれを実現する施策をおし進めた。終身雇用、年功序列制賃金、企業内福祉や企業別労働組合などという、いわゆる「日本的経営」の特色は、じつは大部分がこうして戦時体制下に基礎を作られ、そのまま戦後に持ち越されて花開いたものにほかならないのである。

ついでながら、このイエ型の企業が誕生するまでの過渡期の十年間に、一方で社交とサロンの思想が花火のように主張され、たちまちむなしく消えて行ったことは、象徴的だといえる。美術批評家、岩村透が『巴里の美術学生』を書いて、「西洋の倶楽部や或は仏蘭西のカツフエ」のようなサロンを切望したのは、一九〇一年のことであった。作家、永井荷風が『新帰朝者日記』を発表して、産業化する日本の風俗を強く非難し、なかでも社交生活の貧困を慨嘆したのは、一九〇九年のことであった。そして、詩人、木下杢太郎らが「パンの会」を開催し、近代的な文化サロンの理想を最初に実現したのが一九〇八年であったが、それが四年後に消滅したのちは、二度と同種の試みが成功することはなかったのである。

近代の日本においては、産業立国が国家の至上目的であったから、企業がイエ型の組織をめざした以上、その思想が社会の全体を覆ったのは当然であった。企業はしだいに数と規模を増大して、それに所属する人間とその家族の人口を増やして行った。官庁や同業組合や、その他の団体が企業と類似の組織を作ったのはもちろん、定住と組織への定着を尊び、家族的な親和を重んじる風潮は、あらゆる教育の場を通じて普及された。なによりも、急成長する産業社会は多忙な社会であって、人びとが頭で何を考えようと、現実の生活が勤勉と効率を要求する社会である。江戸時代と違って、近代の日本人には社交を楽しむ物理的な余裕がなく、やがて習慣の力によって、社交への欲求すら薄いものになって行った。そして、この傾向は第二次大戦の前後を通じて一貫して強まりつづけ、ほぼ一九七〇年代に頂点に達して、あたかも日本社会の不変の特質であるかのように見えたのである。

隠れた伝統の再生

ところで、このように見たうえで今日の産業社会の巨大な変化を考えると、それが明日の日本の「文化伝統」をどのように変えて行くかは、想像にかたくないであろう。この変化を「脱工業社会の到来」と呼ぶか、たんに工業社会の高度化と見るかはともかくとして、すでに昨今、工場生産の内容が変わり、それに応じて人間の生産行動のかたちが変わりつつあることは、誰の目にも明らかだからである。機械設備の自動化が進み、単純肉体労働はしだいにロボットの手に渡され、人間はより多く管理、開発、対人関係の職種に移りつつある。消費者の要求の多様化につれて、発明、企画、デザイン、サーヴィスといった生産部門の重要さが増して、より多数の人間が「労働」ではなくて「仕事」に従事しようとしている。この趨勢の行きつくところ、人間の内部では手と頭の分裂が克服され、その人間が組織の内部では分業による局限から解放されて、より自由で統一的な、本来の個人が再生する可能性が予見されるのである。

さらに現代社会では、国家や階級による政治的な支配力が弱まり、さまざまな理由から家族の求心力も薄れつつある。さらに趣味と風俗の多様化、高齢化による孤独な時間の増大など、人間の個別化を外側から強制する条件がひしめいている。ひと言でいえば、それらはすべて人間の行動の目的を多様化し、曖昧化する条件であり、生活のあらゆる分野で、

「一所懸命」の姿勢が万能ではなくなる事態を意味している。むしろ、これからの人びとはつねに自分の行動の目的を探し、それをみずから選びとって人生を設計しなければならない。また、つねに新たに他人との人間関係を手作りにし、それを維持するために、たえず自己を表現することに努力しなければならないだろう。それがどのような人生であるかは、すでに別の機会に詳しく述べたが（『柔らかい個人主義の誕生』）、その内容を伝統的な一句で表現するなら、たぶん先にも触れた「一期一会」の思想と呼ぶほかはないはずなのである。

当然のことだが、どんな変化の時代も過去なしに生きることはできず、過去のなかに未来に適応しうる伝統を持っている場合に、よりよく生きることができる。個人にとっても社会にとっても、生きるとはひとつのリズムを乗りこなすことであるが、リズムは内に変化を含むことはできても、完全な断絶に耐えることは難しいからである。一方、繰返しいうように、伝統はたんにあたえられるものではなく、つねにそれぞれの時代がその時代の生き方によって選びとるものである。もともと存在しない過去を選びとることはできないが、過去は複雑な多面体であって、光のあて方に応じて思いがけない姿を見せることが多い。その意味で、過去と現在はたがいに相手を意味づけあい、たがいに決定しあって存在する、といういい方は正しいのである。

幸いなことに、日本の社会はその現在の変化を生きぬくために、過去に隠れた適切な伝統を持っていることが明らかになった。しかも、それはたんに歴史の文献のなかに隠れているだけではなく、ものの見方を改めて見直せば、日本人の現在の日常生活のなかに隠れているかもしれないのである。たとえば、俗にいう「日本的経営」を特色づける独特の意志決定のかたちにしても、それはイエという機構の産物であるより、むしろ隠れた社交文化の産物であると見ることができる。日本的意志決定といえば、全員一致をめざす入念な合意形成、そのための形式的な合意過程の重視、論理的な説得を超えた共感の醸成などが特色とされるが、これは洋の東西を問わず、よき社交サロンのための方法にほかならない。現に、従来の日本企業では組織内部の酒食や遊興の機会がおびただしく、しばしば重要な決定の根回しが夜の酒席で行なわれた、というのは周知の事実なのである。

社交の本質から考えれば、これらの社交活動が従来は企業の組織内部に限定され、むしろ組織を閉鎖的なものにしてきたという点に問題があるのは、明らかである。それをいえば、近代化以前の本来のイエにおいても、その内部にさまざまな私的な社交活動があって、じつはそれがイエのイエ的な性格を下支えしてきた、という側面も十分に指摘できる。根本的な違いは、近代以前にはそうしたイエの外にも多様なサロンがあって、人びとがそれらに多元的に帰属することによって、イエの閉鎖性を免れていたということにすぎないのである。

だとすれば、日本の社交文化は近代化によっていわば半ばゆがめられたにすぎず、いまも日本人の感受性のなかにひそかに脈々と生きつづけている、と考えることができる。そして、日本的意志決定の感受性は、もしそれをイエ的な組織の閉鎖性から解放することができれば、日本の将来のみならず、世界の将来にとって有効な秩序形成の原理となることも、夢ではない。たとえば、リップナック、スタンプス両氏の提唱する、いわゆる「ネットワーキング」の原理は、両氏の説明を読むかぎり、まぎれもなく日本的合意形成の感覚に支えられるものだからである。ようやく、近代化以後が囁かれる二十世紀の終末にいたって、日本文化の世界性はふたたび証明される可能性を見せているといえるが、しかしそれが本当に証明されるかどうかは、いうまでもなく現代の日本人の今後の生き方にかかっているのである。

参考書の一部　『文明としてのイエ社会』村上泰亮、公文俊平、佐藤誠三郎著、中央公論社／『日本的集団主義』浜口恵俊、公文俊平編、有斐閣／『日本資本主義の精神』山本七平著、光文社／『鈴木正三道人全集』鈴木鉄心編、山喜房佛書林／『本阿弥行状記と光悦』正木篤三著、中央公論美術出版／『角倉素庵』林屋辰三郎著、朝日新聞社／『元禄文化——遊芸・悪所・芝居』守屋毅著、弘文堂／『蔦屋重三郎』松木寛著、日本経済新聞社／『時計の社会史』角山栄著、中央公論社／『日本の農書』筑波常治著、中央公論社／『花と木の文化史』中尾佐助著、岩波書店／『江戸の想像力』田中優子著、筑摩書房／『ネッ

トワーキング――ヨコ型情報社会への潮流』J・リップナック、J・スタンプス著、社会開発統計研究所訳、正村公宏監修、プレジデント社

あらためて個人主義とは何か

一　文化と個別化の原理

文化大国主義と相対主義

いったい、ひとつの文化の特色を考えるということは、それ自体のなかに、宿命的なディレンマの可能性を含んでいる、といえるかもしれない。もし、世界に文化がひとつしかなければ問題はないが、違った文化がいくつもあって、それぞれ固有の特色を持っていると考えようとすると、そこには、とかく危険な論理の落とし穴が待ち受けることになる。

わかりきったことだが、特色とは、ほかに類例のない性質のことであり、あるものを他から区別する目印のことであるから、特色を論じる人は、その比類のなさをなるべく深く意味づけようとする。小さな見かけの違いがじつは本質的なものの現れであり、たんに程度の差ではなく、質的な違いであることを強調するものだが、これはものの特色を語る立場からは、正しい態度だといわなければならない。ところが、一方、文化とはひとつの価値の主張にほかならず、そのなかに生きる人間にとっては、広く肯定されるべき普遍的な尺度の集大成である。ひとりの個人の癖や習慣は、その人自身にとってもまだ文化ではなく、それが多くの他人に強制されたり、推奨されうるものに広がったときに初めて文化になる、ということは議論の余地があるまい。

だが、そうなると、文化の特色を主張するということは、ほかに類例のないものの普遍性を主張することになり、論理を徹底しようとすればするほど、困った問題をひき起こすことになる。特色あるものが世界にひとつしかないと考えるか、あるいは普遍的な価値尺度の数がいくつもあると考えるか、いずれにせよ難しい理屈を立てなければならない。このディレンマを反映して、これまで現実に現れてきた議論のタイプが、ひとつは伝統的な文化大国主義であり、もうひとつは、新しい人類学者たちが主張する文化相対主義なのである。

誰もが認めることだが、近代以前の古い文化観は、洋の東西を問わず、意識的、無意識的に大国主義的な傾向を秘めていた。古代ギリシアに始まる西洋でも、中国歴代の王朝社会でも、みずからの生活様式をほかにない固有性として捉え、しかもそれを中外に施してもとらない価値とするのが、常識であった。いいかえれば、みずからの生活様式だけが文化であり、その外には文化の空白である野蛮が広がっていると考え、それを軽蔑して無視するか、あるいは力をふるって教化しようとするのが、文化観の古典的なかたちであった。

この考え方は、じつは西洋ではひそかに近代以後にまで生きのび、植民地への宣教や、民族間の戦争を支える理論として使われてきた。たとえば、西洋文化を個人主義の文化として規定し、それにたいして日本文化を集団主義の文化と呼ぶ人たちは、多くの場合、暗黙のうちにこの大国主義的な文化観に毒されている。彼らは一方で、個人主義を西洋にしか見られない特色だと思いこみ、しかも同時に、人間にとって一般に個人は集団よりも本質的なあり方だと考えている。当然、本質的なものは普遍的なものであるから、普遍性が文化の生命だとすれば、西洋の個人主義は日本の集団主義よりも、文化的に質の高いものだということになる。第二次大戦中、ルース・ベネディクトが『菊と刀』を書き、西洋文化を個人の自覚に根ざした「罪の文化」と名づけ、それにたいして、日本文化を集団志向の「恥の文化」と呼んだときにも、著者の意識のかげには、この西洋優位の独善的な文化観がひそんでいたはずである。

明らかに、この文化観が犯しているのは単純な論理の誤りであって、もし人間にとって本質的で普遍的なものがあれば、それがひとつの文化のなかにしか存在しないということはありえない、という理屈が見落とされている。

じっさい、一、二、三といった整数の観念や、上下、左右、大小といった認識の形式は、限りなく普遍的に近い広がりを持っているが、そういうものは、現にどんな文化にも始めから共有されている。かりに表面上、ひとつの文化にめだって他の文化にはめだたない特色があるとしても、もしそれが人間一般の本質に根ざした特色なら、必ずその萌芽はどんな文化にも内在的に隠れているであろう。そこに見られる文化の違いは、何ものかの現れ方の程度の違いにすぎず、他の特色とのつりあいの違いにすぎないはずである。それにつけて、室町時代の末期、日本には使命感に溢れた西洋の宣教師たちが訪れたが、彼らを相手に当時の日本人が交わした愉快な会話が思いだされる。宣教師たちは、当然のこととして、キリスト教の神が永遠普遍の真理であることを説き、その教えにめざめるように民衆を訓《さと》した。これにたいして日本人は、もしそれが永遠の真理であるなら、なぜ自分たちがそれを始めから知らずにいて、歴史上の今、あらためて教えられねばならないのか、と訊ね返したといわれる。

　この大国主義的な文化観にたいして、同じディレンマを逆の方向に解消しようとし、立場のうえでもっとも鋭く対立しているのが、現代の文化人類学の主流である。大国主義的な文化観が、一文化の特色の普遍性を極度に強調し、結果として他文化の特色を否定しがちなのにひきかえ、現代人類学の文化観は、あらゆる文化の特色をそれ自体としてひとしなみに認めようとする。

　この立場にしたがえば、ヨーロッパ全体の文化もアフリカの一部族の文化も、価値として同格であり、普遍化の可能性の点でも同等だということになる。経済的な富の量や、軍事的な力といった物理的な尺度を除けば、価値を測る物差しは文化それ自体の内部にあり、したがって、文化相互のあいだには上下や優劣を測る物差しはありえない。文化を超えれば、ものごとの価値はすべて相対的であって、価値の普遍性はひとつの文化の内側にのみ限定される、ということになる。現代の人類学者はこの主張を掲げて、文化の大国主義的な侵略に反対するのみならず、土着の生活が過度に近代化される現象にも、しばしば根本的な疑念を投げかけるのである。

たしかに、この主張は論理的に平明でもあるし、現代の民族主義の感情になじみやすい響きを持っているから、かねて公的な国際折衝の場所では、一種のたてまえ論として受けいれられている。しかし、純粋に理論の問題として考えると、この文化観も前提に決定的な矛盾を含んでおり、文化の哲学として不十分であるのは明白であろう。ひと言でいえば、ここで文化を「ひとつの文化」と呼ぶ場合、わからないのは、その単位の大きさをどのようにとり、自立性の根拠をどこに求めるのかということである。

通念では、国家や民族の文化をひとつの単位とするのが慣習になっているが、国家は人工的で恣意的なまとまりであるし、民族も学問的にはあいまいな観念にすぎない。国家内部の地方の文化、民族内部の部族の文化、村や町の文化、さらに小さな集落の文化やそれぞれの家族の文化にいたるまで、考えてみれば、そのどれもが「ひとつの文化」と呼ばれる正当な資格をおびている。国家間の文化侵略ということをいうなら、国家による地方文化の侵略を問題にしなければならず、地域共同体による家族文化の併合も責めなければなるまい。そして、このように、文化の自立性を徹底的に純粋化して追究して行けば、結局、究極の単位は個人の癖や生活慣習だということになり、文化の観念そのものが崩壊することになろう。

文化の相対主義は、行きつくところ、文化そのものを相対化する思想であり、文化の観念を否定する思想だといわざるをえない。

文化の観念を認める以上、われわれはどうしても、それが一定の普遍性をめざすまとまりであり、他の文化に影響をあたえ、ときには他と融合して、みずからを拡張する存在であることを認めるほかはない。だが、そのかたわら、われわれはやはり、文化の多元的な特色の正当性を信じるのであり、少なくとも、自己の文化が外から枉《ま》げられるのは不愉快だと感じている。しかも、すでに述べたように、この素朴な感情が裏返れば無意識の拡張主義につながり、自己の文化こそ普遍的だという誇りに直結しているのだから、文化論のディレンマは深刻なのである。

文化以前の個別化の原理

おそらく、このディレンマを解決するためには、われわれは眼を狭義の文化論の外に向けて、文化そのものの特色や普遍性ではなくて、論理的にそれ以前にあって、文化を生みだしてきた原理を探さねばならないだろう。

もし、そういう原理があれば、これはそれ自体が価値の普遍化の原理として働き、個別的な文化の尊厳を傷つけることなく、それらを媒介することができるはずである。ひとつの文化が拡張して他の文化と融合するとしても、それはその文化の特色がより普遍的だったからではなく、その文化以前にひとつの普遍的な原理があって、この原理にそれがよりよく従ったからだと考えれば、問題は解決に近づくであろう。この原理は、当然、どの文化にも潜在的にわけもたれているものであるから、文化の融合とは、ひとつの文化が他の文化の特色を受けいれることではなくて、それ自身の内発的な特色が十分に開花することだ、と考えることができる。ふたつの文化のあいだには、触発や刺激という関係はありえても、原理的に、征服や侵略という関係は起りえないはずなのである。

もちろん、人間の営みや性質のうちで、文化以前にあるものを実体としてとり出すことは、むずかしい。本能や生理現象と呼ばれるものでも、それが人間の生活のなかに現れると、たんなる自然現象ではなく、すでに文化の影響を深く含みこんでいることは、多くの人が知る事実だろう。けれども、もし文化が人間によって自然のなかから作り出されたとすれば、それを作るにあたって、人間はいくつかの原理に従ったはずであって、その原理そのものは論理的に文化に先立ってあった、と考えることができる。

先に触れた整数や認識の基本形式などは、普通、人間がすべての経験に先立って持っている観念だとされているが、そういうものが文化の誕生の以前にあったことは、いうまでもあるまい。上下左右の観念がなければ、ものを空間的に整理する文化は生まれないし、ものの量を数で計る文化が生まれるためには、まずそれ以前に整数の観念がなければならない。かりに、どこかに数の観念の未発達な文化があって、人びとが三以上の数をただ「多数」と呼んでいたとしても、「多数」が三より大きいということが知られているとすれば、そこには数の観念が潜在的に存在しているといわねばなるまい。そして、これに似た文化以前の原理として、われわれはただちに、いくつかの形式論理の規則や、チョムスキーのいう生得的な普遍文法のようなものを思い浮かべることができる。そして、さらにつっこんで考えると、これ以外のもっと経験的な原理のなかにも、意外に文化に先立って存在するものがあったように思われるのである。

そういう原理の重要なひとつとして、われわれはここで人間の個別化の原理というものを考えたいのであるが、そう聞くと、あるいは強い疑念を覚える人が多いかもしれない。個別化はいうまでもなく、近代の個人主義につながる観念であって、近代西洋文化という特定の文化の産物だと見なされがちだからである。そこで、文化そのものを作る力として個別化の原理をあげることは、結局、西洋文化の優位を認め、古い大国主義を弁護するための議論ではないか、と疑われるかもしれない。

しかし、西洋近代の個人主義は、たしかに個別化の原理によって生みだされたとしても、その逆に、個別化の原理が個人主義から生まれたのではないのは、誰の眼にも明らかであろう。個別化への傾向は、古くは生命の個体維持の衝動にさかのぼるものであって、文化の誕生どころか、生物的人間の誕生にも先立って存在したと考えられるのである。

文化以前の自然状態においては、それは種属維持の衝動と完全な均衡を保って発動され、それ自体が目的となったり、種属維持の必要に優先して働くということはありえなかった。個体の生死は、種属の生命の弁証法的な発展のなかに組みこまれ、生の喜びも死の悲しみも、種属の繁栄から独立してあったとは想像できない。これにたいして、やがてそこから個体は一歩踏みだして自分自身を目的とし、その喜びのために生き始めた瞬間があったはずであって、文化はその瞬間に自然から最初の離陸をした、と見ることができるだろう。

たとえば、人類がかつて食物の加工に火を用いた過程で、たんに衛生や備蓄のためではなく、美味のために使い始めた瞬間があったとすれば、それが料理文化の起源であったといえないだろうか。また家族形成の過程のなかで、動物のようにたんに親が子を養うだけではなく、子が年老いた親を養い始めた瞬間があったとすれば、それが人間らしい文化的な感情の誕生ではなかっただろうか。美味の追求も老残の弱者の保護も、種属維持の観点からはむしろときに有害な行為であるが、個人の幸福にとっては欠かせない行為だからである。こうした個体福祉の営みとともに、人間はようやく自然に対立する固有の世界を作り始めたのであって、その固有の世界がすなわち文化にほかならなかったといえそうである。

また、呪術的な文化の形成にあたって、人類がいち早く行なったのは犠牲の供御であったが、これもまた、個体の生命の意味にたいする開眼の形跡として見ることができる。それは、個体の生命を殺して、引き換えにより大きな生命の復活を祈願する儀式であるが、これは個体の軽視どころか、その逆の精神の現れであったといえる。なぜなら、この取引が可能になるためには、個体の生命には、種属の生命に匹敵するだけの重みがなければならないからである。

ギルバート・マリーのような人類学者は、この犠牲の供御がのちに悲劇の原型を生み、祭壇の聖獣が舞台で死ぬ悲劇の主人公に発展したと考えているが、これが正しいとすれば、生物学的な個別化の原理はこの瞬間、最初の「個人」を生んだ、といえるだろう。古代ギリシア悲劇の主人公は、まだ種属の生命のために死ぬべく運命づけられており、個体としては偉大であるとともに無力であり、叡智に満ちながら運命のまえに無知な存在であった。だが、この両義的な個体が、しだいに個別化の側面を強めて行くと、やがて二千数百年ののちには、全能の近代的個人に変身したと考えても、大過はないはずである。

一般に、人類は文化の誕生とともに霊魂の存在を信じ、その不滅を祈ってさまざまの儀式を発明したのであったが、このこと自体も、個人が種属の生命から乖離し始めた徴候だといえる。当時の人類にとって、種属の生命は永遠の存在であって、あらためてその不滅を祈る必要もなかったはずであるから、それに完全に帰属している個体にも、とくに霊魂の永遠を求める理由はなかったであろう。死の恐怖は、当然、人間が自己を個体として自覚したときに知ったはずの感情であり、これをいやすために、死後の世界の安心を願う必要が生じたにちがいない。そして、これと並行して、たぶん個人の不老長寿にたいする願望も芽生えたはずであるが、この願望がのちの文化の形成にどれだけ寄与したかは、つけ加えるまでもあるまい。

さらに、文化のもっとも古い営みのひとつに教育があるが、これこそ、生命が自立した個体を生んだことの最大の徴候であるのは、いうまでもなかろう。教育は、たんに親から子が生理的に分離するばかりでなく、子が生存するために、体内の遺伝子情報や生得の本能だけではたりなくなったときに、生まれた営みであった。個体が生きるために、種属生命から直接にあたえられる情報だけでは不十分になり、個体の外部に習得すべき新たな情報を必要としたときに、誕生したものであった。いいかえれば、教育の誕生は、個体が生存のために積極的な自己形成を必要とし、そのための自立的な努力を要求され始めたことの記念碑であった。だが、このことは裏返せば、種属生命そのものの維持が個体の努力にかかることになり、存続の鍵を逆に個体に握られることを意味しているから、ここまで来て個体と種属の力はかぎりなく互角に近づいた、と見ることができるだろう。

そして、この教育の誕生にともなって、個体には本来の生理的な成熟のほかに、後天的な習得にもとづく、もうひとつの成熟の過程があたえられることになった。肉体的に完成し、次代の生命を生むまでの発達の階段とは別に、個体はさまざまな技術や記号を身につける、いわば達成の階段を登ることになった。この新しい階段は個体の生命の外側に独立し、やがてひとつの秩序の体系として、個体よりも長生きする独自の構造を持つものとなった。種属生命の側からいえば、生きるための情報が増大した結果、生命そのものの外に溢れ出し、それ自体がひとつの全体をかたちづくって、第二の種属生命を生みだしたといえるかもしれない。結局、個体は自分を包む全体として、種属生命のほかにもうひとつの秩序構造を持ち、その両方に寄与しながら従属することになったのであるが、この第二の秩序の全体こそわれわれのいう文化にほかならないことは、念を押すまでもあるまい。

繰返すまでもなく、教育も犠牲の供御も霊魂の信仰も、さらには美味の追求も親孝行の習俗も、人類文化の最初期から、世界のどんな民族にも共通して見られる特色である。それらがすべて、種属生命にたいする個体の独立、その独立の自覚とともに始まったとすれば、生命の個別化が文化成立の普遍的な原理だということは、ほぼ確実な仮説だといえよう。そして、この個別化の原理がかつて人間を自然世界から引離し、文化そのものを作った力である以上、人間はこの原理から逃れることはできない。この原理を広い意味での個人主義と呼ぶならば、人間は文化の原初段階から、個人主義的でありたいという願望から逃れたことはなかった。運命への抵抗を企てたオイディプス王も、自己の不老不死を願った古代中国の皇帝も、輪廻転生からの解脱を志した釈迦も、広義の個人主義者であった。このように考えると、われわれは近代の文化のさまざまな変化と、文化相互のいわゆる影響関係についても、ここで、その意味づけを、大きく修正する必要があるにちがいない。

たとえば、われわれはこれまで、政治的自由と経済的平等の確保、医療や弱者保護をめぐる社会福祉の充実、核家族の形成と家族計画の普及、信仰や職業にかかわる人権の保障、それらを支える工業生産の育成などを、とかく特定の近代社会の文化的特色だと理解してきた。それは、十八世紀以降の西洋社会に生じた個人主義思想の産物であり、その背後には、イデア論的哲学や一神教的信仰を含む、ユダヤ・ヘレニズム文化の独特の体質があったと考えてきた。近代化は、本来的に西洋文化の内側で始まった現象であり、これが世界的に拡がったのは、西洋諸国の力の影響であると思いこんできた。

しかし、われわれの新しい見解に立てば、こうした近代的なさまざまの傾向は、じつは文化以前の生物学的な個別化原理の産物なのであり、あらゆる文化それ自体を生み、文化を文化たらしめてきた根源的な原理の直接の産物だ、と見ることができる。いいかえれば、近代化は、その中心的な部分においてあらゆる文化の宿命的な一段階なのであり、この意味での近代化には、どんな民族主義運動も原理的に抵抗することはできない。じっさい、民族主義は皮肉にもそれ自体、他を排して自己を守る個別化の運動であり、近代化と同じ原理にもとづく運動である。したがって、あらゆる民族主義は、みずからを徹底して行けば、やがてその内部に無数の個人の反民族主義を生みだすことを避けられない。現に、われわれはその実例を中国の民族主義的な「文化大革命」と、それにつづく「現代化」運動の反発のなかに見てとったはずである。

ダイナミズムとしての文化と社会

やや抽象的な考察がつづいたが、ここまできて、われわれはあらためて、文化論を語るためのふたつの基本的な視点を再確認した、といえるだろう。すなわち、ひとつは、あくまでも文化を動かない実体として見るのではなく、むしろ、生成し変化する一連のダイナミズムの過程として捉えることである。そして、もうひとつは、歴史上の狭義の個人主義と、文化を超えたより普遍的な個別化の原理を区別して捉える、ということにほかならない。

考えてみれば自明のことだが、文化とはもともと自然を「耕す」営みであり、野生から独立した世界を作る運動であるから、その本質は終りのない一連のダイナミズムの過程になるほかはあるまい。文化は自然を耕しつづけ、文字通り、野生を「文」に「化」しつづけるかぎりにおいて文化なのであり、その意味において、文化は本質的に「進歩的」だともいえる。われわれの見るところでは、そうした「進歩」のひとつの中心的な軸が個別化であって、歴史上の各文化の違いのかなりの部分は、この個別化の程度と様相の違いだと見ることができる。したがって、この部分の違いは結局は克服されうるものであり、やがて人類の交流が進めば、あたかもかつてのムラ文化が民族文化に融合したように、今日の民族文化は大筋においてひとつの世界文化に融合することも、予想されるのである。

　けれども、いうまでもなく、文化の本質は、反面、けっして単純な意味で進歩的ではありえない。文化が自然を耕すということは、自然が存在してこそ可能な営みであるから、一方向的に耕しつくして自然を破壊することは、文化そのものの死を意味する。われわれの文脈にそっていえば、個体の生命はあくまでも種属の生命の一部なのであり、個体が自己を主張するとしても、それが種属の存続を否定するところまでは進みえない。早い話が、個人の子供を持たない自由がもし完全に徹底されたら、人類は数十年のうちに消滅して、そういう自由を主張する個人が存在しないことになるだろう。文化とは深く逆説的な存在であって、たえず自己を実現するべく働きながら、一方向的に進化するとたちまち崩壊する運命にある存在だといえる。

　そして、このことがまた、文化の運動を一層ダイナミックなものにするのであって、その進化の各段階ごとに、それぞれ一種の逆説的な現象を起させることになる。これまでの歴史を見ても、個別化の進行は意外なかたちで副次的な効果を生み、廻り廻って、逆に種属の生命の強化につながることが多かった。不老長寿への努力は、結局、それ自体としては完成することがなかったが、医療の進歩をうながして、人類の総人口を増やすことには貢献した。弱者の保護も、死者の霊への尊敬も、考えてみれば、動物的な弱肉強食の競争を緩和し、集団の存続に必要な平和な秩序の形成に役だった。それとは逆の近代の核家族と家族計画の普及にしても、直接には人口の減少をひき起しながら、より充実した個人能力の教育を可能にすることによって、社会全体の総生産力の向上につながった。

さらに、現代では個人の活動の場所が多元化し、集団への帰属も複数化するにつれて、各種の職業集団や利益団体の規制力は弱まりつつあるが、この極端な個別化現象すら、見方によれば、逆説的な効果を含んでいると考えられる。なぜなら、個人が活動の場所を多元化するとは、追求する利益を多元化することであり、いいかえれば、自己の願望や意志を複数化することにほかならない。所属する集団が多元化するということは、同時に個人の自己同一性《アイデンティティー》が多元化することであって、集団の規制力と彼の忠誠心が弱まるとは、彼のイデオロギーの頑固さが和らぐことを意味している。ここでは、個別化は逆に個人そのものの統一を破壊し、自己の内部に見えない他人を生みだすことで、現実の他人との新たな協調の可能性を開く、と予想されるのである。

ところで、このように、文化をダイナミズムの過程として見るということは、言葉をかえていえば、ひとつの文化社会そのものも、またその構成原理をも、これまでより動的なものとして見るということにほかならない。すなわち、われわれは社会を一定の構成要素の集合と見るのではなく、あたかも光の粒子説にたいする波動説のように、個別化と統一という、ふたつの運動の均衡状態として見ることになる。

常識では思い浮かべにくいことだが、われわれは、まず硬い個人や組織が単位としてあって、それが運動して社会を作るのではなく、最初に社会の運動そのものがあって、それがそのときどきに仮の主体として個人や集団を作るのだ、と考える。もちろん、最初に社会の運動があるというのも便宜的な表現にすぎず、厳密にいえば、最初には個別化と種属維持という原理の葛藤だけがあって、それが生む運動の仮の主体として社会が作られる、というべきであろう。ついでながら、便宜的な表現としてなら、われわれも当然、個人を行動の主語として語ることは許される。しかし、その場合も、われわれは、あらかじめ実在する個人が社会的行動を起すのではなく、最初に一定の行動の種類とそのための姿勢があって、それが逆に個人という主体のかたちを作りだすのだ、と考えるのである。

いったい、この社会は個人が集まって作ったものか、それとも、まず先に社会が実体としてあって、個人はその構成要素として頭で考えられるだけのものか、というのは社会学の古い難問であった。われわれは、この二項対立そのものを乗り越え、両者に先立って眼に見えない原理と運動があって、それが社会と個人の両方を生んだと見るのである。

個人とは何か

一見、奇妙な考え方のようだが、これがじつは現実に即していることは、社会や個人という概念がいかにあいまいであるかを思い出してみれば、明らかだろう。

常識によれば、社会とは自立性を持った個体の集まりのことであって、アミーバの集合体のように、個性の不明確な集団は社会ではないと理解されている。現に、動植物の細胞は単独でもたしかに生きているが、それらが集まって作るのは動植物の「個体」であって、細胞の「社会」ではない。蟻や猿のような動物については、社会という言葉が比喩的に使われており、動物社会学という学問もあるようだが、なぜか植物の群落について社会という表現は使われない。考えてみれば、細胞の塊からアミーバの集合体を経て、植物の群落から動物の集団にいたるまで、その間には個別性の程度の違いがあるだけであるのに、ある単位は個体と呼ばれ、ある単位は社会と呼ばれたりするのが、これまでの実情であった。

両者の区別はじつにあいまいであるが、そのことがまさに、社会や個体が実体ではなくて、ひとつの流動的な状態の名前であることを物語っている。ここで、すべてに先立ってあるのは種属生命とその個別化の相剋であり、それが何段階かの均衡状態を作るなかで、そのひとつとして生みだしたものが社会であり、個体にすぎないと見ることができるのである。

また、人間の単位としての個人にしても、それをたんなる生物的な個体、あるいは物理的な個物から区別して考えようとすると、とたんに、その単位としての自立性は明確ではなくなる。常識的にいえば、個人とは、一定の欲望や意志や趣味を持って自発的に行動し、記憶や反省によってその同一性を保っている存在であろうが、現実にはそういう個人は実体としては存在しない。欲望や趣味は集団の影響を受けやすいものだから、純粋に自発的に行動する人間はありえないし、また、完全な内面の同一性を心理的な次元で保っている人間は、どこにもいない。

どんなに熱烈に世界平和を願う人間でも、心理的な次元ではそれを忘れる瞬間があるし、ほかの問題に迫られて別の願望に心を燃やす瞬間も多い。彼が個人として平和主義者であるのは、彼が常住坐臥、平和を願っているからではなく、じつは世界観上のひとつの立場を持っているからであり、必要があれば心理状態と関係なく、いつでもその立場に帰れるからであろう。だが、立場とは文字通りひとつの場所のことであって、場所である以上、理論上は誰もが彼とともにそこに座を占めることができなければならない。というより、ひとつの立場が立場として強いのは、そこに誰もがいっしょに立てる広がりがあるときであり、有形無形の集団によってわけもたれているときだといえる。

そうすると、まことに皮肉なことだが、個人が自己の同一性をもっとも強く保てるのは、彼が強力な同志の集団に属しているときであり、その連帯にもっとも忠実に没入しているときだ、ということになる。このことは、かたちはやや違うが、欲望や意志や趣味についてもあてはまるから、一般に個人の個性とはその集団性のことだ、という逆説がなりたつのである。

個人は存在するのではなくて、自己を主張し、表現することによって個人になるのであるが、そういう主張や表現を触発し、それを支える無形の力は個人に先立って存在する。それは、さしあたり眼に見えるかたちでは、さまざまなできあいの主張や表現として現れ、人びとにたいしてそれらの立場に参加するように誘いかける。伝統的な価値観、時代の精神、政治的なイデオロギー、さまざまな宗教や俗信の規範、日常の市民道徳や趣味の流行などがそれであって、これらは個人の誕生に先立って、社会の自己統一の原理、あるいは社会的な種属維持の原理として働いている。人びとはそのまえに立たされ、それを進んで選びとって自分自身の立場とするか、そうでなければ、それを拒否して別の立場を作るように迫られるのであるが、いずれにしても、この選択の姿勢が初めて個人を生むのだといえる。

前者の場合、個人が集団への帰属を通じて誕生しているのは明白だが、後者の場合も、新しい立場が普遍的に有効に作られているかぎり、それを作った個人は新しい無形の集団に属している、といわなければならない。彼はこのとき、たしかに何かを創造したのであるが、この創造は、帽子から鳩を取り出すような、いわば無から有を産む魔術ではない。彼は、眼に見える既成の世界観や価値体系に触発され、それに反発するかたちで新しい立場を作ったのであり、その瞬間、彼は、そうした古い既成の立場を含み、それよりも大きな、まだ眼に見えない時代の気分を言葉にしたのだ、と見ることができる。

こうした選択を行なうまえは、人間はまだ半ば無意識の生物的な個体であって、時代の気分に漠然と帰属して押し流されている。この段階では、個体化と種属維持の原理は低いレヴェルで均衡しあっており、個体の個性もあいまいだが、同時に、集団化の力もまだ激しい一定の方向をとってはいない。だが、やがて種属維持の原理は、それ自体の要求にしたがって集団化の力を強め、そのために、集団の各部分を一定の方向に動員しようと試みる。集団化を強めるには、集団に明確な輪郭をあたえ、それを中心に向かって引き緊《し》める必要があるからだが、しかしこれは、種属生命の全体から見れば皮肉な結果を招くことになる。こうした集団の求心力は、当然、集団の規模を一定度に限定した方が強まるわけであるが、このことはただちに、種属生命の分割と多元化を意味するからである。

さらに、この求心力は、集団の部分がそれぞれに力を持って、その力で積極的に中心をめざすときにより強まるはずであるが、各部分が力を持つとは、とりもなおさず、集団内部の個別化への動きを意味している。具体的にいえば、人間の社会は奴隷の集団であるよりも、主体的な意志の結集による方が統一力を強めるのであるが、それは同時に、自由な個人の集団からの自立にもつながっているのである。

こうして、種属維持の原理は自己を強めるために自己を否定し、まさに逆説的に個別化の原理を求めるのであって、この両者がひとつの特定の段階の均衡に達したときに、人類独特の「個人」が誕生したといえる。

それは同時に、人間の意識の誕生でもあったが、意識はいうまでもなく実体ではなく、また、意識が個人のすべてであるわけでもない。意識はひとつの働きであり、終りのない運動の過程であって、たえず個人の内面を外界にたいして閉鎖しながら、閉鎖する片端からそれを外界に向かって開いてしまう。

たとえば、外界にある漠然とした時代の気分は、あるとき意識によって区切りとられ、ひとつの明晰なイメージとなったときに、個人の内面をかたちづくる。そして、この瞬間はたしかに、意識がそのまま個人であるようにみえ、明確に区切られた内面が、あいまいな外界にたいして閉じられているようにみえる。だが、意識はつぎの瞬間、その明晰さをさらに強めて観念的な言葉を作り、それを世界観という名の立場にするのであって、そうなったとき、この世界観的な立場はもはや意識にとって外界の一部になっている。それは、意識が眠っているときにも存続し、逆に多くの意識がわけもつことのできる公的な場所であって、先にも触れたように、個人はまさに、こうした公共への参加を含んでこそ個人になるのだといえる。

種属維持の原理がそうであるように、個別化の原理もまた、自己を表現するために自己を否定し、反対の原理との均衡のなかでのみ、初めて個人を生むことができるのである。

近代的個人主義の不可避性と限界

このように見てくると、われわれは、いわゆる西洋の近代的個人主義の意義と、同時にその歴史的な限界とを、あらためてなっとくすることができる。近代的個人主義は内面の信条と一方向的な自己主張と、それにもとづく競争を是とする人間観であり、西洋近代の政治から藝術までを支えるとともに、産業化にともなって世界的に拡がった思想であった。われわれは一方で、これが世界的に拡がった現実を当然と理解し、ある時期にこれがほかの人間観より優位にあったことを、原理的に認めなければならない。だがその反面、われわれは、この個人主義がとくに西洋文化の特色でもなく、また人類にとって永遠の正義でもなく、さらに個人主義のかたちとしてすら唯一のものではない、と考えるべきなのである。

第一は、いわば、近代化の不可避性を認めることであり、限られた範囲ではあるが、文化の進歩を認めることである。個別化が文化以前の原理であり、文化を形成する中心的な動機である以上、それが世界中のどんな文化のなかでも、ひとつの段階として素朴な個人主義を経過することは、避けがたい宿命だといえる。

けだし、近代的個人主義とは、素朴な自然主義にもとづく人間観であって、きわめて常識的に、個人を肉体的な個体と同一視することから出発している。それは、生理的な人間が快楽や苦痛を自分だけで覚え、それを他人とはわけあえないと感じ、ほとんど反射的に自分だけの肉体を守ろうとする、その衝動の延長線上にある人間観である。いかにも素朴な思想だが、しかし、現代の人類が生物としてこのレヴェルに生き、個体と種属の維持をこのレヴェルで均衡させている以上、当面、これを根本から否定することはむずかしい。もちろん、将来、たとえば人類の幼児期が飛躍的に延びて、個体維持について生得の本能よりも教育の占める比重が増し、その結果、個体の他人にたいする依存が革命的に大きくなれば、事情は変わるかもしれない。だが、それまでは、個別的な肉体を持つ個人の福祉を優先し、その安全と快楽を願う人間観は、すべての文化が一度は経験する思潮として、全世界に拡大をつづけることであろう。

　しかし、同時に、これとまったく同じ理由から、この個人主義が西洋文化特有の性格とはいえないということも、もはや詳述する必要はないであろう。いうまでもなく、個別化の原理は、地球上の地域により社会集団によって、現れ方の速さも異にするし、その具体的な現象のかたちも異にしてきた。ルース・ベネディクトが主張するように、個人が自己をとくに罪あるものとして自覚し、自己を裁くことで個人の自立が守れると感じるのは、たしかに西洋文化の文化的特色であろう。これにたいして、「日本文化の世界性」でも述べたように、日本人は自己を「信」あるものとして自覚し、「信」を貫くことで自己の尊厳を守ろうとしたが、これも日本文化の文化内部の特色であろう。

しかし、ここで文化的な特色といえるのは、あくまでも、一方が罪という悲観的な観念を抱き、他方が「信」という楽観的な観念を抱いた点までであって、それ以前に個人が自己の尊厳にめざめたことは、文化に先立つ普遍的な原理に根ざしている。「日本文化の世界性」で、われわれは日本文化の広義の個人主義の伝統を探り、近代的個人像に近いものから、さらにそれを超える個人の姿を見てきたが、それが西洋文化の一面に似ていたことはけっして偶然ではない。そのこと自体、日本文化の特殊性ではなく、ただ日本文化がひとつの文化であり、文化にふさわしい歴史を持っていた、ということの証拠にすぎないのである。

それにつけても、近代的個人主義がある時期、歴史的に不可避だということと、それが永遠の真理であり、倫理的な正義だという考え方ほど、縁遠いものはないであろう。この考え方を支えているのは、じつは通俗的な社会学の理論であり、社会が個人という実体の集合から成立しているという先入見である。もし、社会に先行して個人があり、個人こそ社会の本質であるとするならば、その本質が完全に実現した状態が社会のあるべき姿だ、ということになるのは当然だろう。過去において、個人が集団に埋没していたのは社会の歪んだ姿であり、歴史は一直線的に進んで、近代的個人の誕生をもってその終着点に達した、という結論が出ることになる。

だが、この社会観が根本のところで誤っており、社会が実体的個人の集合体でなく、その歴史に一直線的な進歩はありえない、ということはつとに明らかにした。たしかに、一見、近代の個人は実体であるかのような見かけを示しているが、それは西洋の十七世紀から二十世紀半ばまでの現象にすぎず、一般に産業化にともなう一時代の様相にすぎない。現に、二十世紀後半の個人は、すでに触れたように、個別化の進行によって逆に個体として分裂の徴候を見せ、さまざまな立場や利害にもとづく複数の帰属関係、いいかえれば、複数の自己同一性の複合体にすぎない姿をあらわにしつつあるのである。

さらに、のちに述べるように、人間には社交という独特の活動のかたちがあって、そこでは個人は個人でありながら、まったく違ったあり方を示すことが考えられる。表面的に考えただけでも、社交は一種の遊びであって、もともと、固い信条や強烈な欲望といったものにはなじまない行為である。社交はまた、他人との関係を本質的な内容とする活動であるから、一方向的な自己主張や、他人との競争といった考え方にもなじまない。にもかかわらず、人間は近代的個人の成立後も進んで社交に加わり、むしろ日常の自己を抑制し、立場や主張を棚あげして交わす会話を楽しんできた。人びとは、それが個人の圧殺ではないことを知っていたからであり、暗黙のうちに、それも個人主義のもうひとつの姿であることを、認めあっていたからにほかなるまい。

二　社交と「社会化」の原理

個人と「間人」のあいだ

ところで、こうした近代的個人主義の問題点を鋭くついて、その個人像に代る別の人間の姿を提示したのが、浜口恵俊氏や公文俊平氏の「間人」論であった。

先に行なった紹介（「日本文化の世界性」）をあらためて要約すれば、この理論は第一に、社会全体と個人とのあいだに複数の個人からなる小集団を置き、この小集団が中間項として両者を媒介する、と考える。この小集団は、それ自体、あたかも個人のように固有の性格を持ち、個人のように統一的な主体として行動するものであって、それゆえに、個人になぞらえて間人と呼ばれる。物理学的な比喩を使えば、個人が原子であるのにたいして、間人は分子に似た存在であって、自然界の分子がそうであるように、社会のさまざまな現象はおもに間人が主体となってひき起す。社会に特有の行動形態や慣習も、まず間人のうえに現れるのであり、それがやがて社会全体の特色も規定すれば、逆に個人の文化的特質も決定すると考えられる。

こう考える点では、間人論は一種の社会の本質論の試みであり、例の古い社会学の二項対立の解消をめざしているといえる。つまり、ほんとうに実在するのは個人であるか、それとも社会全体であるのかという論争にたいして、これはその中間項を実在だと見ることで、じつに単純明快な和解を計っているからである。

第二に、間人論はとくに眼を日本文化に向け、間人主義的な生き方がすぐれて日本社会の特質であることを、強調する。それによれば、個人主義者が自己中心的であり、自己に頼って他人を手段視するのにたいして、間人主義者は自他関係を人生の本質と考え、相互の依存と信頼を重視するのであるが、これは西洋人と異なる日本人特有の処世観の特色だという。

この点では、間人論は社会の実証的な観察研究であり、現代日本の職場の人間関係から、いわゆるイエ社会の伝統的な行動様式まで、小集団が主体として行動する様態が広く念頭に置かれている。「間人」という言葉自体、いうまでもなく、日本語の「人間」を逆転させた新造語であって、浜口氏によれば、日本人は普通に人間という場合にすら、すでにその語感に人と人との間柄という含蓄をこめて語っている、というのである。

繰返すまでもなく、間人論の書かれたおもな動機は日本文化の擁護であり、そのための近代的個人主義思想の批判であるが、それがかなりの程度に成功していることも、先の機会に述べた。あえてつけ加えれば、この理論が社会全体と個人の中間に小集団を置き、それを重視したことは、じつはほかならぬ西洋人自身の近代批判、しかも近代のさなかの思想家の個人主義批判に通じていることが、面白い。フランスの歴史家、アレクシス・ド・

トクヴィルは『アンシャン・レジームと革命』のなかで、フランス革命が伝統的な小共同体を破壊し、国家全体と個人を裸で対立させたのが不幸であった、と指摘した。同じフランスの社会学者、エミール・デュルケームも『自殺論』のなかで、近代化が職業組合のような身近な仲間集団を毀し、その結果、個人が自分の分をわきまえうるような場所を失ったことが、近代人の不安の原因になった、と主張している。

たしかに、人間がある立場を持って集団に属するとき、その集団が大きければ大きいほど、彼の立場が観念的、抽象的なものになることはまちがいない。多すぎる仲間の群れのなかで、彼は具体的な他人の顔を見ることができず、もっぱら抽象的な「世間」を相手に行動するほかはない。大きすぎる距離をおいて、そういう抽象的な相手に向かって行動するとき、人間の自己主張がとかく不必要に誇張されて、大げさで硬直したものになるのは当然だろう。彼は、自分の声が相手に届くかどうか不安であるし、眼に見える相手の反応がないために、それによって主張を微調整することも困難だからである。

じっさい、国家や民族や階級といった大集団に属したとき、近代の個人がいかにたあいなく自分の立場を粗雑にし、陳腐な思想を他人よりも大声で叫んだかは、歴史を見れば明らかである。ファシズムやナチズムや共産主義のような全体主義が、皮肉にもすべて近代の西洋に生まれ、これが中世の権力以上に個人を圧殺したという事実も、歴史の教訓として示唆深い。間人論が近代の西洋文化を批判するにあたって、社会の小集団の有無をかなめに捉え、それを欠いた個人主義に警鐘を鳴らしたのは、文明批判として正鵠を射ていたといわなければならない。

　これにたいして、間人論をひとつの積極的な社会理論として見たとき、すべての理論がそうであるように、それが若干の見逃しがたい問題を含んでいることも、否定できない。その一、二については先にも触れたが、ここまできてとくに懸念されるのは、それが社会の本質的な構造を論じ、そのうえに立って日本文化を擁護しようとしている部分である。

　すなわち、間人論は、それがいう間人を社会の構成要素として個人になぞらえ、間人の方が個人よりも真の実在であり、理論的にも、社会の全体と部分の関係をよりよく説明できる、と主張する。しかし、このように考えることは、それ自体、間人論が批判する「要素還元主義」に近いものであり、かつて近代的個人主義が犯した過ちと、同じ轍を踏む危険をひそめている。また、間人論はそう主張したうえで、その間人がとくに日本社会において完全な開花を見せ、日本文化の特色をかたちづくっているというのであるが、これはかつての西洋文化優位説に似た、日本文化の大国的自讃につながりはしないだろうか。日本社会が間人社会であり、そして、間人社会が人類社会の本質的な姿だとするならば、日本以外の社会は、すべて不完全で、遅れた社会だということにならないかと懸念される。

　もちろん、間人論は単純な意味での要素還元主義ではなく、それが言う間人は独特の柔軟な構造を内部に持ち、個人と違って分割可能であり、それ自体のうちに社会全体の性格を内包するような特殊な要素だ、と説明されている。浜口氏によれば、それはケストラーの「ホロン」の一種にほかならず、「内側に向かって見れば自己完結的な独自の全体であり、外側に向かって見れば従属した部分である」ような、いわば「亜全体・亜個体」というべき単位なのだという。たしかに、この説明は行き届いた配慮に満ちていて、もしこのような要素や単位があるとすれば、ものごとの全体と部分の関係は、なんであれ巧みに矛盾なく説明できるだろう。

しかし、ひるがえって、これを現実の社会の構造にあてはめて検討すると、たちまち、そこには二つの大きな問題がひそんでいることがわかる。すなわち、第一は、そういう「亜全体・亜個体」になりうるものが、なぜ間人と呼ばれる小集団に限られ、個人はそうなる資格を持ちえないのか、という問題である。そして、第二は、間人であれ個人であれ、そうした特別の単位を作りだすのはどんな力であるのか、具体的には、どんな風に生きて行動する人間が社会のホロンになりうるのか、という問題なのである。

第一の問題が生じるのは、間人論が小集団の意味を重視するあまり、個人についてやや狭い先入見を抱き、最初からそれを閉鎖的、孤立的なものに見すぎていたからではないだろうか。そもそも、部分が全体の性格をうちに含むというだけのことなら、そういう部分は必ずしも小集団である必要はない。現に哲学史を振返れば、分割不可能な極小粒子だという、ライプニッツのあの「モナド」ですらそういう能力を持つ、とされていた。まして、人間社会の個人は同情心や感情移入の能力に富む存在であって、それによっていつでも、自分を全体の「従属した部分」になしうる存在である。前にも提示した疑問だが、間人の性質だとされる相互信頼や、相互依存や、自他関係の本質視といった特色は、もともとすべて、個人のとりうる心の態度にすぎないものではないだろうか。

しかも、もっと重大な点をいえば、すでに見たように、個人はけっして分割不可能な実体ではなく、むしろ多様な立場の複合体であり、複数の帰属関係の接合点にすぎない存在であった。個人が分割不可能であるのは、ひとえに生物学的な肉体としてであるが、社会の基本構成要素として問題になるのは肉体ではあるまい。間人は社会にたいして開放的だが、個人は閉鎖的な完結体だというのは、それ自体、無意識に個人を肉体と同一視しているからであって、まさにその点で、近代個人主義の要素還元論の変形だ、というそしりを受けるかもしれない。

第二の問題は、ある意味でさらに本質的であって、いったい、全体のある部分が全体にたいして調和的であるには、たんにそれが分割可能であり、内部に集合性を含んでいればそれでよいのか、という問題でもある。もっといいかえれば、人間が一定の集団をかたちづくって、その内部で相互の依存と信頼の関係が設立していれば、それだけで、どんな集団でも社会のホロン的な構成要素になりうるのか、という問題である。

じつは、この問題はきわめて現実的な含蓄を含んでいて、現代の企業や家族やさまざまている。目的を追求し、そのために効率的に働く戦闘的な集団の場合、構成員が仲間に忠実であればあるほど、集団はその外にたいして排他的に行動することが多い。いいかえれば、集団の内部で人が間人的な態度をとればとるほど、集団そのものは個人主義の個人以上に、社会全体にたいして閉鎖的な存在になることが多い。そして、皮肉なことに、じつはこれがいわゆる日本の集団主義の実態なのであり、ほかならぬ西洋の個人主義者が非難を加え、間人論がまさに擁護しようとしている日本社会の問題なのである。

この問題は、理論的にいえば、間人を真に間人たらしめるものはたんなる集合性ではなく、いわんや、相互依存や相互信頼や、自他関係の重視といった、たんなる人間の心がけの性質ではないということを示している。それはまた、日本人が天性、他人に温和であったり寛容であるとしても、そういう心理学的な性格が、社会をホロン的な全体にするわけではない、ということを物語っている。もちろん、間人を間人たらしめるものは人間の態度であろうが、その態度はたんに主観的な心がけではなく、より客観的な行動の構造によって裏づけされていなくてはなるまい。しかし、もし、間人がある行動の構造によって作られるとすれば、その行動は個人もまた起しうるはずであるから、間人と個人の違いはあまり意味のないものになるかもしれない。同時に、より確実にいえることだが、間人は日本独特の存在ではなくなり、文化の国境を越えて、世界中に見いだしうる人間存在の一類型だ、ということになるはずである。

ジンメルの社交論

　この問題と取りくむにあたって、きわめて示唆深い手がかりをあたえてくれるものに、ドイツの哲学者、ゲオルク・ジンメルの『社会学の根本問題』という本がある。「個人と社会」という副題を持つこの本は、表題の通り、個人と社会の基礎的な関係を考え、社会そのものの本質に迫る論考であるが、それと同時に、人間の社交活動についての優れた哲学的な観察にもなっている。ジンメルによれば、社会というものは人間のかかわりの総体であり、目的は何であれ、ともかく人間どうしがかかわりあうことを本質としている。そうである以上、社会の純粋な姿は目的を度外視して結ばれる人間関係、すなわち、サロンにおける社交だというのである。

　まず、ジンメルの基本的な立場は、いわゆる「形式社会学」ということになっているが、「形式」という言葉の含みは、社会や個人を自然に依存する実体としては考えない、ということである。最初にあるものは、人間を結びつける相互作用であって、社会はそうした無数の動的な作用の総体であり、個人はそれらの作用が交錯しあう接点の名にすぎない。個人は、さまざまな自然の性質や歴史的因縁の複合体であり、社会は、利害や愛憎や偶然の遭遇といった生命運動の結晶体であって、どちらも存在としては仮そめの統一体にすぎない。もっというなら、存在するのは「社会《ゲゼルシャフト》」ではなく、無限に流動する「社会化《フェアゲゼルシャフトゥンク》」の過程であって、学問的に問題になるのは社会の構成要素ではなく、社会化が実現するその「形式」だけなのである。

　いうまでもなく、人間が集まって関係を結ぶのは社会を作るためではなく、生産であれ戦闘であれ、なんらかの実質的な目的のためであるから、社会関係はそうした実質的行動が成立する形式にすぎない、ともいえる。人間は効率的な生産を行なうために、集まって分業体制という形式をとるのであって、通常は、分業体制という形式がそのためだけに純粋に現れることはない。一般に、人間の生命が自己を実現して行く過程で、その内容として現れるのが政治や経済や宗教であり、それが形式として求めるのが社会制度にほかならず、社会が先にあって、それが実体としてさまざまな行動を起すわけではない。

　したがって、われわれは日常、純粋な社会そのものを見る機会もなく、裸の人間関係それ自体を体験する場所もないのであるが、人生にはただひとつ、例外的にそれに近づきうる活動の種類がある。ジンメルによれば、それが人間関係の遊びともいうべき社交なのであり、現実生活の衝動や関心や目的から解放された、いわば演劇的なサロンの会話なのである。

　現実生活においては、人間は戦うために他人との協調を保ったり、何かを伝達するために会話を交わしたりするのであるが、誰もが知るように、社交においてはそういう現実的な目的は否定される。そこでは、人間は協調のために協調し、会話のための会話を楽しむのであって、社会的な相互作用はただそれ自体のために実現し、いいかえれば、社会化の形式がそれ自体として純粋に実現される。しかも、そこで否定されるのは、実利や権力欲といった世俗的な目的だけではなく、個人がその基礎的な内容として持つ、さまざまな内面の衝動や傾向も抑制される。社交においては、文字通り人間相互の作用の交換が求められるのであるから、たとい真摯な感情や思考であっても、個人は無制限の自己表出を行なうことは許されない。サロンの会話のなかでは、個人は政治宣伝や商売を禁じられるのはもちろん、気分の表明や人生観の主張、さらには服装や身ごなしについても一定の慎みが要求されるのである。

要するに、社交においては、社会が本来の形式としての姿を露出するとともに、個人もまたその実質的な内容を隠して、個人の形式としてふるまうのだといえる。個人はいかにも個人らしくふるまいながら、じつはサロンの礼儀や約束事に従い、集まり全体が要求するひとつの役割を演じることになる。人びとは、自分を個性的に装うことで逆に舞踏会全体の効果を高め、性的魅力をコケットリーに変えることで、恋愛関係をすらサロン全体に開かれたものにする。人生の現実的な内容を排除したとたん、そこでは、個人が個性的な統一を保つことと、全体の有機的な部分になることが両立し、いわば人間社会の理想的なかたちの模型が成立するのである。

この理論が参考になるのは、第一に、それが「ホロン」思想の先駆的な萌芽を含み、閉鎖的な個人を絶対視することなく、むしろ、個人と社会の調和を人間の本来的な姿と見ている点である。トクヴィルやデュルケームと同じく、ジンメルも、自己と他人の融和状態を人間の本質的なあり方と考え、個人が裸で社会全体と対立するのは、「社会化」の特殊な現れ方のひとつにすぎない、と理解している。ここから明らかなことは、狭義の個人主義も、社会学の要素還元主義も、けっして人が思うほど一般的な西洋の思想ではなく、また、それらにたいする批判も耳新しいものではない、ということであろう。「間人」という言葉こそ使われていないまでも、間人主義に近い思想はつとに西洋にも存在し、間人に似た人間のあり方は、その価値とともに、広く近代人の眼にも認められていたのである。

第二にこの理論が面白いのは、いうまでもなく、それが社交というひとつの行動のかたちに注目し、これが「社会化」の純粋な現象形態であるとともに、個人をホロン的な存在にする原動力だ、と考えた点である。この点では、ジンメルは間人論とも異なり、またトクヴィルやデュルケームとも違って、組織としての小集団そのものに素朴な信頼はおいていない。いいかえれば、小集団にたいする個人の帰属感の深さ、そのなかでの他人への親密さや依存度それ自体に、問題の解決を見いだしてはいない。

それどころか、ジンメルの社交論は、個人の集団にたいする感情的な甘え、あるいは思想的な一体化の要求を、社交の破壊行為としてしりぞけている。それは結局、姿を変えた個人の自己主張にほかならず、自他の均衡ある相互作用をさまたげるからであって、健全な社交のためには、個人は集団への忠誠心の点でも一定の慎みを求められる。ここで不可欠なのは、自他関係そのものを人生の本質と見ることであるが、そのために問題になるのは、直接に他人に向けられた心がけや、感情の質ではない。そうではなくて、決定的なのは、人間が他人に向きあう以前にとる行動の態度であり、行動の内容にたいしてとる態度であって、ひと言でいえば、行動の内容を度外視する審美的な態度なのである。

ジンメルによれば、社交の敵となるのは、政治的、経済的、宗教的な欲求であり、あるいは、個人の内面を吐露したいという欲求であって、要するに、何ごとかを一直線的に実現しようとする行動の態度であった。われわれの言葉遣いにしたがえば、これは目的至上主義的な態度であるが、これが一方的に働くときには、たといその主体は小集団であっても、閉鎖的、排他的にならざるをえない。逆に、それが抑制されたときには、主体は個人であっても他人との協調が可能になり、ひいては社会全体の調和の道が開かれることになる。もし、そういう人間存在の姿を間人と呼ぶならば、間人を作るものは特定の文化的気質や風土ではなく、一般に目的至上主義を排して、それに支配されない余裕ある行動へ転換することだ、といえるだろう。

社交と「柔らかい個人」

もっとも、ジンメルの理論にも若干の難点があって、それを修正せずには、間人論の十分な代案として使うことはできない。

なにより気になるのは、内容、形式という哲学用語であって、ジンメルはいささか軽率に、それを饅頭の餡と皮のようなものに見たてている形跡がある。繁雑な哲学論に立ち入る余裕はないが、形式とは普通、あるもののあり方それ自体のことであるから、形式だけが内容なしに単独にこの世に現れるということはありえない。ちょうど、木も鉄もなしに板や釘のかたちが存在しえないように、社会の形式も内容なしには成立しない。社会がもし人間行動の形式だとすれば、まったく無目的で、無内容な行動のために社会が成立するとは考えられない。社交のサロンは、たしかに、政党や企業や宗教団体とは根本的に違っているが、だからといって、それが純粋な形式としての社会の現れだというのは、まず論理的に見ても理解できない。

そのうえ、具体的な事実を見ても、サロンは、けっして人がただ集まるために集まる場所ではなく、さまざまな現実の目的と完全に無縁の場所ではない。社交といえば親睦という言葉が思い浮かぶが、親睦ですらまだ社交の効果であって目的ではなく、人びとはもっと現実的で、限定された目的を持ってサロンに集まってくる。その直接的な目的は、ともに飲食を楽しむことに始まり、ゲームやスポーツに興ずることから、音楽、演劇の鑑賞、はては読書会や福祉活動といった、現実生活の広範な局面から選ばれている。ときには、政治家の後援会や同業者クラブや、宗教の講といった組織がサロンに転じ、もっとも真摯な目的集団がそのまま遊戯的な会話の場に変わることも、広く知られている。

おそらく、ここで働いているのは、いわば「かこつけ」とでもいうべき心理作用であって、人びとは現実的な目的を持ちながら、それにかこつけて実現の過程を楽しんでいる、と見ることができる。ここでも、目的は結局は実現されるのであるから、目的としての資格を失うわけではないが、なんといっても、それが行動の過程を支配する力は明らかに軽減される。少なくとも、人びとは目的の実現をめざして急ぐことをやめ、目的に駆り立てられてわれを忘れることから解放されるのである。

この場合、決定的に重要なのは、この「われを忘れる」ことからの解放であって、これはすべての人間的な楽しみ、文化的に質の高い享楽の基本的な条件だといえる。われを忘れるとは、いいかえれば、なりふりかまわず行動に没頭することであり、もっと抽象的にいえば、目的実現のために自己を完全に手段化することにほかならない。生産の場合であれ、低次の生理的な消費の場合であれ、ひとは目前の目的に夢中になっているとき、自分自身の存在を気にならないものにしている。何かを生産するときには、彼自身は無抵抗な道具になっているのが望ましいし、たとえば夢中で食物を貪っているときには、もちろん、自分自身の姿は眼にはいらない。どちらの場合も、彼は自分自身と完全に密着して行動し、密着することで自分が見えなくなるのであるが、これがやや高次の享楽、文化的な消費行動になると、事態は一変する。

この間の事情については、かつて『柔らかい個人主義の誕生』で詳しく述べたが、その要点をひと言でいえば、ものごとを深く味わうとはすべて自己確認の営みだ、ということである。もっとも単純な例として、食物の美味を楽しむ場合を考えても、ひとがそれを深く味わおうとすれば、彼の態度がふたつの段階を経て変化するのは、明らかだろう。

最初は、いわば単純な生理的快楽の追求であって、この段階では、ひとは忘我状態のままで、ひたすら先を急いで満足を量的に増大しようとする。これはじつは、内面の態度の点では、消費というより生産に似ており、一種の裏返しの効率主義なのであるが、しばしばひとはそれに気づかず、「より早くより多く」の満足を求めて飽食する。しかし、誰もが知るように、この素朴な快楽追求はけっして長くはつづかず、それ自体の逆説的な仕組にしたがって、やがてつぎの段階へと移行する。なぜなら、食欲にかぎらず、人間の感覚的な欲望には必ず限界があって、満足はたちまち飽和状態に達するとともに、快楽は不快へと逆転するからである。

このことを知った人間は、当然、満足の量的な増大を諦め、むしろ、満足の飽和を引延ばして、その間に味わえる快楽の時間を引延ばそうとする。ここで初めて、消費は満足の効率主義を脱し、真に生産に対立する純粋な消費に高まるのであるが、具体的にいえば、これは同じ快楽を二重に味わうことだといってもよい。つまり、ひとは食物の美味を味わいながら、同時にそれを味わっている自分の状態を確認し、それをひとつの幸福の状態として味わうのであって、厳密には、ひとはここで満足の満足を味わっている、というべきかもしれない。

　これをいいかえれば、消費行動の目的と過程の意味が逆転するということであるが、なにより注目すべきことは、この段階で満足の主体としての自己がふたつに分裂する、という事実である。すなわち、快楽に没頭している自己と、それを確認して幸福を味わっている自己のふたつであるが、当然ながら、このふたつは敵対的ではなくて、むしろ相互依存的であるはずである。後者は、前者があってこそ幸福を味わえるわけであるし、前者は後者の確認を受け、そのうなずきに励まされて、ますます安んじて快楽を味わえるからである。ここでは、ひとりの個人そのものの内部に、宿命的に結ばれたふたつの自己が成立し、相互に必然的な協調関係を作るのであるが、われわれの見方によれば、じつはこれこそ、すべての社交における自他関係の萌芽にほかならないのである。

　あまりにも明白なことだが、自己の満足のためにもうひとりの自己を求める個人は、やがてその満足の確認を一段と強めるために、自己の延長として現実の他人を欲しがるであろう。じっさい、われわれは、孤独な食事よりも他人とともに囲む食卓を好み、そこでより深い美味を味わえることを知っているが、それは、われわれの幸福が複数の他人によって確認されているからである。また、ジンメルがいうように、社交の場所では一定の慎みが求められるというのも、もともと個人が一次的な快楽への過度の没頭を避け、それによって、二次的な幸福の確認のための余裕を確保する、ということにほかならない。このように考えると、社交の場所では、個人はまさに自己の利益のために自己を抑え、自己の存在のために他人を求めるのであって、この場所でこそ、個体と全体のホロン的な調和は論理的に保証される、といえるだろう。

　また、このように考えると、われわれはジンメルが残した第二の問題、すなわち、人間が社交を積極的に欲する理由は何か、という問題にも答えたことになる。

　ジンメルは、人間が実利を忘れてもなお集会を求め、純粋な相互作用を楽しむのはなぜか、という問題を深く訊ねようとせず、ただ人間の「社交本能」というあいまいな概念を立てるにとどまっていた。これにたいして、われわれは社交を、個人の欲望追求のひとつのかたちとして捉え、個人がきわめて利己的に、しかもそれゆえにこそ他人を尊重する行為として説明した。われわれは社交を、先に述べた人間の個別化現象の逆説的な現れ、すなわち、極限の個別化が逆に個人を分裂させ、ふたたび集合性へ回帰させる一例として見たことになる。これを間人論の文脈に即していえば、間人はけっして、広義の個人主義の否定や緩和によって作られるのではなく、むしろ、その徹底にともなう皮肉な逆転によってこそ生まれるのである。

さらに、われわれはこのように見ることでジンメルを越え、社交とその他の現実的な行動の関係を、対立ではなくて、より連続的に捉えることができるだろう。問題は内容と形式の対立ではなく、行動と目的の過程との関係であり、つまりは目的追求の態度の違いなのであるから、われわれは、両極のあいだのなだらかな移行を考えることができる。たとえば、純粋な社交と純粋な政治のあいだに、われわれは、政治的な社交や社交的な政治のあらゆる段階を見いだし、社交が政治的な目的を持ち、政治が社交的な姿勢で行なわれる例を、さまざまに考えることができる。

現実に、古代中国の政治思想を見れば、そのなかには、社会を「法」によって統治するのではなく、社交の規則というべき「礼」によって統治しようという、儒教の思想があった。そして、おそらくはその影響を受けた日本の政治は、平安朝から江戸末期にいたるまで、本家の中国以上に、徹底して社交の姿勢によって営まれた。朝廷における四季の儀礼や日々の作法はもとより、武家社会における礼法やさまざまな遊戯が、ある意味では法以上に、人びとの行動の秩序を律していた。いわゆるイエ社会の秩序は、一面では、たしかにキントラクトに支えられていたが、たぶんそれと同程度に、茶の湯の作法や連歌会の規範意識に支えられてきた。さらに、その伝統は無意識のうちに現代にも持ち越され、企業内部の「つきあい」というかたちで、俗にいう「日本的経営」の秘密にも組みこまれているかもしれないのである。

歴史には法則はなく、それを動かす原理も単一ではありえない。個別化といい集合性への回帰といっても、それらは歴史を動かす唯一の力ではなく、歴史の現実を作る他のさまざまな要素に左右される。したがって、われわれは両者が見せる均衡の具体的な姿についても、それがどのようなものでありうるかを、歴史の法則のかたちで語ることはできない。ただ、二十世紀の世紀末に立って、われわれが知っていることは、近代の個人主義が爛熟の段階に達し、少なくとも産業先進国においては、文化の生命的な均衡を危うくしているということである。

過度の個人主義は、いま人びとを孤独にし、個人の自己主張を激しくして、社会の葛藤を強めているというだけではない。最大の問題は、近代的個人の内容が生産する主体であり、すべてを機械のように手段化して、ひたすら目的を追求する主体だということである。近代の自由とは意志の自由であり、意志の自由とは「未来」を計画する自由にほかならない。だが、この自由のために、近代の個人は、結局、現在を未来の手段と化し、他人もみずからの身体をも道具と化して、目的追求の人生を急いでいる。その結果、現代人はたえず人生の充実を先送りし、真に生きる現在の場所を失って、「生きがい」感の喪失にあえいでいるのである。

この問題の解決が正しい消費の恢復にあり、そのための方法が社交への回帰にあることを、われわれはこれまでいくたびか予想してきた。われわれは、そこに恢復されるべき人間像を「柔らかい個人」と呼び、近代的個人主義の「硬い個人」から区別することに急であった。だが、ここまできてあらためて強調すべきことは、「柔らかい個人」があくまでも個人であり、むしろ個別化の徹底の程度において、「硬い個人」よりもさらに個人主義的だということである。われわれはこの事実を確認することによって、「柔らかい個人」の実現の可能性に一層の自信を深めることができる。なぜなら、ある段階の個人主義にどのような問題があろうとも、それを克服しうるのは集団化ではなく、いつの時代にも、もうひとつの個別化の進展のほかにはないからである。

解説

未完のプロジェクトとしての「柔らかい個人主義」

福嶋亮大

一九八四年に刊行された山崎正和氏の『柔らかい個人主義の誕生』は、日本の消費社会論の先駆けとして名高い。一九七〇年代に日本が、大きな国家目標を失って「祝祭の場所」から「実務の世界」へと転換し始めた一方、共同体への同調圧力が弱まって「個人化」が進んだことを受けて、氏は新しい主体（個人主義）の美学を、「消費」を手掛かりに構築しようと試みたのである。

その際に、氏は「世俗内禁欲」（マックス・ヴェーバー）にもとづく生産中心主義的な主体像からは離脱しようとする。と同時に、派手で凶暴な「蕩尽」に革命的意義を見出すボードリヤールやバタイユの消費論とも一線を画する。氏が評価したのは、むしろ茶の湯のような日本的な「社交」に根ざす消費の美学である。世阿彌の言う「離見の見」、つまり役割を演じている自分をメタレベルからクールに観察するという自己の二重化戦略によって、日本の社交＝消費の文化は並外れた洗練を獲得した――この稀有な美学的伝統を「柔らかい個人主義」のモデルとして最大限に利用しようというのが、本書の提案である。

ゆえに、本書のもう一つのテーマは、消費社会論の更新によって、定型的な日本論をも超えることにあった。日本を「恥の文化」に規定された農民的文化と見なす通俗的な文化人類学に対して、氏ははっきり異議を唱えつつ、むしろ日本の文化史から、洗練された都市的伝統の系譜を引き出してみせる。それは明治以来の近代文学を規定するグズグズとした「不機嫌」な自我のモデルを超えて、室町・桃山時代のルネッサンス的な開放性を再評価することを意味していた。本書を通読すれば、氏が消費社会論と社交論を雄弁に語りながら、同時にそこに別の近代化の可能性を描き出していることに気づくだろう。

柔らかい個人主義者は、真剣に演技しつつ、その演じる自己をたえずクールに観察し、柔軟に修正してゆく――それはシラーの『美的教育論』が輪郭づけたような「現に満足を味わいながら自己を抑制している自我」であり「幸福に酔いながら醒めている自我」である。西洋に追いつき追い越せでやってきた明治以来の日本人は、このような二重性・中間性の美学には目もくれずに、生産至上主義のもと禁欲的に突き進んできた。氏がこの主体モデルの限界を指摘し、社交と消費の美学――それは今ふうに言えば「モノの消費」ではなく「コトの消費」を重んじる精神性とつながる――を再評価するとき、成熟の問題が改めて議論の俎上にのぼるのは当然であった。

氏によれば、「成熟するとは、必ずしも自己を限定することに尽きるものではなく、むしろ、限定しきれない自己の曖昧さと複雑さとを受け入れること」を意味している。豊かな社交においては、他者がたえず自己の判断のなかに入り込んでくる。そのとき、主体はコントロールしきれない外部的・偶発的な出来事にさらされることになるが、それをむりに排除せず、むしろあけっぴろげに、積極的に受け入れることこそが、山崎正和流の「成熟」なのである（なお、この「曖昧さ」の評価には、同世代の江藤淳の主著『成熟と喪失』に対する暗黙の反論を認めることもできる）。

　こうして、氏は日本の美学的伝統を再創造することによって、成熟のモデルそのものを成熟させた。消費社会における成熟とは、曖昧さや矛盾を恐れず、自己を編集可能なオープン・システムとして仕立ててゆくことと等しい。消費社会論をたんなる世相の分析にとどめず、このような生き方の美学に接続したところに、批評家としての氏の手腕は存分に発揮されていた。

　もっとも、山崎氏の描き出す社交文化は、ただ明るく洗練された面だけでは済まない。なぜなら、ひとびとが国家共同体のリズムに一元化されなくなったとき、ある根深い分断（個別化）が社会に生じるからである。

　うっかり読み過ごしてしまいそうになるが、特に「不幸の原因は目に見えて偶然的で個別的なものが多くなった」という氏の指摘は見逃されるべきではない。現代人はそれぞれのやり方で、個別に不幸になる。それを科学的・国家的な枠組みで、一律に救済することは難しい。「現代人はそうした普遍的な説明や救済の不可能な、より孤独な苦悩のなかに沈んでいるといえるであろう」。これは、個々の苦しみが修正不可能な運命に近づいたことを意味している。

いわゆるポストモダン論は「大きな物語」の喪失に伴って、価値の多元化が進むと説明してきた。むろん、それはそれで間違いではないが、氏はより繊細な知性を働かせて、いわば運命の多元化にこそ照明を当てた。価値観の相違であれば、対話によってある程度まで調停・解決できるだろう。しかし、不幸の多様化・個別化はそのような対話ではどうにもならない。これはまさに現代の抱えた宿痾である。

実際、今の「親ガチャ」という言葉が象徴するように、幼少期の劣悪な家庭環境がそのまま個人の運命を深く規定してしまっている事例が多いのは、否定しがたい。しかも、その家庭状況は外からはなかなかうかがい知ることができず、そのつらい体験を一般化・共通化することは不可能である。昨今の異常に暴力的で、しかもその動機も超個人化してしまった犯罪は、運命論的な苦境を社会的にシェアし、修正することがきわめて難しくなっていることを示している。保守とリベラルが対立し、社会の分断が進んでいるとよく言われるが、八〇年代の氏が注目したのは、むしろこの種の表層的なイデオロギー対立の底にある、いかんともしがたい「分断」の問題であった。それが二一世紀になってますます深刻になっていることは疑い得ない。

ここで注目に値するのは、氏が大胆にも、このような「個別化の原理」を人類すべてに共通するプログラムと見なしたことである。本書には原著の増補として新たに二編の好エッセイが収録されているが、そのうちの「あらためて個人主義とは何か」を読めば、氏が「個別化の原理」を特定の文化や時代に限らない「文化成立の普遍的な原理」と考えていたことが、よくわかるだろう。つまり、個人主義は個別化という根源的なプログラムの一つの帰結であって、その逆ではないのだ。

私はこの考え方に、客観的な理論というよりも、満洲で終戦を迎え、多くの孤独な死体を目撃した氏の実存的な肉声を感じる（氏が、孤独死を近代化の帰結として肯定していたことも思い出される）。人間はそれぞれ個別の死を死ぬ。誰もそれを避けることはできない。この不可避性を重々承知していたからこそ、氏はかえって、孤独な人間どうしを結びつける社交の価値を際立たせたのである。

私の考えでは、本書の核心は「柔らかい」の要素と「個人主義」の要素が交差していることにある。前者が社交や成熟や消費のような都市的洗練のテーマに関わるとしたら、後者はその洗練の底にある死や孤独や運命というずっしりとしたテーマと関わる。この二つのテーマが、氏の一九六〇年代の代表的な戯曲『世阿彌』にすでに先取りされていたことも、ここで指摘しておくべきだろう。

それにしても、このおよそ四〇年前の本書の視点から振り返ると、今日のわれわれの生きる社会はずいぶんと殺伐としたものに感じられないだろうか。氏の望んだ実り豊かな社交生活、つまり「顔の見える大衆社会」の夢は、インターネットという「顔の見えない大衆社会」に圧倒されてしまった。

現に、今となっては「離見の見」で自己を二重化するといっても、演技する自己をクールに観察するはずの観客的自己そのものが、インターネットの空気に染まりがちなのも確かだろう。沈思黙考してクールな自己修正を働かせようにも、それはたえず群れの考えに横切られざるを得ない。リースマン的な他人志向型の思考が、そこではひどく肥大化してしまっているのだ。

そして、他者の眼が過剰に気になる結果として、一種のコミュニケーション不安が支配的なものとなる。まさに氏が指摘するように、それは消費社会の大きな弱点である。「われわれは、消費における自己顕示がひとつの病的な徴候にほかならず、自我の力の誇示ではなくて、むしろ弱さと不安の表現であることを理解することができる。要するに、それは、消費する自我が他人の賛同の眼を求めながら、それを手に入れたという自信を持つことができず、不安のあまり、不自然に身ぶりを大きくしている姿にほかならない」。この消費社会特有の「弱さと不安」は、今日のインターネットの状況にもそのまま当てはまるのではないか。

その一方、氏の望んだ「満足の飽和を引延ばして、その間に味わえる快楽の時間を引延ばそうとする」作法、つまり時間そのものを味わおうとする精神性も、社会に定着したとは言い難い。それどころか、現代人は日々情報処理に追われて、むしろ時間的な効率を重視するようになった（「タイムパフォーマンス」という不思議な和製英語まで最近登場している）。これはまさに生産至上主義的な産業社会への先祖がえりである――効率的に生産する代わりに、効率的に消費しようというのだから。今日の情報社会の消費行動は、起伏に富んだ「リズム」を生み出すことなく、むしろ皮肉なことに、かつてのせかせかとした時間を再来させたのだ。

本書には確かに、理想的な消費文化の像が描かれている。だが、現実の大衆消費社会は、おおむね氏のヴィジョンの逆方向へと進んでしまったように思える（それは氏の懸念のほうが見事に的中したということでもある）。ただ、それは必ずしも本書の限界というわけではない。実際、本書を明示的に参照していなくても、「柔らかい個人主義」と同工異曲のコンセプトを掲げている論者は今も少なくないのだから。その意味で、本書は消費社会論に関わる《未完のプロジェクト》として読まれるべき一冊である。読者は消費社会に本来あった思想的可能性を、四〇年の時を経て改めて知ることになるだろう。

（ふくしま・りょうた　文芸評論家）

底本・初出一覧

『柔らかい個人主義の誕生　消費社会の美学』中央公論社　一九八四年五月
中公文庫　一九八七年三月

おんりい・いえすたでい'70s——ある同時代史の試み
『中央公論』一九八三年八月号
　原題「新しい個人主義の予兆」

「顔の見える大衆社会」の予兆
『中央公論』一九八三年一〇月号
　原題「「顔の見える大衆社会」を目指して」

消費社会の「自我」形成
『中央公論』一九八四年二月号・三月号
　原題「消費社会の人間学」／「「美的人間」の社会学」

＊

現代社会と美学——受賞の謝辞に代えて

『中央公論』一九八四年一一月号

『日本文化と個人主義』中央公論社　一九九〇年八月

日本文化の世界性――柔らかい個人主義の系譜
『季刊アステイオン　8』一九八八年春号

あらためて個人主義とは何か
『季刊アステイオン　9』一九八八年夏号

編集付記

一、本書は、中公文庫『柔らかい個人主義の誕生　消費社会の美学』（二六刷、二〇一六年一〇月刊）を底本とし、『日本文化と個人主義』所収の「日本文化の世界性」「あらためて個人主義とは何か」を増補したものです。

一、本文の仮名遣いは新仮名遣いに統一し、明らかな誤植と考えられる箇所は訂正しました。ただし、地名等の表記は底本のままとしました。

一、本文中に今日では不適切と思われる表現もありますが、著者が故人であること、刊行当時の時代背景と作品の文化的価値に鑑みて、底本のままとしました。

中公文庫

柔《やわ》らかい個人主義《こじんしゅぎ》の誕生《たんじょう》
——増補新版《ぞうほしんぱん》

2023年12月25日　初版発行

著　者　山崎《やまざき》 正和《まさかず》

発行者　安部 順一

発行所　中央公論新社
〒100-8152　東京都千代田区大手町1-7-1
電話　販売 03-5299-1730　編集 03-5299-1890
URL https://www.chuko.co.jp/

ＤＴＰ　嵐下英治
印　刷　三晃印刷
製　本　小泉製本

©2023 Masakazu YAMAZAKI
Published by CHUOKORON-SHINSHA, INC.
Printed in Japan　ISBN978-4-12-207460-6 C1136

定価はカバーに表示してあります。落丁本・乱丁本はお手数ですが小社販売部宛お送り下さい。送料小社負担にてお取り替えいたします。

●本書の無断複製（コピー）は著作権法上での例外を除き禁じられています。また、代行業者等に依頼してスキャンやデジタル化を行うことは、たとえ個人や家庭内の利用を目的とする場合でも著作権法違反です。

各書目の下段の数字はISBNコードです。978－4－12が省略してあります。

中公文庫既刊より

や-9-3
社交する人間　ホモ・ソシアビリス　山崎正和
グローバル化によって衰退する組織原理。国家や企業を離れ、茫漠とした「地球社会」のなかに曝される現代人に、心の居場所はあるのか。〈解説〉三浦雅士
204689-4

や-9-5
装飾とデザイン　山崎正和
秩序と逸脱、簡素と過剰、普遍への志向と個物への固執……。人間の根源的な営み、「造形」を支える対極的な二つの意志を読み解く文明論。〈解説〉三浦　篤
206199-6

あ-1-7
日本史の黒幕　会田雄次／小松左京／山崎正和
歴史にあらわれた人間の表と裏を探ろうという座談会。黒幕・閨閥・浪人・悪党・スパイなどをめぐり、碩学三人が、独自の視点からせまる。〈解説〉井上章一
206786-8

し-6-57
日本人の内と外〈対談〉　司馬遼太郎／山崎正和
欧米はもちろん、アジアの他の国々とも異なる日本文化の独自性を歴史のなかに探り、「日本人」が国際社会で真に果たすべき役割について語り合う。
203806-6

は-19-4
日本史のしくみ　変革と情報の史観　林屋辰三郎／梅棹忠夫／山崎正和 編
編者に上田正昭、司馬遼太郎、原田伴彦、村井康彦を加えた多彩な執筆陣が「変革」を縦軸、「情報」を横軸に日本史を捉え直した記念碑的著作の待望の新装版。
206700-4

ま-17-11
二十世紀を読む　丸谷才一／山崎正和
昭和史と日蓮主義から『ライフ』の女性写真家まで、皇女から匪賊まで、人類史上全く例外的な百年を、大知識人二人が語り合う。〈解説〉鹿島　茂
203552-2

ま-17-12
日本史を読む　丸谷才一／山崎正和
37冊の本を起点に、古代から近代までの流れを語り合う。想像力を駆使して大胆な仮説をたてる、談論風発、実に面白い刺戟的な日本および日本人論。
203771-7